• INSTRUCTIONAL METHOD AND TECHNOLOGY IN EARLY CHILDHOOD EDUCATION •

유아교육에서의

교육방법 및 교육공학

2판

| 김영희 · 허희옥 · 계보경 · 김혜정 · 김민정 · 이현영 · 박연정 공저 |

학지사

2판 서문

교육공학은 교육학의 한 분야로서 교수 · 학습 과정에서 매체를 활용하였던 시청각 교육에서 그 근원을 찾을 수 있습니다. 이후 체제 이론, 커뮤니케이션 이론과 같은 교육학 밖의 이론들이 접목되어 그 명칭 및 개념이 확대되었습니다. 교육공학의 학문적 정의는 "적절한 과학기술적인 과정과 자원을 창출, 활용, 관리함으로써 학습을 촉진하고 수행을 증진시키기 위한 연구 및 윤리적 실천"입니다. 이 정의에 따르면 교육공학은 학습과 수행의 촉진을 도모하기 위한 이론과 실제이며, 교육공학의 정체성을 설명하는 주요한 용어는 '과학기술적인 과정과 자원'입니다. '과정'은 수업을 준비하는 교수설계 및 학습자원을 설계, 개발하는 절차들을 의미하고, '자원'은 학습자의 학습을 지원하기 위하여 고안된 시청각 자료, 도구, 테크놀로지 등의 교수매체를 의미합니다.

유아교육에서는 유아기 학습자의 발달적 특성을 고려하여 오래전부터 시청각 교육 자료를 활용한 수업을 연구, 실행하고 있습니다. 이러한 흐름은 21세기의 뉴미디어의 발달과 함께 가속화되고 있으며 테크놀로지를 활용한 수업의 교육적 효과가 입증됨에 따라 교육공학이란 학문 또한 낯설지 않은 것으로 받아들여지고 있습니다. 또한 오늘날의 어린이들은 모바일 기기 등을 비롯한 새로운 테크놀로지에 많이 노출된 채로 유아교육기관에 입학하고 있습니다. 따라서 유아교육기관의 교사들도 새로운 테크놀로지의 교육적 효과와 역기능, 그리고 역기능의 극복 방안에 관하여 연구할 필요가 있습니다.

교육공학은 자원이나 매체, 새로운 테크놀로지를 활용하는 것만을 의미하지 않으며, 전반적인 교수설계 과정 속에서 의미 있는 교수매체를 선정, 개발, 활용하여야 학습과 수행의 효과를 볼 수 있다고 제안하고 있습니다. 이러한 배경에서 예비 유아교사 및 현직 유아교사들에게 교수·학습의 효과를 높이기 위한 안내를 제공하고, 교육공학에 대한 바른 이해를 돕기 위하여 교육공학을 전공한 몇 사람이 모여 이 책 『유아교육에서의 교육방법 및 교육공학』을 집필하게 되었습니다.

이 책은 유아교육을 전공하면서 교직으로 '교육방법 및 교육공학' 과목을 수강하는 예비 유아교사 및 현직 유아교사들에게 보다 최신의 교육공학 관련 이론과 실제를 제공하고자 합니다. 이 책은 총 4부로 구성되어 있습니다. 제1부는 교육방법과 교육공학에 대한 이해 그리고 유아교육에서의 교육공학 적용, 제2부는 교육방법과 교육공학의 기초 이론, 제3부는 유아교육에서의 교육공학의 활용, 그리고 제4부는 유아교육에서 활용 가능한 교수매체와 디지털 학습환경으로 구성하였습니다.

이번 개정판에서는 제3부의 교육공학의 활용에서 교수설계 과정의 분석, 설계, 개발 과정을 '문제기반학습'을 위한 교수설계 과정으로 수정하였으며, 제4부의 교수매체와 디지털 학습환경 분야에서는 교육용 로봇, 증강 현실 내용을 보완하였고, 최근 유아교육에서 활용하고 있는 3D 프린팅의 내용을 추가하였습니다. 또한 새로운 단원으로 유아 대상 멀티미디어 교육을 추가하여 교사들로 하여금 새로운 테크놀로지의 교육적 활용에 도움이 되도록 하였습니다. 각 장의 도입 부분에는 학습목표를, 말미에는 생각해 볼 문제를 제시하여 독자가 각 장의 내용을 정리하고 임용고사의 논술을 준비하는 데 도움을 주고자 하였습니다.

이 책을 통하여 유아교육 전공자 여러분이 교육공학적 지식을 함양할 수 있기를 진심으로 기대하며, 유아교육기관에서 교육받기 전에 미리 여러 가지 테크놀로지를 접하고 활용하는 데 익숙한 새로운 시대의 유아기 학습자를 위한 수업을 설계할 때 그 지식이 유용하게 활용되기를 바랍니다. 끝으로 개정판이 나오기까지 큰 도움을 주신 학지사의 김진환 사장님과 임직원분들에게 진심으로 감사의 말씀을 드립니다.

2019년 12월

저자 일동

차례

제2부 / 교육방법 및 교육공학의 기초 이론

제3부 / 교육방법 및 교육공학의 활용

제1부

교육방법 및 교육공학의 이해

제1부에서는 교육공학의 개념과 역사에 대하여 살펴보고 교육공학의 주요 영역을 알아본다. 또한 교육방법의 개념을 살펴보고 대표적인 교육방법에 대하여 알아본다. 그리고 유아교육에서의 교육공학 실천에 대하여 알아본다.

제1장 교육공학

학습목표

- 교육공학의 개념을 말할 수 있다.
- 교육공학의 역사적 변화 과정을 설명할 수 있다.
- 교육공학의 주요 영역을 구별하고 설명할 수 있다.

1. 교육공학의 개념과 역사

1) 교육공학의 개념

교육공학은 교육학의 한 분야로서, 교수 · 학습 과정에서 매체를 활용하면서부터 연구되어 온 시각교육과 시청각교육에서 그 근원을 찾을 수 있다. 이후에 통신 이론, 체제 이론과 같은 교육학 밖의 이론들이 접목되어 그 명칭 및 개념이 발달되고 확대되었다. 교육공학의 개념을 논의할 때, 가장 많이 언급되는 것이 1994년 미국 교육공학회(Association for Educational Communications and Technology: AECT)에서 발표한 정의이다. 즉, 실즈와 리치(Seels & Richey, 1994)는 교육공학을 "학습을 위하여 과정과 자원을 설계, 개발, 활용, 관리, 평가하는 이론과 실제이다."라고 정의하였다. 이러한 정의는 2008년에 이르러 시대적 변화를 반영하기 위하여 다시 개념화되었다. 이에 따르면, "교육공학은 적절한 공학적 과정과 자원을 창조, 활용, 관리하여 학습을 촉진하고 수행을 증진시키기 위한 연구 및 윤리적 실천이다(Educational Technology is the study and ethical practice of facilitating learning and improving performance by creating, using, and managing appropriate technological processes and resource)"(Januszewski & Molenda, 2008, p. 1).

이 정의를 자누제브스키와 몰렌다가 제시한 해석 자료를 토대로, 좀 더 상세하게 설명하면 다음과 같다(Januszewski & Molenda, 2008).

연구(study) 교육공학 이론을 이해하고 그것을 실제 상황에 적용하는 것은 항상 지속적으로 지식을 형성하고 구성하며, 이를 현장에 적용하여 검증하는 과정을 필요로 한다. 이것이 바로 연구이다. 연구는 기존에 수행되었던 연구 결과들을 뛰어넘어 정보를 수집하고 분석하고 양·질적 연구를 비롯한 역사 연구, 철학적 분석, 시스템 분석, 평가 등을 통하여 진행하는 것이다. 연구는 실제 상황에서의 참여자와 연구자의 경험을 모두 포함하기 때문에 교육공학 발전에서 중요한 역할을 한다.

윤리적 실천(ethical practice) 교육공학은 오랜 기간 동안 윤리성을 강조해 왔다. 특히, 최근에 매체와 테크놀로지에 대한 윤리적 활용, 지적 재산에 대한 존중 등이 사회적 문제로 대두되었고, 이와 밀접하게 연계되어 있는 교육공학은 이를 위한 규칙과 법규를 마련하였을 뿐만 아니라, 연구와 실천의 기본으로 삼고 있다. 다른 사람이 가지고 있는 지적 재산을 함부로 악용하지 않고 존중하며, 다양한 테크놀로지의 긍정적인 기능을 고려하여 다른 사람을 도와주고 사회에 이로운 영향을 줄 수 있도록 활용하는 것이 중요하다.

촉진(facilitating) 인간의 경험에 대하여 연구하는 많은 학문들이 변화되면서, 학습에 대한 의미 및 교육 지원에 대한 관점이 바뀌고 있다. 과거에는 교수 과정과 학습과의 직접적인 인과관계에 초점을 두고 연구를 하거나 관심을 쏟았다면, 최근에는 학습자의 책임감, 주인의식을 강조하면서 통제보다는 관리 및 조력에 더 많은 노력을 기울이고 있다. 마찬가지로 최근의 학습환경이 좀 더 몰입적이고 실제적으로 만들어지면서, 강의와 반복 연습과 같은 방법으로 학습을 지시하고 통제한다기보다는 문제 제시와 도구 활용을 통하여 학습을 지원하는 학습 분위기가 만들어지고 있다. 따라서 교육공학은 학습을 만들거나 통제하지 않고 지원하고 조력하고자 한다. 지식이나 기술을 일방적으로 전달하는 것이 아니라, 학습자의 특성에 따라 다양한 방식으로 전달하고 안내하고 유도하는 것이 필요하다.

학습(learning) 학습은 지식 기억과 유지를 목적으로 하던 기존의 개념을 뛰어넘어, 지식의 구성, 재창조의 개념으로 확대되고 있다. 즉, 과거에 공부를 잘하는 사람의 특성이 특정 지식을 정확하게 기억하고 오래 간직하는 것이었다면, 지금은 그 지식을 이용하여 자신이 원하는 일을 효과적으로 잘 수행하며, 더 나아가 새로운 지식을 만들 수 있는 것이 공부를 잘하고 학습을 잘하는 사람의 특성으로 간주되고 있다. 이제 교수설계의 핵심적인 활동은 학습목표를 명확하게 설정하고 이를 달성할 수 있는 학습과제를 정하며, 그 진행 과정 및 결과, 그리고 성과를 잘 측정할 수 있는 평가 방법의 선정이다. 정보와 지식을 기억하고 이해하고 있는 정도를 측정하기 위하여 지필검사가 학습평가를 위하여 활용될 수 있지만, 현실적인 복잡한 문제해결을 평가하기 위해서는 루브릭(rubrics)이나 체크리스트(checklists)와 같은 도구가 필요하다. 루브릭이나 체크리스트는 학습자의 수행 과정에서 나타나는 다양한 행위, 태도 등을 여러 가지 측면에서 파악하고 점검할 수 있는 평가 도구이다.

향상(improving) 교육공학은 사람의 수행 혹은 일련의 과정으로 나타나는 진행 결과가 긍정적으로 좋아지는 것, 즉 향상을 지향한다. 이것은 성공적인 성과를 얻어낼 수 있는 과정과 그 과정을 통하여 얻어지는 양질의 결과인 효과성을 추구한다.

효과성은 가끔 적은 시간, 혹은 적은 비용으로 만들어 낼 수 있는 효율성과 연계되기도 한다. 같은 결과를 얻어 내기 위하여 한 사람이 다른 사람보다 적은 비용을 사용했다면, 더 많은 비용을 들인 사람에 비하여 효과가 좋다고 말할 수 있는 것이다.

수행(performance) 수행은 개인적인 측면에서는 새로 습득한 능력을 사용하고 적용하는 학습자의 능력이며, 조직적인 측면에서는 사람이나 기관이 효과적으로 목적을 달성하는 것을 말한다. 즉, 교육공학은 개인과 조직의 차원에서 생산성을 증진할 수 있는 힘을 제공한다.

창조(creating) 여기에서의 창조는 교수자료, 학습환경, 교육 시스템을 설계하는 데에 연계된 연구, 이론, 실제를 말하며, 특히 설계 과정에 관련된다. 예를 들면, 유아에게 모양에 대한 관점을 만들어 주기 위하여, 다양한 색의 모형을 만들어 활용했다면 창조적인 활동을 한 것이다. 이러한 창조 혹은 설계 과정은 관련 이론에 대한 구체적인 분석과 실제 상황에 대한 적절한 이해를 토대로 진행되어야 한다. 또한 설계 및 개발 과정은 교육자료 및 교육환경을 창조하기 위하여 활용되는 아날로그와 디지털 도구와 밀접하게 연계된다. 즉, 유아에게 글자에 대한 학습을 시키기 위하여 컴퓨터 혹은 갤럭시 탭, iPad와 같은 디지털 도구를 이용할 수 있다.

활용(using) 활용은 학습자가 학습 조건이나 자원에 접근하는 것과 관련된 이론과 실제이다. 학습자원은 학습자 스스로 혹은 교수자가 선택할 수 있는데, 이때 그 자원에 대한 적절한 평가가 수반되어야 한다. 예를 들면, 기존의 자료가 학습자와 학습목표에 적합한지를 판단해야 한다. 즉, 자원을 효과적으로 활용하기 위해서는 그 자원에 대한 평가가 먼저 이루어져야 하는데 이는 그 자원을 쓰고자 하는 목적과 밀접하게 관계된다. 따라서 어떤 자원이 교육환경에서 활용된다면, 교육목표와의 적합성이 중요한 선택 요인이 되어야 한다.

관리(managing) 교육공학의 가장 초기의 특성은 관리에 있었다. 이것은 교육공학 영역의 발생 초기에 세워진 시청각센터에서 자료를 관리하는 것에 관련된다. 시청각센터에 있는 다양한 인쇄 자료, 시청각 자료를 잘 배열하고 정리하고 관리하는 것이 중요한 영역 중의 하나였다. 그러나 매체 제작과 교수개발 과정이 복잡해짐에 따라, 단순히 자료 관리에만 국한되는 것이 아니라, 자료 개발을 위한 프로젝트 관리 능력, 전달 시스템 관리 능력 등이 필요하게 되었다. 그 외에도 인력 관리, 정보 관리 등이 중요한 관리 요인으로 부각되었다.

적절성(appropriacy) '적절성'이라는 의미는 과정과 자원에 모두 해당하는데, 이것은 의도한 목적에 적합한 것을 의미한다. 적절성은 때때로 책이나 교수자료를 평가하기 위한 조건으로 사용되기도 한다. 공격적인 표현, 성적인 표현, 특정 집단에 적합하지 않은 표현들은 적절성에 위배되는 것이다. 교수자료에 제시된 내용 중에, 여성에 대한 설명이 편협하거나 특정 집단에 대한 문화적 특성을 강조한다면, 적절성에 위배된다. 이는 윤리성과도 밀접한 관련이 있다.

기술적(technological) 과거에 '기술적'이라는 말의 의미는 실제 과제에 과학적 지식을 체계적으로 적용한 개인의 행동을 말하는 것이었는데, 최근에는 과정과 자원에 모두 연계되는 의미로 사용된다. 즉, 어떤 일이 수행되는 과정뿐만 아니라, 그 과정에 포함되는 자원을 말한다.

과정(processes) 특정한 결과를 산출하기 위하여 수행되는 일련의 행동들이다. 교육공학은 때때로 학습자원의 설계, 개발, 생산의 특별한 과정을 수행한다. 과정 또한 자원을 사용하고 관리하는 것뿐만 아니라 창조하는 것도 포함한다.

자원(resources) 학습을 위한 많은 자원이 이 분야의 특성을 규정짓는 요인 중의 하나이다. 공학적 혁신으로 인하여 자원들은 더욱 향상되고 학생들의 학습을 지원하도록 개발되고 있다. 자원에는 고도의 ICT 시스템, 도서관과 동물원 등과 같은 지역사회 자원, 인적 자원 등이 포함된다. 웹 사이트, 비디오 클립 등과 같은 디지털 자원도 여기에 포함된다.

이상은 교육공학의 정의를 분석적으로 설명한 것이며, [그림 1-1]은 이 정의의 주요 요소 간의 관계를 시각적으로 표현한 것이다.

교육공학 개념의 변화 속에서 두드러지게 나타나는 특징은 첫째, 수업 과정에서 매체 활용을 강조했던 관점에서 교수 · 학습 과정을 하나의 체제로 보고 구성 요소 간의 유기적인 관계에 관심을 가졌다는 것이다. 이것은 1970년에 체제 이론이 교육공학 분야에 영향을 주면서 나타난 변화이다. 즉, 교수 · 학습 과정에서 교수자의 교수법이나 교수자가 사용한 매체의 특성만이 중요한 것이 아니라, 교수 · 학습 과정을 다양한 하위 요소가 포함된 하나의 시스템으로 생각하는 것이다. 그 안의 모든 요소, 즉 학습자, 교수자, 교수매체, 환경 등이 모두 적정 수준에서 유지되어야 효과적인 교육 성과를 달성할 수 있다. 둘째, 교육공학의 영역이 설계, 개발, 활용, 관리, 평가의 구체적이고 포괄적인 분야로 세분화되었다는 것이다. 매체와 자료 개

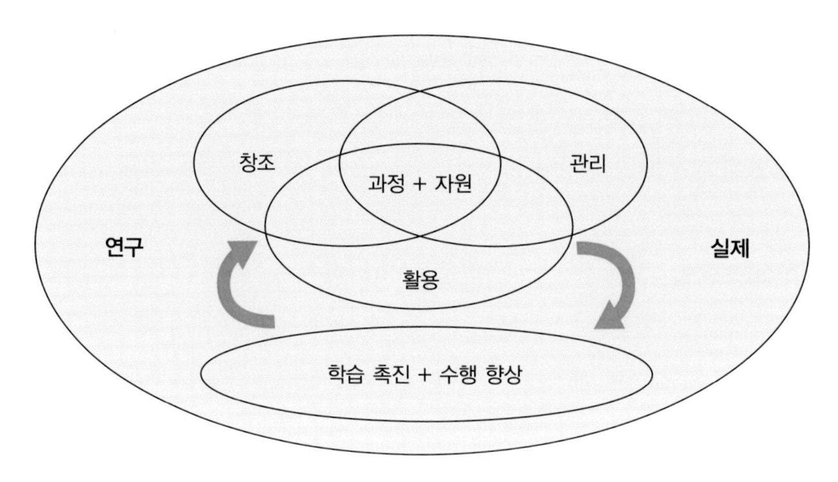

[그림 1-1] **교육공학 정의의 주요 요소**

출처: Januszewski & Molenda, 2008.

발에 초점을 두었던 시기와는 달리, 설계, 개발, 활용, 관리, 평가의 영역이 서로 유기적으로 작용해야 하는 당위성이 만들어졌다. 셋째, 교육공학에서 다루어지는 범위가 교수 · 학습 과정에서의 학습 영역을 넘어 인간 수행 수준으로 확대되었다는 것이다. 교육공학의 초기 주요 관심사는 학교교육과 같은 형식적인 교육환경에서 학습목적 달성에 초점을 두었다면, 이제는 구조적으로 짜인 학습환경뿐만 아니라, 목적 달성을 위한 다양한 수행 환경도 주요 연구의 대상이 되었다(Januszewski & Molenda, 2008).

2) 교육공학의 역사

교육공학은 1920년대 후반에 과학의 발전과 함께 구체화되었다. 교육공학의 기원은 그리스 철학자들의 교육관에서 그 모습을 찾을 수 있지만, 17세기 그림을 최초로 교과서에 넣은 코메니우스의 『세계도회』에서 그 기원을 찾는다. 교육공학의 사상과 방법은 1920년대를 거쳐 현재까지 다양한 다른 학문의 영향을 받아 변화되고 발전되어 왔다. 특히, 미국 중심의 교육공학의 변화 과정을 시각교육, 시청각교육, 시청각교육통신, 교수공학, 교육공학으로 구별하고 있다(Saettler, 2004).

(1) 시각교육

시각교육은 1923년 추상적 개념을 구체화하기 위해 시각 자료를 보조물로 사용한다는 데에 초점을 두고 교수 · 학습 과정에 시각 자료를 활용하는 것과 관련된다. 그러나 이 당시에 교육공학은 시각 자료를 보조적으로 활용한 것에 제한된다.

(2) 시청각교육

1930년대부터 등장하기 시작한 음향 기기의 발전은 시각교육에 청각적인 요소를 통합하는 계기를 만들었다. 이 당시의 데일(Dale, 1996)이 개념화한 '경험의 원추'는 시각교육을 위한 하나의 기준을 설정하였다. 그러나 여전히 시청각교육은 학습 보

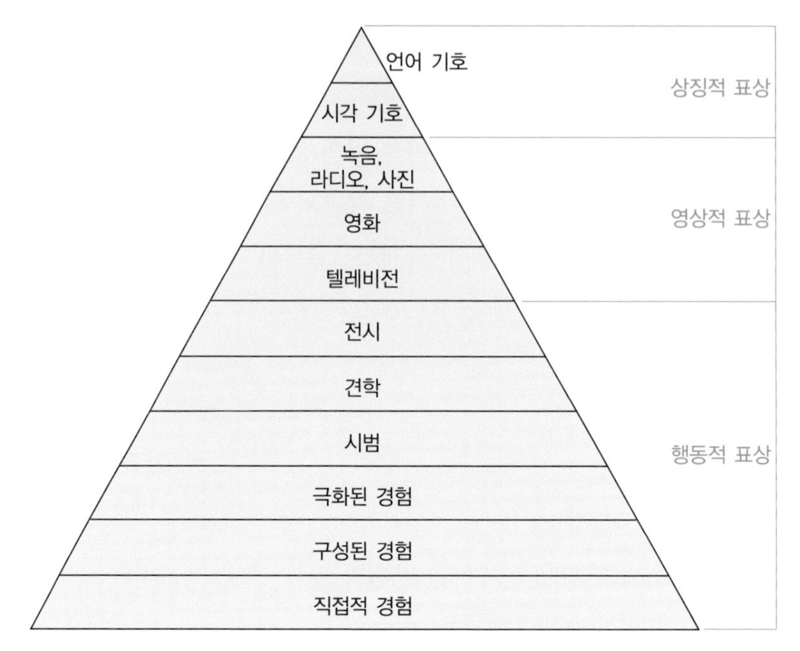

[그림 1-2] **경험의 원추**

출처: Dale, 1996.

조물의 활용에 국한되는 것으로 해석되었다.

(3) 시청각교육통신

메시지, 메시지를 보내는 사람, 메시지를 받는 사람과의 관계를 설정하는 커뮤니케이션 이론이 도입되면서 시청각 자료의 제시와 의사소통에 관한 요소들이 고려되어 시청각교육통신의 개념이 제안되었다.

(4) 교수공학

시청각교육통신은 행동과학 이론, 체제 이론과 교수개발 이론 등의 도입으로 '교수공학(Instructional technology)'의 개념으로 발전되었다. 학습 과정에서 자극과 반응의 개념으로 학습자의 행동을 이해하는 행동주의 이론, 교수 과정을 하나의 체제로 보고 산출물뿐만 아니라 과정을 중시하는 체제 이론 등이 도입되면서 교육공학의 영역이 확대되었다.

(5) 교육공학

교수공학의 의미가 더욱 확대되어, 통제되고 계획된 학습 과정에서 벗어나 좀 더 넓은 전반적인 교육 상황을 대상으로 발전하게 되었다. 이러한 의미는 1970년대에 제기되어 1990년에 이르러 더욱 정교화되고 확장되고 있다.

2. 교육공학의 영역

1) 설계 영역

설계 영역의 세부 영역은 교수 체제 설계, 메시지 디자인, 교수전략, 학습자 특성 등을 포함한다. 교수 체제 설계는 교수의 분석, 설계, 개발, 실행, 평가의 단계가 포함된 조직적인 절차이며, 메시지 디자인은 지적 · 정의적 · 신체적 행동에 영향을 주는 신호와 기호로 이루어진다. 교수전략은 한 단위 수업 안에서 일어나는 사태와 활동을 선택하고, 구체적으로 계열화하는 것이며, 학습자 특성은 학습 과정에 영향을 미치는 학습자의 경험적 배경을 말하는 것으로, 이를 분석하고 설계하는 것이 필요하다(류지헌, 김민정, 김소영, 김혜원, 손찬희, 이영민, 임걸, 2013).

예를 들어, 유아들을 위한 활동 시간을 계획한다면, 우선 직접 만나게 될 유아들의 특성, 선호도, 경험 등을 파악해 본다. 유아들에게 보여 줄 자료를 개발할 때는 유아들이 좋아하는 색과 소리를 주로 사용하고, 유아들이 좋아하는 동물, 식물 등을 사례로 이용할 수 있다. 중요한 것은 유아들이 하게 될 활동이 무엇인지 파악하고 그 활동을 계획하기 위하여 유아의 특성을 파악하여 그에 적합한 행동을 설계하고 자료를 개발하는 것이다.

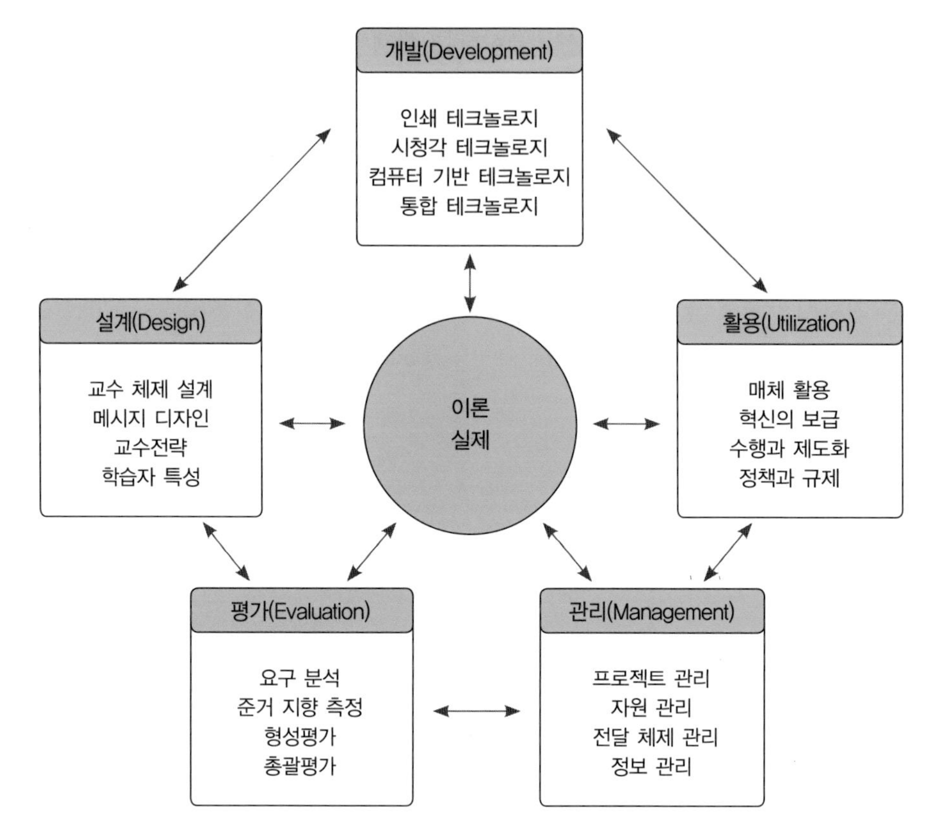

[그림 1-3] **교육공학의 여러 가지 영역**

출처: 류지헌 외, 2013.

2) 개발 영역

개발 영역은 주로 매체의 제작 분야에서 발전되어 인쇄물에서 컴퓨터에 이르기까지 다양한 테크놀로지 개발에 관련된다. 인쇄 테크놀로지, 시청각 테크놀로지, 컴퓨터 기반 테크놀로지, 통합 테크놀로지 등이 포함된다(Seels & Richey, 1994).

예를 들면, 앞에서 활동 계획을 하고 그에 적합한 자료를 개발할 때, 어떤 유형의 자료를 만들어야 하는지를 결정한다. 종이로 만들 수도 있고 컴퓨터 자료로 만들어서 제시할 수도 있다. 이때 유아들이 선호하는 자료의 유형을 선택하고 실제 교육 상황에서 활용 가능한 매체를 선택하는 것이 중요하다.

3) 활용 영역

활용 영역은 교수 · 학습의 효과를 증진시키기 위하여 교수매체를 선정하고 활용하는 방법에 관한 것으로 매체 활용, 혁신의 보급, 수행과 제도화, 정책과 규제가 포함된다(류지헌 외, 2013).

이것은 작은 단위의 수업이나 활동을 수행하는 것부터 전체 유아교육을 위한 행 · 재정적 변화를 포함한다. 즉, 유아가 참여하는 수업을 진행하면서 학습목표 달성을 위하여 미리 계획한 학습 활동과 학습 자료를 효과적으로 활용한다. 뿐만 아니라, 유아교육이 효과적으로 운영되기 위하여 필요한 국가 정책, 제도, 규칙의 제정과 실행도 이 영역에 해당된다.

4) 관리 영역

관리 영역은 미디어센터, 서비스 운영에서 시작하여 다양한 관리 분야를 포함하는데, 프로젝트 관리, 자원 관리, 전달 체제 관리, 정보 관리들이 연계된다(Seels & Richey, 1994).

예를 들면, 유아들이 사용할 수 있는 교재, 자료, 도구들을 잘 관리하는 것이 이 영역과 연계된다. 아울러 유아들의 정보를 관리하고, 이를 활용하여 유아의 성장에 지속적인 도움을 줄 수 있도록 한다.

5) 평가 영역

교수와 학습의 적절성을 결정하는 과정으로서, 요구 분석, 준거 지향 평가, 형성 평가, 총괄평가 등이 포함된다(Seels & Richey, 1994). 대상 학습자에게 적합한 교수 · 학습 과정을 계획하기 위하여 요구 분석이 필요하다. 계획한 교수 · 학습 과정을 실행하면서 학습자의 이해 수준을 파악하고 최종 목표 달성을 평가해야 한다. 이러한 평가 결과가 현재 실행한 과정을 개선하고 다음 과정을 좀 더 효과적으로 진행하기 위한 근거가 된다.

유아교육에서는 초 · 중 · 고등학생들을 대상으로 하는 것과 같이 지필 시험을 보고 결과를 판단하는 것은 쉬운 일이 아니다. 이 경우에는 유아들의 반응을 관찰하고 분석하는 것, 분석한 결과를 토대로 판단을 내리는 것 등이 포함된다.

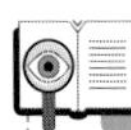

주요 용어

교육공학, 설계, 개발, 활용, 평가, 관리

생각해 볼 문제

1. 교육공학의 5대 영역은 무엇이며, 각 영역에 포함되는 핵심 활동은 무엇인가?
2. 현재 유아교육 분야가 직면하고 있는 문제는 무엇이며, 그 문제를 해결하기 위하여 교육공학은 어떤 역할을 할 수 있는가?

제2장 교육 방법[1]

학습목표

- 교육방법의 개념을 말할 수 있다.
- 교육방법의 선택에 영향을 주는 요인을 설명할 수 있다.
- 다양한 교육방법의 특성을 설명할 수 있다.

1. 교육방법의 개념과 분류

교육방법은 많은 교육학자들이 다양하게 정의하고 있는데, 대체로 학습목표에 따른 학습내용을 효과적으로 전달하고, 학습자의 성공적인 학습 성취를 지원하는 방법으로 설명하고 있다(김신자, 이인숙, 양영선, 2000; 변영계, 김영환, 손미, 2007). 〈표 2-1〉은 교육방법에 대한 기존의 연구를 토대로 제시한 것이다.

1) 이 장의 내용은 허희옥 외(2008), 『정보교육방법 탐구』(3판, 교육과학사)의 내용을 토대로 작성되었다.

〈표 2-1〉 기존 연구에서 논의된 교육방법의 분류

교육자	교육방법
Smaldino, Lowther, & Russell(2007)	제시, 시범, 토의, 반복 · 연습, 개인교수, 협동학습, 게임, 모의실험, 발견, 문제해결
김신자, 이인숙, 양영선(2000)	강의, 토론, 사례분석, 협력학습, 문제기반학습, 모의실험, 게임
변영계, 김영환, 손미(2007)	강의식 수업, 토의식 수업, 발견학습과 탐구학습, 협동학습
이성호(1999)	강의식 교육법, 개별화 교수법, 탐구교수법, 개념 개발 교수법, 발문교수법, 시네틱스 · 도제 · 대화 교수법, 토의식 교수법, 소집단 협동학습법, 가치 탐구 · 역할놀이 교수법, 비지시적 자율학습법, 생애 개발
이화여자대학교 교육공학과(1996)	강의법, 문답법, 토의법, 시범, 문제해결법, 모의실험과 게임, 협동학습, 발견학습, 완전학습, 프로그램 수업
Cruickshank, Bainer, & Metcalf(1995)	자료 제시법, 토론법, 자율학습, 협동학습, 발견학습, 직접교수법, 개별화 수업

교육방법은 지식과 정보를 제시하고 학생들이 학습 성취를 효과적으로 하도록 도와주기 위하여 선택되는 교수의 절차이다(Smaldino, Lowther, & Russell, 2011). 교육방법은 교수목적, 학습내용의 특성, 학습자의 특성, 그리고 교수가 진행하는 학습환경을 고려하여 적절하게 선택되어야 한다. 최근에는 교수 · 학습 과정에서 학습자의 능동성이 강조되고 있어, 학습자가 적극적으로 참여할 수 있는 교수방법에 대한 관심이 많아지고 있다.

한편, 컴퓨터를 포함한 정보통신 기술(Information & Communication Technology)이 빠르게 발달하여 교육환경이 교실 환경뿐만 아니라 교실 밖의 환경, 사이버 환경으로 확대되면서 보다 다양한 교육방법이 논의되고 있다. 최근에는 교실에서 일어나는 면대면 오프라인 활동과 온라인 활동이 혼합되어 이루어지는 혼합학습(blended learning)이 다양하게 진행되고 있으므로 각 교육방법에서 어떻게 오프라인 활동과 온라인 활동을 적절하게 통합할 것인가를 고려해야 한다.

2. 교육방법의 선택

일반적으로 교육방법은 학습자의 특성, 학습목표와 학습 활동의 특성, 학습내용의 특성, 교수·학습 상황의 특성, 학습환경, 사용 시간, 교수자의 교직에 대한 관점에 따라 선정되며, 교육기관의 특성이 영향을 미치기도 한다. 학습목표를 달성하기 위하여 학습내용에 적합한 교육방법을 선정하는 일은 교수자 고유의 권한 중의 하나이다. 여기서는 적절한 교육방법 선택에 영향을 주는 요인과 선정 기준에 대하여 살펴본다.

1) 교육방법 선택에 영향을 주는 요인

교육방법을 선택하는 데 영향을 주는 가장 중요한 요인은 그 교육방법을 활용하는 교수자의 특성으로, 교수자가 가지고 있는 개인적인 성향, 그가 가지고 있는 교육적인 경험, 교수자가 접하는 교수·학습 상황이 포함된다(Cruickshank, Bainer, & Metcalf, 1995).

교수자의 개인적인 성향, 즉 성별, 나이, 성격 등이 교수·학습 과정에서 교육방법을 선정하는 데에 영향을 미친다. 몇몇 연구 결과에 따르면, 남성이 여성보다 좀 더 권위적이며 조직적이어서 교사 주도적인 방법을 선호한다. 또한 나이가 적은 교수자가 그렇지 않은 사람들에 비하여 새로운 교육방법을 다양하게 시도하지만, 시행착오가 많다는 지적이 있다.

한편, 교수자가 가지고 있는 교육에 대한 다양한 경험은 교육방법을 선정하는 데에 많은 영향을 미친다. 교육을 받아 본 사람이라면 대부분 과거에 받은 교육방법 중에 인상 깊었던 교육방법, 혹은 자신이 좋아하는 교육방법이 있다. 이러한 경험은 후에 교수자가 되어 자신의 교육방법을 선택하고 활용하는 데에 영향을 미친다. 즉, 자신이 좋아하는, 인상 깊었던 방법대로 다른 학습자를 가르치는 경향이 있다. 또

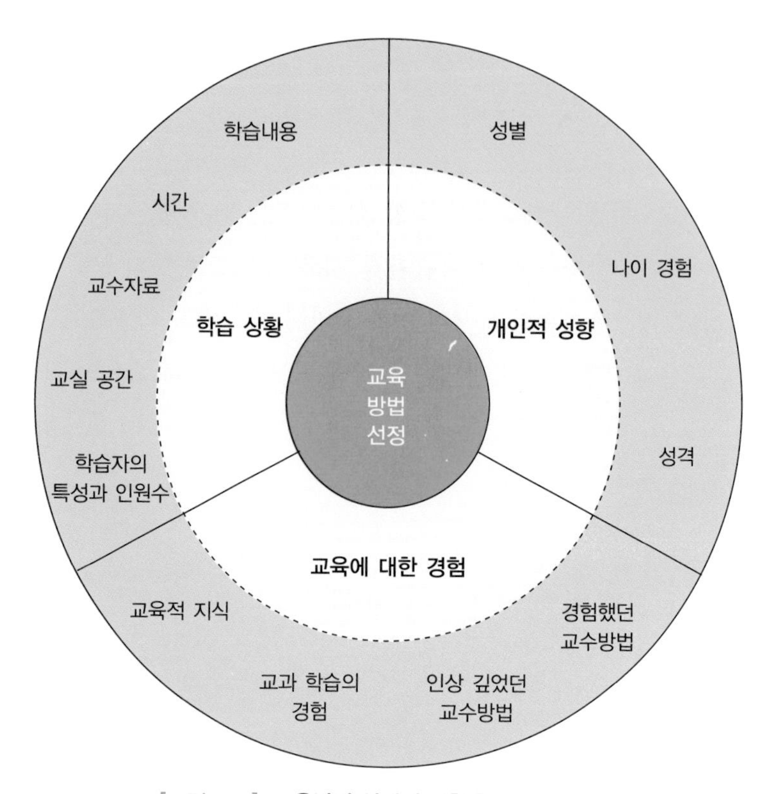

[그림 2-1] **교육방법 선택에 영향을 미치는 요인**

한 교수자 자신이 담당하는 교과 영역에 대한 지식과 경험의 수준은 학습자의 이해에 결정적인 영향을 미친다. 교사의 교과 내용에 대한 열정도 학습자가 학습내용에 대한 흥미를 느낄 수 있도록 하는 중요한 요인이 된다. 이에 덧붙여, 가르치는 것과 관련하여 얻은 교육적 지식, 예를 들어 교육철학, 교육심리학, 교육사회학과 같은 지식은 학습내용을 선정하고 분석하며 학습방법을 설정하고 학습자의 학습 결과를 해석하기 위한 좋은 기초가 된다.

교수자가 가지고 있는 개인적인 성향과 경험 이외에도 교수자가 교육을 실행하는 학습 상황의 특성이 교육방법 선정에 많은 영향을 준다. 학습 상황의 특성에는 학습자의 특성, 학습자의 수, 학습 공간의 크기, 교육자료의 사용 가능성, 시간의 적절성 등이 포함된다.

학습방법, 학습매체를 선정할 때 학습자의 학습선호도, 이해 수준, 경험 수준을 고려해야 한다. 컴퓨터를 사용할 수 없는 학습자를 대상으로 컴퓨터를 활용한 학습방법을 활용한다면 효과적인 학습 성과를 기대하기 어렵다. 교육환경에서 학습자의 수가 너무 많거나 너무 적은 경우에도 활용 가능한 교육방법이 달라진다. 100~200명 이상의 학생들이 있는 대형 강의실에서는 소집단 토론을 활용하기가 어려우므로 질의응답을 이용한 강의가 더욱 효과적으로 활용될 수 있다.

교육 시간 또한 교육방법 선정에 영향을 줄 수 있는데 문제해결 학습방법이나 프로젝트학습은 일반적인 학교에서 차시 단위의 수업에서는 효과적으로 활용하기 어렵다. 더욱이 학습자 간의 협력이 바탕이 되는 교육방법에서는 40분 혹은 45분 수업에 한정되지 않고 통합적인 시간 블록을 이용하는 것이 필요하다.

2) 교육방법의 선택 기준

교육방법을 선정할 때에는 학습자, 학습내용, 교육환경, 교수자의 교육관 등의 네 가지 기준을 고려한다(이화여자대학교 교육공학과, 2001; 허희옥, 김미량, 조미헌, 이옥화, 김민경, 2008).

(1) 학습자

학습자는 교수 · 학습 과정의 주요 대상이므로, 교육방법을 선정할 때 다음과 같은 학습자의 다양한 특성을 고려해야 한다.

- 학습자의 학습 성향: 학습자들은 개개인의 학습 선호도, 학습 속도, 이해 수준이 다양하므로 이를 고려한다. 내성적이며 수동적인 성향, 외향적이며 능동적인 성향 등이 학습자에게 나타날 수 있는 특성이다.
- 학습자의 요구 및 흥미: 학습자가 좋아하는 것, 하고 싶어 하는 것을 적절히 파악해야 할 뿐만 아니라 교육 목적에 부합하는 학습자의 속성을 파악하여 고려하

는 것이 중요하다.

- 학습자의 학습 경험 정도: 학습자의 경험 수준, 특히 교육내용에 대하여 학습자가 어느 정도 알고 있는지의 수준이 파악되어야 한다.
- 학습자의 인원수: 앞에서 언급한 바와 같이 교수·학습 상황에서 몇 명의 학생이 참여하는지에 대하여 파악하고 이를 고려하여 교육방법을 선정해야 한다.

(2) 학습내용

학습자가 습득하여야 할 학습내용의 특성을 고려하여 교육방법을 선정한다.

학습할 내용이 어느 유형인가를 파악해야 하는데, 대체로 지적 영역, 정의적 영역, 심체적 영역으로 구별되기도 한다. 용어 암기, 문제 풀이와 같은 활동은 지적 영역에 관련되며, 가치관 형성, 윤리성 함양 등은 정의적 영역에, 달리기, 요리하기 등과 같은 내용은 심체적 영역에 해당한다. 각각의 영역에 따라 사용 가능한 교육방법도 다르게 적용될 수 있다.

(3) 교육환경

교수·학습이 이루어지는 물리적·심리적 교육환경의 특성에 따라 교육방법을 선정한다. 활용 가능한 교수매체의 종류, 교수자료의 개발 가능성(인적 지원, 개발 환경의 구축), 교실 공간의 크기와 같은 물리적 환경을 고려해야 한다. 또한 학습자들 간의 관계, 교수자와 학습자 간의 관계와 같은 심리적·구조적 관계도 교육환경에서 고려되어야 하는 요인이다.

(4) 교수자의 교육관

교수자가 가지고 있는 교수·학습에 대한 관점이 교수방법 선정의 기준이 된다.

- 교육철학: 객관주의적 입장, 구성주의적 입장 등
- 교수매체에 대한 교수자의 선호도: 인쇄 자료, 교육 방송 자료, 컴퓨터 자료 등

• 교육방법에 대한 교수자의 지식: 교수자 주도의 설명형, 학습자 중심의 발견형 등

3. 교육방법의 유형

교육방법은 다양한 유형이 있으며, 이들은 앞서 살펴본 교수·학습 상황별로 한 단위 수업을 위하여 단독으로 활용되거나 혹은 각 방법들의 단점을 서로 보완하기 위하여 두 가지 이상의 방법이 병행되어 사용되기도 한다. 여러 유형 중에서 몇 가지 대표적인 방법을 간단히 소개하면 다음과 같다.

1) 강의법

여러 가지 교수방법 중에서 가장 오래되고 친숙한 방법인 강의법은 교수자의 주도하에 일방적으로 학습자에게 학습 정보를 전달하고 이해시키는 형태이다. 이때 교수자는 정보의 전달자 입장에서 전달하고자 하는 정보의 종류와 수준을 정하고 글과 언어를 통하여 학습자에게 전달하며, 학습자는 정보의 수용자 입장에서 전달되는 정보를 지각하고 이해한다(허희옥 외, 2008).

강의법의 장점은 새로운 개념 습득, 원리와 절차 이해를 포함하는 인지적 영역의 내용을 학습할 때 효과적으로 적용될 수 있다는 것과 다른 방법에 비하여 주어진 시간 내에 많은 내용을 전달할 수 있다는 것이다. 하지만 강의법은 학습자의 다양한 개별 학습 속도에 대응하기 어렵다는 단점과 학습자가 자신의 학습에 능동적으로 참여하기 어렵다는 문제점이 있다. 따라서 이러한 단점과 문제점을 보완하기 위하여, 강의법과 함께 토론법, 역할극 방법과 같은 교육방법을 병행하여 활용하거나, 효과적인 교육내용 전달을 위하여 정보 통신 기술을 활용하는 것 등이 그것이다.

2) 토론법

토론법은 학습자가 학습의 목적을 달성하기 위하여 자신의 의견을 제시하고 다른 사람의 의견을 받아들이는 상호작용을 통하여 합의점을 찾고 문제를 해결해 가는 방법이다. 일반적으로 토론법에서 교수자가 담당하는 역할은 토론의 촉진자 혹은 중개자이나 때로는 토론자의 일원으로도 참여할 수 있다. 그리고 학습자는 능동적인 입장에서 의견을 개진하고 다른 학습자의 의견을 경청하고 조율하여 합의된 의견을 만들어 간다. 토론법은 민주주의 원칙에 기반을 둔 학습 활동으로, 교수자와 학습자 모두의 의사소통 기술과 대인관계 능력의 토대가 있어야만 효과적으로 활용된다(허희옥 외, 2008).

토론법의 강점은 참여자가 다른 사람과의 의견 교환을 위한 사회적 기술을 익힐 수 있고, 학습자 자신의 의견을 외적으로 표현하는 과정에서 사고를 확고히 할 수 있어 학습의 내면화에 많은 기여를 한다는 것이다. 그러나 강의법에 비하여 목적 달성을 위한 시간이 많이 걸리며, 철저한 사전 계획에도 불구하고 의도한 목적을 달성하기 어려운 경우가 많다는 단점이 있다. 더욱이 토론에 적극적으로 참여한다기보다는 다른 학습자의 토론에 방관자적인 태도를 취하거나 내성적인 성향을 가진 학습자에게는 참여의 어려움이 생기기도 한다. 토론법은 강의법이나 다른 방법을 통하여 새롭게 습득된 지식이나 기술을 좀 더 확고히 하거나 고차원적인 능력으로 발전시키기 위한 수단으로서 효과적으로 활용될 수 있다.

3) 시범실습

시범실습은 학습자가 학습해야 할 기술이나 절차를 익히기 위하여 실제 또는 실제에 근접한 모범적인 사례를 관찰하고 이를 직간접적으로 수행하는 과정을 통하여 학습하는 방법이다. 시범실습은 주로 다른 사람의 행동을 보면서 새로운 기술을 습득하는 형태로 이루어진다(허희옥 외, 2008).

시범실습은 학습자들이 범하게 될 불필요한 시행착오의 과정을 피하게 하고 시간을 단축할 수 있다. 시범실습은 수영하는 방법, 카레 만드는 방법과 같이 심체적 영역의 학습내용을 교육하고자 할 때 유용하게 활용된다. 또한 학습자가 성공한 이의 삶의 태도를 형성하도록 성공한 사람의 삶을 보여 주는 방식으로 활용하여 태도 영역의 학습에도 적용할 수 있다(이화여자대학교 교육공학과, 1996; Smaldino et al., 2011).

4) 협동학습

협동학습은 학습자가 과제를 수행해 가는 과정에서 소집단 혹은 대집단을 구성하여 다른 학습자와 함께 학습하는 방법이다. 이 방법은 다른 사람과의 긍정적인 협력 관계를 통하여 문제를 해결하고 지식과 기술을 연마하는 것을 목적으로 한다. 이 방법은 실제적인 사회생활에서 요구되는 협력성, 의사소통 및 대인관계 기술 등을 기를 수 있게 도와주며, 혼자서 학습할 때보다 더 많은 지식과 기술을 익힐 수 있게 해 주어 사고력과 같은 고차원적인 능력을 기르는 데 효과적인 교육방법이다(허희옥 외, 2008). 그러나 초기 목적과는 달리 집단 구성원들 간의 긍정적인 협력 관계가 아닌 경쟁 관계 혹은 갈등 관계로 발전할 수 있으며, 다른 학습자의 학습 결과에 편승하는 방관자적인 태도를 형성하게 되는 문제점이 있다.

일반적으로 협동학습에서 교수자는 학습자들 간의 협력 관계 형성과 집단 내의 갈등 해소를 위한 중재 역할을 한다. 그러나 때로는 교수자가 팀의 일원으로 학습자와 동등한 입장에서 과제를 수행할 수도 있다. 협동학습에서 학습자는 집단의 목적을 달성하기 위하여 개인의 책임을 수행하면서 동시에 다른 학습자와의 협력적인 상호 관계를 유지하는 능동적인 주체 역할을 해야 한다. 이때 보다 효과적인 협동학습을 위하여 학습자 개개인은 자신의 임무에 대한 충실성과 개인의 자질에 대한 완성도를 높여야 하며 다른 사람과의 의사소통 기술 및 집단에서의 인간관계 형성을 위한 사회성이 필요하다. 한편, 성공적인 협동학습을 위한 방안으로는 집단 구성 방법의 변화와 집단 및 개인의 평가 및 보상 체제의 병행을 들 수 있다.

인간으로서의 전인교육을 지향하는 유아교육에서 유아가 또래와 긍정적으로 상호작용하고 의존하는 관계를 형성하도록 지원하는 것이 중요하다. 이를 위하여, 유아를 3~4명의 소집단으로 구성하고 공동의 과제를 해결하면서 사회적 관계를 직접 체험하게 하는 협동학습이 효과적으로 활용될 수 있다(박길순, 김덕건, 2002).

5) 발견학습

발견학습은 학습자 스스로 학습할 내용을 발견해 가는 과정을 통해 학습하게 하는 교육방법으로 구체적인 사물과 현상을 관찰한 후 이를 일반화하는 귀납적 순서로 진행된다. 발견학습은 개념과 원리를 습득하는 지적인 과정을 경험함으로써 학습자 스스로가 지적인 내면 과정을 형성하고 새로운 지식과 기술을 연마해 가는 방법이다. 일반적으로 발견학습은 학습자가 새로운 개념이나 원리를 형성해 가는 과정에서 많이 활용될 수 있다. 발견학습 과정에서 교수자의 역할은 학습자의 발견 과정을 촉진하고 안내하는 것이며 질문, 설명, 제안 등으로 학습자가 주어진 문제를 인식하는 것을 도울 수 있다(허희옥 외, 2008).

발견학습의 장점은 학습자가 성공적인 발견학습을 통하여 지적인 쾌감과 지적 탐구에 대한 내적 동기를 형성하고 유발할 수 있으며 일단 형성된 지식과 기술이 오래 기억되고 내면화될 수 있다는 것이다. 또한 인지적 지식 및 기술의 습득뿐만 아니라 탐구하고 학습하는 방법을 동시에 습득할 수 있다. 반면에 강의법에 비하여 학습 시간이 오래 걸리기 쉬워 정해진 시간에 많은 내용을 다루어야 하는 경우에는 활용하기 어려운 단점이 있다.

유아교육에서 유아들의 개념 형성을 위하여 발견학습을 이용할 때에는 우선 유아들이 다양한 활동을 통하여 자신들이 가지고 있는 잘못된 개념을 찾아내게 한다. 그리고 유아들이 지적 호기심을 가질 수 있도록 다양한 현상과 사례를 제공하여 새로운 개념을 형성할 수 있도록 지원한다(곽향림, 2002).

6) 프로젝트학습

프로젝트학습은 학습자들이 실제적인 과제를 수행하고 구체적인 결과물을 만들어 내는 과정에서 새로운 지식을 습득하고 비판적 사고력, 문제해결력, 자기주도적 학습 능력과 같은 다양한 능력을 신장할 수 있는 학습자 중심 교육방법이다(조미헌 외, 2013; Blumenfeld et al., 1991). 더욱이 학습자 개인이 아닌 몇몇 학습자가 소집단을 구성하여 과제를 함께 수행하는 과정에서 협력, 의사소통 능력을 포함한 사회적 능력을 증진할 수 있다.

성공적인 프로젝트학습의 필수 요건으로 다음과 같은 사항들이 공통적으로 언급되고 있다. 첫째, 프로젝트 자체가 실제적인 사건이나 상황을 기반으로 만들어짐으로써 미리 계획되고 의도된 '학교' 환경이 아닌 자연스러운 '실제' 맥락에서의 경험이 일어날 수 있도록 한다. 이러한 실제적인 속성은 프로젝트를 통해 해결하고자 하는 문제 혹은 과제의 맥락뿐만 아니라, 과제가 수행되는 환경과 과정 측면에서도 필요한 요소이다. 일반적인 실제 환경은 공동의 목적을 위하여 공동의 작업이 이루어지는 경향이 매우 많다.

둘째, 학습자에게 다양한 인지적 도구가 제공되어야 한다. 최근에는 테크놀로지를 기반으로 하는 도구들, 즉 컴퓨터 및 인터넷을 활용한 실시간/비실시간 상호작용 도구 및 정보 검색 도구, 프로젝트 관리 소프트웨어 등이 많이 사용되는데, 이를 통해 학습자들은 보다 효율적, 효과적으로 프로젝트를 진행해 나가는 동시에 역동적으로 지식을 구성할 수 있다(임규연, 허희옥, 김영수, 2009).

셋째, 학습자가 적극적으로 참여하고 다른 팀원과 유기적으로 협력할 때, 프로젝트 수행 결과가 더욱 성공적이다. 프로젝트는 개별적으로 혹은 협력적으로 수행될 수 있는데, 몇몇 구성원을 중심으로 한 소집단 혹은 전체 구성원이 하나의 팀을 이루는 협력학습환경에서 더 효과적으로 진행될 수 있다(Barron et al., 1998; Krajcik et al., 1998).

7) 문제중심학습

문제중심학습은 실제로 발생하는 문제나 상황을 중심으로 교수 · 학습 활동을 구성하는 방법으로, 그 태동은 의과 대학의 수업에서 시작되었다(Savery & Duffy, 1996). 이 방법은 발견학습에 대한 교육철학과 사례중심학습이 조합된 것이다(김신자 외, 2000). 더욱이 학습에 대한 이해가 구성주의적 관점으로 확대되면서 그 적용의 가능성이 증대되고 있다.

문제중심학습 과정에서 교수자의 역할은 학습자를 가르친다기보다는 학습자가 비판적으로 사고하는 기술, 자기주도적으로 학습하는 기술, 문제해결 과정에서의 영역 지식 등을 생성하도록 지원하는 촉진자이며, 학습자는 문제를 해결해 가는 학습 과정에서 다양한 학습 활동을 능동적으로 주도해 가는 역할을 한다(허희옥 외, 2008).

문제중심학습은 일반적으로 다음의 특징들을 갖는다. 첫째, 실제적인 문제해결을 학습자에게 요구하므로 이를 해결하는 과정에서 문제해결 능력, 자기주도적 학습 능력, 지식 획득 및 메타인지 기능 신장에 효과적이다. 둘째, 간단하고 단순하기보다는 복잡하고 다면성이 있는 문제를 중심으로 학습 활동이 전개된다. 셋째, 주어진 문제를 해결하는 과정에서 학습자는 자연스럽게 그리고 자율적으로 중요한 정보와 그렇지 않은 정보를 변별하고 판별해 능력이 함양된다. 넷째, 문제해결 과정에서 교수자는 학습자가 문제를 발견하고 스스로 해결해 나갈 수 있도록 지원하는 촉진자 역할을 수행한다.

8) 역할극

역할극은 역할극을 하는 참여자와 관찰자의 적극적인 참여와 그들의 문제 이해와 해결을 바탕으로 진행된다. 역할극의 목적은 학습자들이 각기 다른 사람의 역할을 맡아 각각의 입장에서 서로 상호작용하면서 의도한 지식, 기술, 태도를 습득하도록 하는 것이다. 역할극 참여자는 역할극을 통해 상대방의 행동, 말, 감정의 형태에 대해 이해도가 넓어져 자기중심적 사고에서 벗어나게 되고, 공동체 의식, 언어 능력, 도덕 개념을 발전시키게 되어 결과적으로 생활 주변에서 다양한 갈등 상황을 처음 만나는 어린 학습자들이 갈등을 스스로 해결하는 능력을 기르는 데 큰 도움을 받는다. 즉, 역할극은 개인의 행동을 분석하고 대인 간의 관계에서 빚어지는 문제를 해결하고 이해하는 기능을 기르기 위한 효과적인 방법이다(허희옥 외, 2008).

샤프텔(Shaftel)은 역할극을 위한 아홉 가지 단계를 ① 집단의 분위기 형성, ② 참여자 및 역할 선정, ③ 무대와 장면 설정, ④ 관찰자 준비, ⑤ 역할극 수행, ⑥ 논의 및 평가, ⑦ 역할극 재수행, ⑧ 논의와 평가, ⑨ 경험의 공유 및 일반화로 나누었다(Joyce, Weil, & Calhoun, 2015).

역할극에서 주로 학습자는 실제로 역할극에 참여하고 논의하는 능동적인 입장이며, 교수자는 역할극을 실행하기 위하여 학습자를 준비시키거나 역할극의 목적을 효과적으로 달성할 수 있도록 조정하는 역할을 수행하게 된다.

9) 사례중심학습

사례중심학습은 일화 혹은 시나리오와 같은 사례를 중심으로, 그 속에서 문제를 파악하고 이를 해결하기 위한 지식과 기술을 명료화하여 학습해 가는 방법이다. 여기에서 사례는 일상에서 접할 수 있는 사실적 맥락을 제공하고 각 장면의 문제 분석 및 해결에 필요한 의미 있는 내용을 제시한다(진위교, 장이철, 1998; Simons, 1993).

사례중심학습에서 교수자는 학습자가 주어진 사례를 분석하고 해결해 가는 과정에서 다양한 사례를 제공하는 동시에 학습자가 사례를 통하여 관련된 지식을 발견하고 문제를 해결할 수 있도록 도와주는 역할을 한다.

보통 사례중심학습은 다음과 같은 과정을 거쳐 진행되기도 한다. 첫째, 실제 생활의 문제를 담고 있으며, 논란의 여지를 제공하는 담론을 제시한다. 둘째, 제시된 담론과 연관된 사실과 개념들을 분석하여 토론을 위한 자료를 제공한다. 셋째, 개별 학습에 이어 소집단을 구성하여 주어진 문제들에 대하여 토론할 수 있는 기회를 제공한다. 넷째, 학습자가 스스로 자신이 규명해 가는 사실과 지식을 밝히고 다른 사람과의 질의응답을 통하여 습득한 지식을 일반화해 간다. 다섯째, 주어진 사례에 관련된 새로운 정보를 더 많이 탐색하고 새로운 지식을 구성해 갈 수 있도록 한다(Fogarty, 1997).

10) 탐구학습

탐구학습은 학생들이 직접 현상 이해, 문제 발견, 지식 획득 과정에 주체적으로 참여함으로써 자연이나 사회를 조사하는 데 필요한 탐구 능력을 습득할 뿐만 아니라, 이를 통하여 새로운 지식을 구성하게 하는 학습방법이다(허희옥 외, 2008). 이 과정에서 교수자는 학습자에게 탐구해야 할 문제를 직접 제시하거나 학습자가 스스로 문제를 발견할 수 있도록 안내한다. 또한, 학습 과정과 결과를 지속적으로 관찰하고 적절하게 조절하며 평가하는 역할을 수행한다. 학습자는 문제를 해결하기 위하여 탐구 과정을 스스로 진행해 가는 능동적인 주체가 된다.

유아교육에서 탐구학습 적용이 쉽지 않다고 인식되어 왔지만, 최근에 유아의 인지 능력이 과거보다 높아졌고 탐구학습이 유아의 사고력 증진에 효과적이라는 연구가 이어지고 있다(이종향, 2014). 유아를 대상으로 탐구학습을 실행할 때에는 학습자 눈높이에 맞는 교사의 설명, 호기심 유발, 학습 주제와 유아의 생활과의 관계성 인지, 교수자의 적절한 안내 등이 주요 전략으로 활용될 수 있다.

교육방법, 학습자의 특성, 학습내용의 속성, 학습환경의 특성, 교수자의 교육관

생각해 볼 문제

1. 유아교육을 위한 교육방법을 선정하기 위하여 고려해야 할 요인들은 무엇인가?
2. 현재 유아교육 분야가 직면하고 있는 문제는 무엇이며, 그 문제를 해결하기 위하여 교육공학은 어떤 역할을 할 수 있는가?

교육공학과 유아교육

학습목표

- 교육공학과 유아교육의 연관성을 진술할 수 있다.
- 유아교육에서의 교수설계의 기능을 진술할 수 있다.
- 유아교육에서 교수매체의 효과적 활용 방법을 진술할 수 있다.
- 교육공학과 유아교육의 미래에 관하여 설명할 수 있다.

1. 교육공학과 유아교육

교육공학(educational technology)이란 "적절한 과학 기술적인 과정과 자원을 창출, 활용, 관리함으로써 학습을 촉진하고 수행을 향상하기 위해 연구하고 윤리적으로 실천하는 학문이다"(Januszewski & Molenda, 2009). 미국교육공학회(Association for Educational Communication and Technology: AECT)가 내린 이 정의에 따르면 교육공학의 목적은 학습자의 학습(learning)을 촉진하고 수행(performance)을 향상하기 위한 것이며, 교육공학은 하나의 학문적인 연구이고 교육 현장에서의 윤리적인 실천을 의미한다.

교육공학의 정의를 구성하는 용어의 해설은 제1장에서 구체적으로 다루었으므로 이 장에서는 유아교육과의 연관성을 살펴보는 데 필요한 용어만을 설명하겠다. 교육공학의 정의를 구성하는 용어인 '과학 기술적인 과정(technological process)'은 학습자원을 설계, 개발, 제작하는 과정을 의미한다. 이는 단순히 학습자원을 제작하는 것 이상의 보다 큰 교수설계(instructional design)의 과정에 포함되는 교수개발의 체제적 접근(system's approach)을 의미한다. 이 체제적 접근이 교육공학 분야 정체성의 중앙에 있다.

체제(system)란 어떤 특정 목적을 달성하기 위하여 상호작용하는 요소들의 집합체를 의미하며, 체제적 접근(system's approach)은 체제를 구성하고 있는 각 요소들의 기능이 독립적으로 최대한 발휘하도록 하면서 동시에 기능이 상호 보완적 관계에 놓이도록 하여 전체적으로 기능의 극대화를 이루도록 하려는 방법론을 의미하는 것이다. 체제와 체제적 접근을 교육에 적용하면, 교육 체제(educational system)란 학습자의 특정한 행동 변화를 촉진시킬 목적으로 상호작용 관계를 가지는 구성 요소 또는 하위 요소들의 집합체라 할 수 있다. 또한 교육을 체제적 접근에서 바라보면, 교육은 학교, 학생, 교사 및 교육과정의 요소로 구성된 것으로 볼 수 있고, 이들은 서로 상호 보완적인 관계 속에서 각각의 기능을 발휘함과 동시에 서로 영향을 주고받게 됨을 의미한다. 범위를 축소하여 유아교육기관에서의 수업을 체제로 본다면, 수업을 구성하는 요소를 밝혀내고 이 구성 요소들이 상호 보완적 기능을 하여 교수·학습의 효과를 극대화시키기 위하여 노력하는 것이 유아교육에서의 수업을 체제적으로 접근하여 교수설계하는 것이다.

교육공학의 정의에서 '과정'과 함께 '자원(resource)'도 교육공학 정체성의 중심에 있다. 자원은 학습자의 학습을 지원하기 위해 고안된 자료, 도구, 테크놀로지, 그리고 인적 자원을 일컫는다. 자원의 예로는 교육용 코스웨어를 제공하는 웹 사이트 등의 디지털 매체, 고도의 ICT 시스템, 책 등의 아날로그 매체, 오디오·비디오와 같은 전통적인 시청각 자료, 도서관이나 동물원, 박물관 등의 지역사회 자원, 그리고 특별한 지식 혹은 전문성을 지닌 인적 자원 등이 있다. 굳이 교육공학 이론을 적용하지 않더라도 유아교육에서는 감각으로 물체를 탐색하여 더 잘 학습하는 유아의 특성을 고려함으로써 다른 어떤 연령의 교육에서보다도 학습자원을 많이 사용해 왔다.

'과정'과 '자원'의 구체적 예인 '교수설계'와 '학습자원' 용어를 사용하여 교육공학을 다시 설명하면, "교육공학은 학습자의 학습과 수행의 효과를 높이기 위하여 교수설계와 학습자원을 창출, 활용, 관리하는 연구이며 윤리적 실천이다."라고 하여도 무리는 없을 것이다. 여기에서 학습자는 유아기 학습자를 포함해 초·중등교육(PK-12: 만 4세부터 12학년까지를 의미함), 고등교육, 산업교육, 평생교육, 군대교육기관에서 교육받는 모든 학습자를 일컫는다. 즉, 모든 연령대 학습자의 학습과 수행을 향상하기 위하여 교육공학이 적용된다 하겠다.

유아교육(early childhood education)의 대상 연령은 보편적으로 아동이 모태 속에 자리를 잡는 순간부터 8세까지로 보는 것이 오래전부터의 세계적인 추세이다. 이에 따른다면 유아교육은 출생에서 8세까지의 어린이들을 위해 계획된 교육 프로그램을 의미한다. 즉, 유아교육은 "0세부터 8세까지의 유아와 부모를 대상으로 가정과 유아원, 유치원, 보육시설 및 초등학교 저학년에서 유아의 전인적 성장, 발달을 위한 형식적·비형식적 교육"이라 정의한다(곽노의, 1985). 또 한편으로 유아교육은 일반적으로 출생부터 8세까지의 아동교육으로 정의하기도 한다. 유아교육은 영아와 유아를 위한 프로그램, 어린이집, 유아원, 취학 전 프로그램과 유치원과 초등학교 저학년 프로그램을 포함한다. 간혹 유아교육이란 용어는 6세 이하의 아동을 위한 프로그램을 지칭하기도 한다(Spodek, Sardcho, & Davis, 1991).

우리나라는 우리의 고유한 전통적·교육적·사회적 상황을 고려하여 형식적인 유아교육의 대상 연령을 만 5세, 즉 초등학교 입학 직전 연령까지로 하고 있다. 현재 우리나라는 만 3, 4, 5세 학습자의 교육·보육에 대한 국가의 책임을 강화하는 유아교육과정인 '누리과정'을 시행하고 있다. 즉, 유아의 교육과 보육의 내용을 통합하여 하나의 교육과정으로 개발하였다. 이에 따라 이전의 만 3, 4, 5세의 '유치원 교육과정'과 '어린이집 표준보육과정'을 '3, 4, 5세 누리과정'으로 연령별로 구분하고 일원화하여, '누리과정'을 모든 유치원과 어린이집의 유아에게 공통적으로 적용

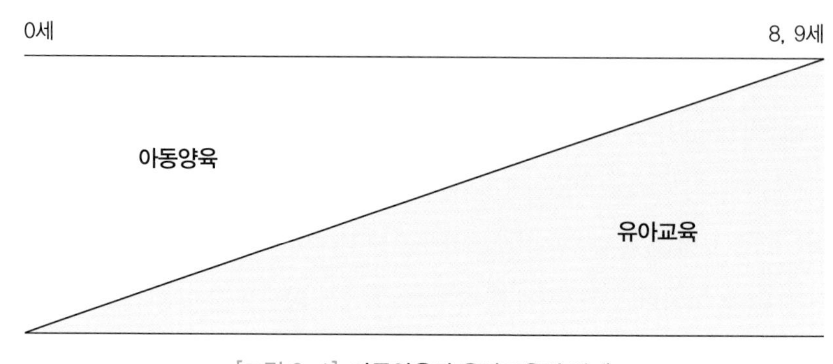

[그림 3-1] **아동양육과 유아교육의 관계**

출처: 유안진, 1993, p. 14.

하게 하였다. 이와 같은 맥락에서 우리나라의 유아교육은 초등학교 입학 전 연령 학습자의 전인적 성장, 발달을 위한 교육 프로그램이라 할 수 있다. 교육과 보육을 통합한 프로그램은 [그림 3-1]과 같이 학습자의 연령이 어릴수록 보육, 즉 아동양육의 성격이 강하고 초등학교 입학이 가까워질수록 교육의 성격이 강해진다고 할 수 있다(유안진, 1993).

교육의 성격이 강해질수록 교육의 실행을 위한 계획적이고 목적적인 활동인 교수 또는 수업(instruction or teaching)의 실행이 필수불가결하게 되며 수업을 위한 체계적이고 과학적인 준비 과정이 필요하게 된다(이화여자대학교 교육공학과, 1996).[1] 이와 같은 수업의 준비 과정이 교수설계(instructional design) 과정이며 이 교수설계 과정이 앞서 교육공학 정의에서 언급한 교육공학의 '과학 기술적인 과정'을 의미하는 것이다. 따라서 유아교육뿐만 아니라 교육이 이루어지는 모든 곳에서 교수 · 학습의 효과를 극대화하기 위해서는 체제적 접근에 의하여 교수설계가 이루어져야 하며, 교수설계의 과정 속에서 가장 적절한 학습자원을 선택하고 체제적 설계 절차에 따라 교수매체를 설계, 개발, 활용, 관리, 평가하는 것이 교육공학이다.

1) 수업(授業)과 교수(教授)에 대해서 영어의 'instruction'을 수업으로, 'teaching'을 교수로 엄격히 구분하여 사용하기도 하지만, 교수와 수업을 호환적으로 쓸 수도 있다.

2. 교수설계와 유아교육

흔히 유아교육과 교육공학을 논의할 때 유아교육의 실행에 있어서의 테크놀로지를 활용한 학습만을 설명하는 경우가 많다. 대부분의 유아교육 관련 교육공학 도서에서 '교육공학 기술'이라 언급하는 테크놀로지 활용 학습, 또는 협의의 의미로 ICT 활용 교육은 교육공학 정체성의 중심에 있는 두 용어인 '과정'과 '자원' 중 자원만을 의미하게 된다. 그러나 교육공학 분야에서 교수설계를 간과하여서는 교육공학을 설명할 수 없다. 엄밀히 말하면 '자원'인 학습 자료의 선정과 설계, 개발, 활용, 관리, 평가의 과정도 더 큰 의미를 함축하고 있는 교수설계 과정에 포함된다 할 수 있다.

교수설계는 학습과 수행을 촉진하는 환경의 개발, 평가 및 유지를 위해 상세한 명세서를 창출하는 과학이자 예술이다(Richey, Klein, & Tracey, 2012). 조금 더 협의의 의미로 설명하면, 교수설계란 특정 학습주제와 특정 학습자가 정해졌을 때 학습자의 변화를 일으킬 수 있는 최적의 교수방법이 무엇인지를 결정하는 과정이다(Reigeluth, 1999). 교수설계는 특정 학습자를 대상으로 매주 특정 학습주제로 수업하는 교육 현장의 교사에게도 필요한 과정이며, 상세한 명세서를 창출하여 교사, 학습자, 그리고 학부모가 사용할 교육환경, 즉 교육용 소프트웨어를 개발하는 교수설계자에게도 필요한 과정이다. 교수설계 과정을 거쳐서 교육용 TV 프로그램, 인터넷 학습 사이트, 교육용 코스웨어와 같은 학습자원이 개발되고, 교사는 이러한 학습자원을 수업에 활용하게 된다.

학습과 수행을 촉진시키기 위한 상세한 명세서를 개발하는 교수설계 과정은 분석, 설계, 개발, 실행, 평가의 다섯 단계로 이루어진다. 유아교육기관의 교사에게는 교수설계 과정이 유치원이나 어린이집에서 하게 될 수업의 설계 과정이며, 유아교육용 학습자원의 교수설계자에게는 구체적인 교육용 코스웨어의 설계 과정이다. ① 분석 단계에서는 누구를 가르칠 것인지에 관한 학습자 분석, 어떤 필요와 요구에 의해 특정 학습주제를 선정하게 되었는지의 요구 분석, 그 학습주제가 포함된 교육과정의 분석, 그리고 수업하게 될 교육내용, 즉 학습과제의 분석, 수업하게 될 환경의 분석이 이루어진다. ② 설계 단계에서는 앞서 분석한 학습과제를 학습목표로 전환하여 진술하고, 설정한 학습목표를 최적으로 달성할 수 있는 교수전략, 교수방법, 교수매체를 선정하게 된다. 여기서의 교수전략은 교사 주도의 학습을 할 것인지, 학습자 주도의 학습을 할 것인지, 또는 이를 복합적으로 활용할 것인지 등 전반적인 교수 계획을 결정하는 것이다. 교수방법은 교사 주도의 대·소집단학습, 학습자의 개별 학습, 또는 협동학습 등 유아교육에서 활용할 수 있는 여러 가지 수업 방법, 그리고 구체적인 활동을 선정하게 된다. 교수매체 역시 유아교육기관에서 활용 가능한 교구, 교재 중 학습목표 달성에 가장 적절한 교수매체를 선정하는 것이다. ③ 개발 단계는 설계 과정에서 명세화한 내용을 구체적인 결과물로 만들어 내는 과정인데 현장의 교사에게는 교수·학습 지도안의 개발, 수업 시 활용할 교수자료를 제작하는 과정이며, 교수설계자에게는 구체적인 프로그램을 창출하는 과정이다. 구체적인 프로그램은 교육공학의 정의에서 언급한 자원에서 설명한 교육용 코스웨어를 저장한 교육용 프로그램, 웹 사이트 등의 디지털 매체, 고도의 ICT 시스템, 책 등의 아날로그 매체, 오디오·비디오와 같은 전통적인 시청각 자료 모두를 의미한다. ④ 실행 단계는 학습목표의 달성을 위하여 개발 단계에서 개발한 구체적인 산출물을 활용하여 교수를 실행하는 과정이다. ⑤ 계획적이며 목적적인 활동인 교육 실행의 평가는 교수설계에 꼭 필요한 활동이며 교수설계 시에 평가에 대한 계획도 반드시 이루어져야 한다.

유아교육 교사들이 연간교육계획안에 의하여 월간, 주간, 일일교육계획안을 작성하는 과정에서 교육목표를 설정하고 목표 달성에 적합한 활동과 교수자료들을 선정하여 유아기 학습자의 수업을 실행하고 있다. 그러나 체제적 교수설계 절차에 따라 학습자 특성, 교육과정, 학습과제를 철저히 분석하고, 학습과제 분석의 결과를 가지고 수업 목표를 설정하여 교수·학습 지도안을 작성하고, 수업 목표 달성을 위한 가장 적절한 매체를 선정, 개발, 평가하여 수업을 하는 것이 유아교육에 교육공학을 적용하는 것이다. 즉, 태블릿 컴퓨터 또는 스마트 기기와 같은 최근의 테크놀로지를 활용하는 것만이 유아교육에서 교육공학을 적용하는 것이 아니라 교수설계 절차에 따라 선정한 가장 적절한 매체가 융판 자료, 그림동화와 같은 전통적 매체일지라도 수업 자체를 하나의 체제로 보고 체제적 절차에 따라 수업을 설계하는 것이 유아교육에서 교육공학의 적용이다.

3. 학습자원과 유아교육

교육공학의 정체성을 구성하고 있는 두 용어인 '과정'과 '자원' 중 '자원'은 교수·학습 활동에서 활용하는 교수매체와 인적 자원을 의미한다. 교수매체(instructional media)는 수업(instruction)을 보조하기 위하여 활용되는 모든 종류의 자료(실물, 모형, 그림, 사진, 차트, 슬라이드 등)와 물리적 입출력 도구(칠판, 융판, OHP)를 포함한 하드웨어를 의미한다. 최근에는 이러한 협의의 개념을 확장하여 학습에 영향을 미치는 도구와 교육환경 그 자체로 간주하는 경향으로 매체의 범위가 확장되고 변화되었으며 교수매체가 갖는 교육적인 기능은 다음과 같다(박성익 외, 2012).

① 학습자의 주의집중과 동기 유발에 도움을 준다.
② 교수·학습 내용을 보다 효율적으로 전달하는 기능이 있다.
③ 교사 없이도 매체 자체만으로 학습자 스스로 학습 경험을 구성할 수 있도록 지원한다.
④ 학습자의 인지적 사고를 촉진시킬 수 있는 학습 프로그램의 기능을 갖는다.

이와 같은 모든 연령의 학습자에게 미치는 교수매체의 효과는 물론 유아기 학습자에게도 적용이 되며, 유아기 학습자의 고유한 특성으로 인해 교수매체가 유아기 학습자에게 미치는 고유한 효과가 있는데 이는 다음과 같다(심성경 외, 2007).

① 유아기 학습자는 감각을 사용하여 물체를 탐색하고 구체적인 사물의 직접적인 조작을 통하여 학습하는데 실물이나 모형과 같은 교수매체는 구체적인 경험을 제공해 준다.
② 유아기 학습자들은 같은 연령이라 할지라도 발달에 따른 개인차가 커서 개별 학습 또는 소집단 학습이 필요하여 자유선택 활동 시간을 많이 할애하고 있는데 이때 교수매체가 중요한 역할을 할 수 있다. 즉, 교수매체를 활용하여 유아기 학습자가 개별 학습하거나 유아-교사의 상호작용을 교수매체가 도와줄 수 있다.
③ 유아기 학습자는 한 가지 방법보다는 다양한 방법을 활용해 학습주제에 접근했을 때 학습내용을 더 잘 이해한다. 교수매체를 활용하여 다양한 방법으로 학습할 수 있다.
④ 유아기 학습자는 다른 연령의 학습자에 비하여 주의집중 시간이 짧은데 유아에게 매력적인 교수매체를 활용하면 주의집중 시간을 늘릴 수 있다.

교육공학이란 용어가 탄생하기도 전인 1900년대 초기부터 교수매체를 연구하던 학자들은 그 당시 사용하던 교수매체를 다양한 기준에 따라 분류해 왔다. 교수매체의 분류 방법과 그에 속하는 매체에 대하여는 제4부에서 자세히 다룰 것이므로 이 장에서는 가장 간단한 분류 방법을 살펴본다. 오늘날 초・중등학교뿐만 아니라 유아교육기관에서 활용하고 있는 교수매체를 [그림 3-2]와 같이 텍스트, 오디오, 비디오, 시각 자료, 구체적 조작물, 사람 등 여섯 가지로 분류한다(Smaldino et al., 2011). 그리고 이 분류 기준에 따라 각 영역에 속하는 구체적 매체의 예를 열거하면 〈표 3-1〉과 같다.

[그림 3-2] **교수매체의 여섯 가지 분류 기준**

〈표 3-1〉 **교수매체의 분류 기준에 따른 매체 형태의 예**

교수매체	매체 형태(media format)
텍스트	종이 책, 컴퓨터 소프트웨어로 구현되는 문자
오디오	CD, 사람의 육성, 팟캐스트(podcast)
비디오	DVD, 아이맥스 영화
시각 자료	신문이나 잡지의 그림, 융판 자료, 사진
조작물	실물, 모형, 인형
사람	교사, 전문가

유아기 학습자들에게는 추상적인 언어보다는 교수매체를 활용하여 학습내용을 보다 구체적으로 경험할 수 있도록 제시해 줄 때 학습 효과가 크기 때문에 그동안 유아교육기관에서는 교수매체의 활용에 노력을 기울여 왔다. 〈표 3-1〉에서 보여주는 교수매체와 매체 형태(media format)들을 보면, 동화책, 음률 활동을 위한 음악

CD, 융판 자료를 비롯한 시각 자료들, 특히 실물을 비롯하여 유아가 구체적으로 조작할 수 있는 놀잇감과 같은 교수매체는 어떤 교육기관보다도 유아교육기관에서 많이 활용하는 수업 자료들이다. 이와 같은 점에서 교육공학의 한 축을 구성하고 있는 '자원'은 유아교육과 밀접한 관계가 있다고 할 수 있다.

교육공학에서 매체의 활용은 학습의 효과를 높이기 위하여 체제적 접근에 의한 교수설계 절차에 따라 매체를 설계, 개발, 활용, 관리, 평가하는 것이다. 이러한 점에서 유아교육에서의 매체 활용에 체제적인 접근을 시도할 수 있도록 교육공학 이론이 도움이 되어야 한다.

4. 교수매체, 테크놀로지와 유아교육

스말디노 등(Smaldino et al., 2011)은 교수매체를 여섯 가지로 구분하고 이에 속하는 매체 형태(media format)의 예시를 제시하였다(〈표 3-1〉 참조). 그러나 일반적으로 많은 학자들은 스말디노 등이 매체 형태라고 명명하는 것조차도 매체라고 부르는 경우가 많다. 흔히 매체 방식(mode), 테크놀로지를 구분하지 않고 사용하는 경향이 있으나 이들은 다른 개념이기에 정확히 이해하고 알맞게 사용해야 한다. 예를 들어 책을 생각해 보면, 텍스트를 종이에 인쇄하여 보여 주는 아날로그 방식의 책과 텍스트를 전자 모니터를 통하여 보여 주는 디지털 방식의 e-book을 들 수 있다. 여기서 텍스트와 책은 매체이며(Smaldino는 텍스트는 매체, 책은 매체 형태라고 분류하였다), 책을 전달하는 방식은 아날로그와 디지털 방식이 있고, 텍스트를 볼 수 있는 테크놀로지는 종이에 인쇄된 책과 e-book이 있을 수 있다. 한 가지 예를 더 들면, 비디오를 볼 수 있는 텔레비전이라는 교수매체는 아날로그 방식 또는 디지털 방식으로 송신될 수 있으며, 디지털 방식으로 송신되는 비디오를 시청자들은 다양한 테크놀로지, 즉 케이블, 위성, 인터넷, DMB 등으로 수신할 수 있다(한정선 외, 2008). 즉, 테크놀로지라는 용어는 컴퓨터, MP3 플레이어, 웹 카메라, iPad와 같은 구체적인 하드웨어 장치 또는 통신(커뮤니케이션) 수단을 의미하며 이는 학습자의 학습을 증진시키는 도구이며 교사와 학습자를 통합하는 역할을 한다(Smaldino et al., 2011). 매체와 테크놀로지는 다른 의미로 이해되어야 하며, 하나의 매체를 전달하는 방식이나 테크놀로지는 다양할 수 있다.

유아기 학습자의 학습에 테크놀로지가 활용되기 시작하면서부터 유아교육에서 교육공학 이론을 적용하기 시작하였다. 21세기의 학습자는 교육기관에 오기 전에 많은 교육 경험을 하고 입학을 하게 된다. 테크놀로지의 발전을 기반으로 초등학교 학습자는 물론이고 이 시대의 어린이들은 태어나면서부터 컴퓨터 앞에서 시간을 보내는 가족과 함께 컴퓨터 모니터를 주시하고 있으며, 키보드를 두드리고 마우스를 조작하며, 각종 모바일 기기, 스마트 기기를 장난감처럼 다루다가 어린이집이나 유치원에 입학하게 된다. 어린 학습자들의 테크놀로지 활용 학습에 관하여는 50여 년 전부터 논쟁이 있어 왔다. 즉, 2000년대의 어린 학습자들이 가정에서 각종 모바일 기기를 사용하기 훨씬 이전인 1950년대에는 미국을 중심으로 텔레비전이 어린이에게 미치는 공격성에 관한 연구가 활발히 이루어졌다. 텔레비전이 어린이에게 미치는 긍정적 영향과 부정적 영향에 관한 연구 결과가 수없이 발표되었으나, 텔레비전을 피할 수 없는 어린 시절의 창(early windows)으로 받아들이면서 교육자들은 부정적 효과를 줄이고 긍정적 효과를 높이는 방안을 강구하게 되었다(김영수, 1987; 미즈코시 도시유키, 구보타 겐이치, 2009).

1980년대부터는 유아기 학습자가 컴퓨터를 사용하게 되면서 유아기 학습자의 컴퓨터 교육에 대한 연구가 이루어졌다. 부정적인 영향을 주장하는 입장은 피아제(Piaget)의 발단 단계상 전조작기에 있는 유아기 학습자는 컴퓨터 활용 학습이 적합하지 않다는 것이다. 첫째 이유는 컴퓨터는 블록이나 퍼즐처럼 구체적으로 조작할 수 있는 것이 아니기 때문에 유아기 학습자들이 손으로 직접 만지거나 자료를 가지고 구체적으로 상호작용할 수 없기 때문이다. 컴퓨터 화면에 나타나는 숫자나 그림과 같은 이차원적 영상을 보고 마우스, 키보드 등을 사용하여 간접적으로 조작하는 것은 유아기 학습자 사고의 상징화 과정에 적합하지 않다. 둘째 이유는 사회적 기술을 발달시키는 결정적 시기인 유아기의 컴퓨터의 사용은 유아의 사회성을 저해시킨다는 것이다(Kaden, 1990; Maguau, 1993, 이경우, 1995에서 재인용).

컴퓨터 사용을 긍정적이라 주장하는 학자들은 첫째, 컴퓨터 자체는 실제 물체이며, 유아기 학습자들이 유치원 교실에서 즐겨 사용하는 교구라고 지적하였다. 컴퓨터는 유아가 구체적으로 조작할 수는 없어도 유아기 학습자에게 즉각적인 반응을 해 주기 때문에 인기 있는 학습 도구가 될 수 있다는 것이다(Davidson, 1989). 그리고 21세기에는 컴퓨터 사용이 일반적이기 때문에 유아기 컴퓨터 교육을 피할 수 없는 활동으로 지지하였다(Bowman, 1988). 또한 컴퓨터의 사용이 또래와의 사회적 상호작용을 억제한다는 초기의 비판에 대한 실증적 연구들(Borgh & Dickson, 1986; Kaden, 1990; Lipinski, Nida, Shade, & Watson, 1986)은 컴퓨터가 유아기 학습자의 사회성 발달을 저해하지 않으며 오히려 사회적 상호작용을 고양시킨다는 것을 입증하였다(이경우, 1995에서 재인용). 즉, 유아들은 성인이 생각하는 것보다 더 능력이 있으며 오늘날에는 구체적 조작기의 사고를 보이는 경우가 많기 때문에 컴퓨터를 올바르게 사용한다면 유아의 사회, 정서, 언어, 수학적 능력과 문제해결력의 발달에 도움을 준다고 하였다(Clements, 1987; Clements, Nastasi, & Swaminathan, 1993, 이경우, 1995에서 재인용; Davidson, 1989). 유아기 컴퓨터 활용 교육에 대한 제언으로 컴퓨터 교육을 시대적 요구로 받아들이고 이를 성공하기 위해서 좋은 유아교육 프로그램(교육과정)을 우선 실시하며, 그 프로그램에 적합한 소프트웨어를 선택하여 사용하는 것이 바람직하다고 결론 내렸다.

유아교육에 컴퓨터 활용이 시작되던 초기 연구에서 좋은 소프트웨어의 활용을 제안하였듯이 오늘날에도 잘 설계된 테크놀로지는 학습자의 개별 학습을 돕는 도구로 활용되고 있어 유아교육기관의 자유놀이 시간과 가정에서의 개별 학습용으로 활용되고 있다. 즉, 훌륭한 교육 콘텐츠가 개발된다면 유아기 학습자의 학습에 도움을 줄 수 있다는 의미이다. 1950년대의 유아기 텔레비전 활용 학습에 관한 연구의 결론이 텔레비전을 어린 시절의 또 하나의 창으로 받아들이고 긍정적 효과를 높이기 위한 사전 · 사후지도 방법을 제안하였듯이, 그리고 1980년대에 시작하여 현재까지 지속된 유아기 컴퓨터 교육의 긍정적인 영향을 찾아내고 좋은 소프트웨어의 활용을 제안한 것과 같이, 21세기의 새로운 테크놀로지 활용에 대하여도 새로운 리터러시 학습을 시작하는 단계로 받아들이고 이의 효과적 활용 방법에 관하여 탐색하는 것이 이미 우리 생활에 깊숙이 들어온 테크놀로지를 올바르게 활용하는 방법일 것이다.

5. 교육공학의 최근 이슈와 유아교육

21세기에는 유아기 학습자는 물론이고 학교에 다니는 모든 학습자는 자신에게 적합한 성공적인 직업을 찾고 이 시대의 시민으로 살아가기 위한 준비를 하는 것이 새로운 사회적 요구사항이 되었다. 오늘날의 교사는 학습자가 각 학년마다 학습해야 하는 주요 교과내용을 마스터하도록 도와주어야 할 뿐만 아니라, 21세기가 요구하는 지식과 기술을 습득하도록 해야 하는 사회적 요구를 만족시켜야 한다.

이와 같이 변화하는 학습환경에서 학습자의 지식이 어떻게 획득되는지를 설명하는 학습 이론 역시 변화하고 있다. 1950년대에 주류를 이루었던 교수 · 학습 이론인 행동주의와 1970년대에 대두되어 지금까지도 큰 영향을 미치고 있는 인지주의, 그리고 1990년대에 널리 적용되기 시작한 구성주의 기저 이론들은 각기 그 특성을 달리하고 있다. 세 가지 이론을 인식론적 관점에서 분류하면, 행동주의 학습 이론과 인지주의 학습 이론은 객관주의적 인식론으로, 구성주의 학습 이론은 주관주의 인식론으로 구분되는데 교육공학자들은 객관주의와 구성주의가 향후 공존할 것으로 예측하고 있다(한정선 외, 2008). 이는 지식사회에서 요구되는 지식의 획득, 가공, 창출에 대한 설명이 객관주의와 주관주의 이론을 모두 필요로 하기 때문이다. 개인적 차원에서의 지식 창출은 객관주의적 패러다임을 기반으로 한 인지주의 기저 이론과 인지적 구성주의 이론으로 설명될 수 있고, 공동체 내에서의 지식 창출 과정은 사회적 구성주의 이론으로 설명될 수 있으므로 객관주의와 구성주의는 지속적으로 공존하며 상호 보완적인 이론으로 존재할 것으로 예측하고 있다(강명희 외, 2017).

산업사회의 기본 소양이었던 읽기, 쓰기, 셈하기의 3R's(Reading, wRiting, and aRithmatics)에 더해 21세기의 능력으로 창의성(Creativity), 비판적 사고력(Critical Thinking), 의사소통(Communication), 협력(Cooperation)의 4C 역량을 들 수 있다. 이러한 능력의 개발을 위해서 테크놀로지와 매체를 의미 있고 목적적으로 잘 활용하도록 하고 있다. 이와 같은 역량 개발을 위하여 세계 각국은 21세기가 시작되기 이전부터 정보통신 공학(Information and Communication Technology: ICT) 활용 교육과정 기준을 개발하여 왔는데, ICT 활용 교육을 초등학교에서 시작하지 않고 유치원의 교육과정부터 정보통신교육 내용을 담고 있다. 유아기 정보교육 교육과정을 구체적으로 구성한 미국의 예를 든다면, 학습자를 위한 국가 교육공학 기준(National Educational Technology Standards for Students: NETS-S)을 ① 창의성과 혁신, ② 의사소통과 협업, ③ 탐구와 정보의 유창성, ④ 비판적 사고, ⑤ 문제해결력과 결정 능력, ⑥ 디지털 시민의식, ⑦ 테크놀로지의 운영과 개념 등으로 정하고, 각 항목에 대해 학년별로 교육과정과 연관된 활동을 개발하였다. 그리고 각급 학년별로 교육과정 기준을 설정하였다. 하나의 예시로 정보공학 교육과정 기준(Information and Technology Essential Standards) 중 유치원의 ICT 교육과정은 다음과 같다. ① 유용한 정보원을 확인할 수 있다. ② 재미를 위하여 읽는 텍스트와 정보를 얻기 위하여 읽는 텍스트의 차이를 구분할 수 있다. ③ 수업의 주제와 수업 활동을 강화하기 위한 테크놀로지와 기술을 활용한다. 그리고 ③의 테크놀로지와 기술 활용을 위한 구체적인 목표는 다음과 같다. ⓐ 데이터와 정보를 수집하기 위해서는 웹 자원, e-book, 온라인 커뮤니케이션 툴(도구)과 같은 다양한 도구들이 있다는 것을 알고 활용한다. ⓑ 데이터와 정보를 정리하기 위하여 워드프로세서, 그래픽 프로그램, 오디오 녹음, 비디오 녹화와 같은 다양한 테크놀로지가 있다는 것을 알고 활용한다. ⓒ 데이터와 정보를 프레젠테이션하기 위해서는 멀티미디어, 오디오와 비디오 녹화, 온라인 협업과 같은 다양한 테크놀로지가 있다는 것을 알고 활용한다(http://www.ncpublicschools.org/acre/standards/new-standards/#it).

우리나라의 5세 누리과정도 '자연탐구 영역'의 '과학적 탐구하기'에서 '간단한 도구와 기계 활용하기'의 세부 내용으로 '변화하는 새로운 도구와 기계에 관심을 가진다'를 정하였으며, 이의 활동 예시안으로 '어떤 이야기를 만들까', '행복한 미디어 세상', '내게 필요한 정보를 찾아요', '우리 집 소식을 알려요', '인터넷 나라', '생활 속의 미디어', '컴퓨터도 예방주사를 맞아요' 등을 교사용 지도서에서 소개하고 있다(교육과학기술부, 2012a). 이와 같이 최근 강조되고 있는 ICT 활용 교육, 오디오 및 비디오를 활용한 실시간 커뮤니케이션, 원격교육, 개방학습 등의 다양한 멀티미디어 통합 테크놀로지는 학습에서 그 가능성을 인정받게 될 것이며 이는 유아교육에도 영향을 미칠 것이다. 새로운 테크놀로지는 유아를 위한 대집단 프레젠테이션 자료로 활용하거나 가정과 유치원에서 개별 학습자원으로 활용하는 방법도 있으며, 수업을 계획하기 위한 교사의 학습자원으로도 활용할 수 있다. 물론 유아의 학습을 위하여 새로운 테크놀로지를 활용할 경우에는 유아의 발달적 특성을 고려하여 적절히 선택해야 할 것이다. 물론 앞서 살펴본 바와 같이 교수설계의 큰 틀에서 교수매체를 선택하는 교사의 지혜가 필요하며 이러한 안목을 키워 주는 학문이 교육공학이다.

교육공학, 유아교육, 누리과정, 체제적 접근, 교수설계, 학습자원, 교수매체, 테크놀로지

생각해 볼 문제

1. 교수설계 과정을 통하여 유아교육 교수 · 학습 지도안을 작성한다는 것은 어떤 과정을 거치는 것일까?
2. 오늘날 유아교육에서 사용하는 교수매체의 분류 기준을 정하고 각 분류 기준에 속하는 유아 교수매체를 열거하여 보자.
3. 새로운 테크놀로지를 유아교육에서 활용하는 것은 바람직한 것인가?

제2부

교육방법 및 교육공학의 기초 이론

제2부에서는 커뮤니케이션 이론 및 모형을 소개하고, 그러한 이론이나 모형이 교육공학에 미친 영향에 대해 기술하였다. 그리고 행동주의, 인지주의, 구성주의 관점에 바탕을 둔 다양한 학습 이론에 대해 살펴보았다. 또한 교수설계의 개념과 관련 이론 및 모형에 대해 설명하였다.

제4장 커뮤니케이션 이론

학습목표

- 커뮤니케이션의 정의와 특징을 설명할 수 있다.
- 커뮤니케이션 이론의 대표적인 모형의 특징을 설명할 수 있다.
- 커뮤니케이션 이론이 교육공학의 발달에 미친 영향을 설명할 수 있다.

교육공학의 개념 정립에서 커뮤니케이션 이론의 도입은 이론적 체계를 획기적으로 변화시켰다. 시청각교육에서 교육공학으로의 전환을 주창한 1970년의 공식적 정의에 따르면 교수공학은 "인간 학습과 커뮤니케이션 이론에 기반을 두고 특정한 학습목표에 따라 교수·학습의 전 과정을 설계, 실행, 평가하는 체계적인 방법이며, 더 효과적인 교수를 이끌어 내기 위하여 인적 자원과 비인적 자원을 결합하여 사용하는 체계적 방법"(Commission on Instructional Technology, 1970)으로 논의되고 있다. 이 정의에서와 같이 커뮤니케이션 이론은 시청각매체를 활용한 교수방법에만 관심을 갖던 시청각교육의 제한된 관점을 교수·학습으로까지 확장시켰다. 이 장에서는 교육공학의 초기 학문적 형태인 시청각교육의 정립 및 교육공학의 발전에 크게 기여한 커뮤니케이션 이론의 개요와 의의를 살펴보고자 한다.

1. 커뮤니케이션 이론의 개요

1) 커뮤니케이션의 의미

커뮤니케이션(communication)의 어원은 '공통되는(common)' 또는 '공유하다(share)'라는 뜻의 라틴어 'communis'이다. 이 같은 어원에서 보듯이 커뮤니케이션은 둘 이상의 개체 간에 공동의 상징 체계를 통해 의미를 주고받는 것을 의미한다. 이는 개인이 공동체 속에서 바람직한 사회생활을 유지하고 생존하기 위해 외부적으로 나타내는 의사표시이며 상호작용이다. 따라서 커뮤니케이션은 인간의 생활을 영위하는 데 가장 기본적인 활동이며 특정한 상징을 통하여 정보나 의견을 주고받는 사회적 행위라 할 수 있다(오택섭, 강현두, 최정호, 2005).

커뮤니케이션에 대한 다양한 정의를 종합해 보면, 대체로 커뮤니케이션은 과정적(process)이며, 수단이고, 발신자와 수신자 또는 송신자와 수신자가 있으며, 전달하고자 하는 메시지가 있고, 공유된 기호 체계를 사용하며, 참여하는 사람의 주관적인 평가가 이루어지며 감정적인 특성을 갖는 것으로 설명할 수 있다. 또한 송신자와 수신자의 관계, 커뮤니케이션이 발생하는 상황과 효과, 메시지가 지칭하는 사물의 범위를 의미한다.

2) 커뮤니케이션의 요소

커뮤니케이션이 이루어지기 위해서는 다음과 같은 여러 가지 요소의 개입이 적절하게 이루어져야 한다(이상훈, 김요한, 2013).

송-수신자(sender-receiver) 의사소통의 주체로서 송신자는 메시지를 전달하는 사람이며 수신자는 메시지를 받는 사람이다. 송신자와 유사한 용어로는 정보원

(source)과 커뮤니케이터(communicator)가 있다.

메시지(message) 커뮤니케이션에서 메시지는 '상대방을 이해시키려는 의도에서 만들어 내는 신호'라 할 수 있다. 송신자의 내면에 존재하는 메시지를 수신자에게 전달하기 위해서는 전달할 수 있는 형태, 즉 기호(symbol)—객관적 사물, 사상, 상황을 대신하는 문자, 언어, 그림, 도식, 행동 등—로 바꾸어야 하는데 이를 기호화 또는 부호화(encording)라 한다. 메시지는 전달하고자 하는 의미를 담은 언어뿐만 아니라 손짓, 발짓, 표정 등 비언어적 표현도 포함된다. 한편 송신자가 보낸 기호를 수신자가 해석해야 하는데 이를 해독화 또는 해석(decording)이라 한다.

채널(channels) 채널은 메시지를 전달하는 매개체, 즉 운반수단이다. 송신자가 메시지의 내용을 적절한 기호로 전환하여 전달하고자 하여도 채널이 없다면 수신자에게 전달되지 않는다. 수업이라는 커뮤니케이션 환경에서 송신자인 교사가 수신자인 학생에게 수업내용인 메시지를 기호화하여 전달할 수 있다. 이때 기호화된 수업내용을 전달하는 매개체인 칠판과 분필, 화이트보드와 펜, 컴퓨터, PPT, 빔프로젝트 등이 채널이 될 수 있다.

과거에는 채널을 단순히 메시지를 전달하는 수단으로 간주하였으나 채널에 따라 메시지의 내용이나 형식이 다르게 구성되어야 한다는 관점에서 커뮤니케이션 채널이 메시지 자체를 규정하기도 한다.

피드백(feedback) 피드백이란 송수신자가 보낸 메시지에 대한 수신자의 반응을 의미한다. 피드백의 상황에서는 수신자와 송신자의 역할이 바뀌게 되며 활성화된 커뮤니케이션에서는 피드백이 많이, 자주 발생하게 된다. 피드백은 송신자가 보낸 단순한 반응을 넘어 이후 커뮤니케이션의 상황을 원활하게 진행하도록 하는 역할을 한다.

잡음(noise) 잡음은 커뮤니케이션 과정에서 메시지를 정확하게 이해하는 데 방해가 되는 것을 의미한다. 송신자와 수신자 사이에서 발생하는 잡음으로는 물리적 잡음, 심리적 잡음, 의미적 잡음이 있다. 예를 들면 소리, 혼동되는 이미지, 주제와 관련이 없는 상반된 가치 등이 있으며 청각적 요소뿐만 아니라 시각적인 것, 문화적인 배경 등도 모두 잡음이 될 수 있다.

세팅(setting) 세팅이란 커뮤니케이션이 이루어지는 공간으로서, 커뮤니케이션 효과에 중대한 영향을 미칠 수 있다. 대중연설을 위한 장소와 사적인 대화가 이루어지는 장소가 다른 것과 같이 세팅이 달라지면 커뮤니케이션도 변하기 때문에 커뮤니케이션의 목적에 맞는 세팅은 매우 중요하다.

2. 커뮤니케이션 모형

커뮤니케이션은 송신자가 의미를 전달하기 위하여 특정한 형태의 자극을 의도적으로 수신자에게 전달하는 과정에서 성립된다. 많은 연구자들은 이러한 커뮤니케이션의 현상을 규명하기 위한 노력을 기울여 왔다.

커뮤니케이션에 관한 연구는 철학, 사회학, 인류학, 정치학, 그리고 심리학 등 다양한 분야로부터 영향을 받아 왔으며, 커뮤니케이션이 하나의 독립된 학문으로서 본격적으로 논의되기 시작한 것은 1950년대 이후로, 라디오, 텔레비전, 영화 등과 같은 매체가 발달하면서 대중사회에서 매체가 어떻게 작용하는지 그리고 사회 속에서 대중매체가 개인에게 어떠한 영향을 미치는지에 관한 이해의 필요성이 증가하면서 발달하였다. 또한 2000년대 이후 최근에 이르기까지 컴퓨터와 첨단 정보통신 기술을 바탕으로 한 새로운 매체의 등장에 따라 커뮤니케이션에 변화가 이루어지고 있고 새로운 매체 속성을 기반으로 하는 다양한 이론이 소개되고 있다.

1) 섀넌과 위버의 수학적 모형

섀넌과 위버(Shannon & Weaver, 1949)가 제안한 '커뮤니케이션의 수학적 이론(Mathe-matical Theory of Communication)'은 초기 커뮤니케이션 연구를 발전시킨 중요한 모형으로서 일반적인 커뮤니케이션 과정을 대표해 왔다. 이 모형은 커뮤니케이션을 일종의 체제(system)로 보고 정해진 정보를 직선적이며 일방향적(one-way)인 전달 과정으로 나타내고 있으며 [그림 4-1]과 같이 커뮤니케이션 과정을 5단계로 나누고, 정보원, 메시지, 송신자, 신호, 잡음, 수신자 등과 함께 전달통로 등의 새로운 개념을 제안하였다.

이러한 해석은 커뮤니케이션을 "한 사람이 다른 사람에게 영향을 미치는 모든 절차"(Shannon & Weaver, 1949)로서 정보 전달을 강조하는 관점을 반영하며, 이 과정은 문서, 대화, 음악, 시각, 예술 등 모든 형태의 커뮤니케이션에 적용할 수 있다. 또한 정보원에서 출발한 메시지가 보낸 사람의 의도대로 수용될 것이라는 이전의 통념을 '잡음(noise)'이라는 개념을 도입하여 개선하였다는 데 의의가 있다. 그러나 커뮤니케이션을 선형적인 과정으로 이해했다는 점에서 한계점이 있다.

이와 같은 섀넌과 위버의 커뮤니케이션 이론은 초기 시청각교육 분야에서 활동하던 교육공학자들이 교육을 커뮤니케이션 과정으로 이해하는 데 중요한 영향을 미쳤다.

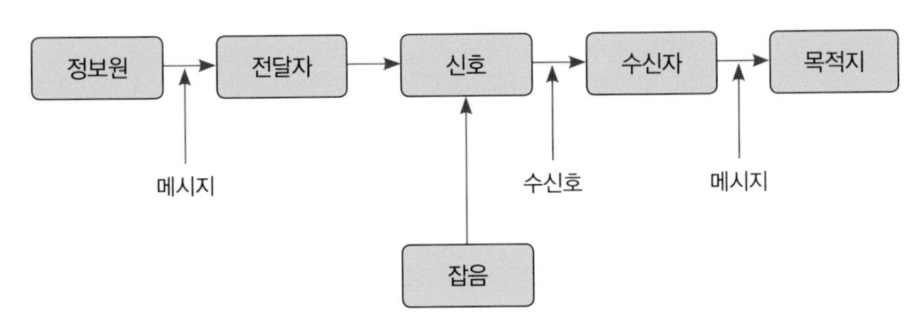

[그림 4-1] 섀넌과 위버의 커뮤니케이션 모형(1949)

2) 버로의 SMCR 모형

커뮤니케이션에 관한 이론적 틀로서 교육공학의 이론과 실제를 반영하면서 교수 · 학습 현장에 유용하게 적용되는 대표적인 모형은 버로의 SMCR 모형이다. 버로(Berlo, 1960)의 SMCR 모형은 커뮤니케이션 과정의 중심은 매체가 아니라 '사람'임을 강조하고, 커뮤니케이션에 필요한 요소를 정보원(S: source), 내용(M: massage), 통신방법(C: channel), 수신자(R: receiver)로 구성하였으며, 정보원인 송신자로부터 수신자에게로 메시지가 채널을 통하여 전달되는 과정과 그 과정에 포함된 각 요소 간의 구체적이고 역동적인 관계를 규명하고 있다는 점에서 라스웰(Lasswell, 1949), 섀넌과 위버(1949), 오스굿과 슈람(Osgood & Schramm, 1954) 등의 모형과 구별된다.

〈표 4-1〉과 같이 SMCR 모형의 네 가지 요소는 각각의 하위 요소를 가지고 있으며 요소들의 상호작용을 통해 메시지가 전달된다. SMCR 모형에서의 커뮤니케이션의 과정을 살펴보면 정보원은 메시지를 창출하는 주체로 목적을 가지고 커뮤니케이션 과정에 참여한다. 메시지는 커뮤니케이션 과정에서 중심적인 역할을 수행하며 내용 요소(전달하고자 하는 것), 처치 요소(선택된 코드와 내용을 어떤 순서로 어떻게 전달할 것인가?), 코드 구조(언어적 코드인가, 비언어적인 코드인가?)를 통해 결정된다. 채널은 SMCR 모형에서 매우 중요한 위치를 차지하는데, 버로는 "채널은 더 이상 사

〈표 4-1〉 버로의 커뮤니케이션 모형의 개요

커뮤니케이션의 요소 및 하위 요소			
정보원(S: source)	내용(M: massage)	통신방법(C: channel)	수신자(R: receiver)
• 커뮤니케이션 기술 • 태도 • 지식 • 사회 체제 • 문화	• 내용 요소 • 처치 요소 • 코드(code) 구조	• 시각 • 청각 • 촉각 • 후각 • 미각	• 커뮤니케이션 기술 • 태도 • 지식 • 사회 체제 • 문화

물이 아니며, 메시지를 해독하는 인간의 감각이라는 관점으로 보아야 한다."고 제안하였다. 따라서 채널은 시각, 청각, 촉각, 후각, 미각, 즉 인간의 오감으로 구성되며 메시지는 이 경로를 통해 수신자에 전달된다.

수신자에게 전달된 메시지는 송신자가 의도했던 메시지와 동일할 수도 있으나 대부분의 경우 송신자가 의도한 메시지가 완전하게 일치하지는 않는다. 이는 송신자와 수신자가 각자 가지고 있는 커뮤니케이션 기술과 태도, 지식 수준, 사회 체계, 그리고 문화적 양식의 유사성 정도에 따라 메시지의 전달 정도가 달라지기 때문이다. 즉, 송신자와 수신자가 의사소통 기술이 뛰어난 경우, 의사를 전달하고 받으려는 열정적인 태도를 보여 줄 때 그리고 그들의 지식, 사회 문화 수준이 비슷한 배경일수록 원활한 커뮤니케이션이 성립될 수 있다. 또한 버로는 언어 커뮤니케이션 능력을 정보원의 말하기와 쓰기 능력, 수신자의 듣기와 읽기 능력, 추론적 사고력으로 구분하여 제시하였다.

버로의 SMCR의 모형은 정보 전달이라는 기존의 커뮤니케이션 연구 관점을 정보 해석 측면으로 전환시켰다는 점에서 새로운 시각을 제공해 주었다. 또한 교육방법의 교육공학적 접근에 있어서 교수자와 학습자 간의 상호작용의 중요성을 강조하고 있으며 상호작용 과정에서의 교육방법과 매체의 활용은 인간의 다양한 감각기능을 통합적으로 사용해야 할 것을 시사한다.

3) 섀넌과 슈람의 커뮤니케이션 모형

섀넌과 슈람(Shannon & Schramm, 1964)의 커뮤니케이션 모형은 초창기의 선형적 · 일방향적 커뮤니케이션 개념과 달리 송신자(sender; source)가 보내는 메시지가 통신경로를 통하여 수신자(receiver; destination)에게 전달되는 과정을 부호화(encoding), 해독(decoding), 경험의 장(field of experience), 잡음(noise)과 피드백의 개념을 사용하여 설명하였다.

이 모형에서 제안하는 핵심 요소는 경험의 장과 피드백이다. 경험의 장이란 개인이 지각하고 인식하고 전달하는 모든 사건의 배경을 말하며, 경험, 언어문화적 배경, 교육, 심리적 요인, 편견 등이 해당된다. 피드백은 송신자와 수신자의 쌍방향적 과정을 나타내는 것으로 반복적인 피드백은 원활한 커뮤니케이션을 방해하는 잡음의 문제를 해결하는 기능을 한다. 이와 같이 송신자와 수신자가 공통으로 경험하는 장이 많을수록, 그리고 피드백을 통해 잡음을 최소화할수록 효과적이고 효율적인 커뮤니케이션이 이루어진다는 것이다.

섀넌과 슈람의 모형이 교수·학습에 시사하는 바는 교사는 학습자의 지식 수준이나 발달 수준처럼 학습에 직접 관련 있는 요인뿐 아니라 학습에 간접적인 영향을 주는 일반적인 경험까지 이해할 때 효율적인 학습을 도모할 수 있다는 것이다. 이는 학습자의 지식과 경험의 장을 넓혀 주기 위하여 체계적인 의사소통과 적절한 피드백이 교수·학습 과정에서 이루어져야 함을 시사한다. 또한 의사소통 과정에서 발생하는 잡음은 교수·학습 과정에서 발생하는 부적절한 환경적 요소이므로 이를 최소화하고 경험의 장을 확대함으로써 효과적인 학습 결과를 보장할 수 있음을 제안한다.

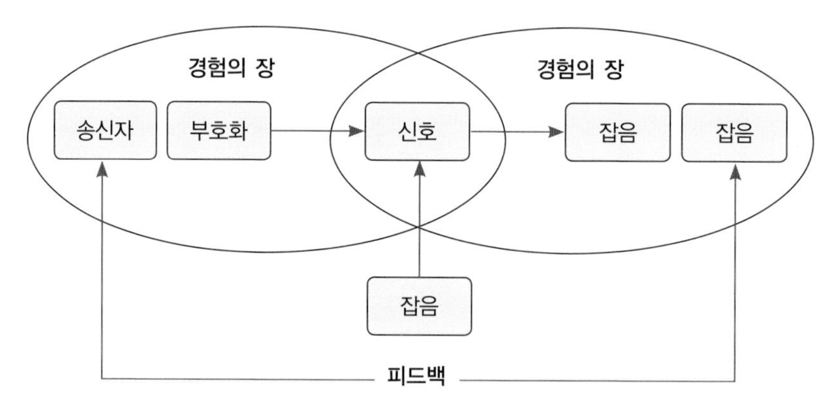

[그림 4-2] **섀넌과 슈람의 커뮤니케이션 모형(1964)**

4) 의미 형성과 네트워크 관점의 커뮤니케이션 모형

최근 다양한 뉴미디어의 등장과 커뮤니케이션 환경의 변화에 따라 새로운 관점들이 소개되고 있다. 앞서 살펴본 섀넌과 슈람(1964)의 커뮤니케이션 모형과 같이 정보 전달 및 상징적 상호작용(symbolic interaction) 측면을 강조하는 이론과 달리 커뮤니케이션에서 의미를 결정하는 것이 '해석'이 아니라 커뮤니케이션에 참여하는 사람들 간의 '의미 공유 및 창출의 과정'이라고 설명하는 논의들이 그것이다(Richey et al., 2012). 즉, 커뮤니케이션은 그 과정에 참여하는 사람들이 현재 처해 있는 상황, 문화적 배경, 이전의 경험 등에 의해 좌우된다는 것이다.

캠포스(Campos, 2007)에 따르면 커뮤니케이션은 "자기 자신과 외부 세계를 이해할 수 있도록 도와주는 생물학적 기제"라고 정의한다. 이는 이전의 이론과 달리 커뮤니케이션이 의미를 전달하는 것이 아니라 창출하는 것이라고 보는 관점이며, 지식이 맥락적으로 상황화되는 것과 유사하다. 이러한 관점에 따르면, 대화는 자신의 세계와 서로의 세계를 해석하는 것을 도와주는 의미의 구성 및 재구성의 점진화 과정이라고 할 수 있다. 캠포스의 의미 생태학(Ecological of Meaning) 모형에서 커뮤니케이션은 참여자의 정신적 작용 및 심상과 연관되어 있으며 세계와 사회적 환경에 대한 상호적 이해를 통해 의미가 구성된다. 따라서 커뮤니케이션은 텔레비전, 웹 사이트, 컴퓨터 기반 모의실험 등의 매개체를 통해 개인화되고 맥락화된 지식을 다른 사람과 협력하여 구성하는 것이다. 캠포스의 커뮤니케이션 모형은 구성주의적 철학을 직접적으로 반영하고 있으며, 환경이 미치는 폭넓은 영향을 강조하고 있다.

최근의 시각을 대표하는 이론으로 로저스와 킨케이드(Rogers & Kincaid, 1981)의 의미수렴 모형(Convergence Model)도 주목할 만하다. 이 모형은 정보의 중요성을 강조하고 정보를 통해 사람들 사이에 네트워크(network)가 형성되는 기제에 관심을 두었다. 또한 사람들이 정보 공유를 통해 상호 이해를 증진시키고 정보의 교환을 통한 의미수렴을 강조하고 있다. [그림 4-3]과 같이 커뮤니케이션의 참여자들은 정보 교환을 통해 상호 이해를 증진시키고 이러한 정보 교환의 지속적이고 반복적인 순

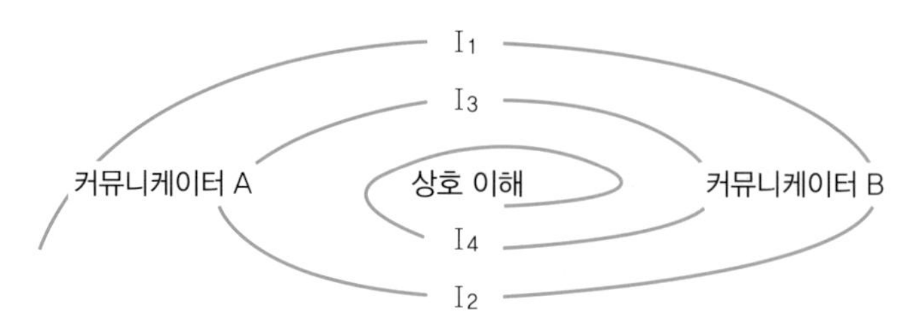

[그림 4-3] **로저스와 킨케이드의 커뮤니케이션 모형(1981)**

환 과정을 통하여 상대방과 의미수렴을 이루어 낸다.

3. 커뮤니케이션 이론과 교육공학

거브너는 커뮤니케이션을 "메시지를 통한 상호작용"(Heath & Bryant, 2000에서 재인용)이라고 주장한다. 타인에 대한 어떤 행위나 반응 및 상호작용 모두가 커뮤니케이션이 될 수 있다는 것이다. 교사와 학습자 간의 교수·학습 과정 또한 학습내용으로 이루어지는 커뮤니케이션의 과정이라 할 수 있다. 따라서 교수·학습 과정은 다양한 형태의 커뮤니케이션을 기반으로 이루어지며 커뮤니케이션의 질에 따라 교수·학습의 효과가 달라질 수 있다. 이와 같이 교육과 커뮤니케이션의 밀접한 관계를 고려해 볼 때, 커뮤니케이션 이론은 인간의 교수·학습 과정을 이해하는 근간이 된다(이화여자대학교 교육공학과, 2004).

커뮤니케이션 이론의 도입은 교육공학의 개념 정립과 이론적 체계를 획기적으로 변화시켰고, 오늘날에도 새로운 미디어의 등장에 따라 이를 교육적으로 활용하는 이론적 기저를 제공함으로써 교육공학의 발전에 지속적으로 영향을 미치고 있다.

1) 시청각교육에서 시청각 커뮤니케이션으로의 전환

1950년대에 교사와 학생 간의 양방향적 의사소통 과정을 중시하는 커뮤니케이션 이론의 도입과 시청각 커뮤니케이션(audio-visual communication) 개념의 등장으로 당시 시청각매체 및 자료의 교육적 활용에 주력하고 있던 교육공학자들은 새로운 발전의 기회를 갖게 되었다.

시청각매체에 대한 교육적 접근에서 중요한 변화는 시청각 자료의 제시 방법에 관한 것과 의사소통 과정의 요소들을 고려하는 커뮤니케이션 이론에 기초하여 교육을 커뮤니케이션 과정으로 보고자 하는 움직임이라 할 수 있다(이인숙 외, 2010).

커뮤니케이션 이론과 교육공학을 융합하려는 최초의 시도는 1953년에 발간된 간행물『Audio-Visual Communication Review』를 기점으로 이루어졌다. 초기 시청각 교육 분야에서 활동하던 교육공학자들은 당시 라스웰(1948), 섀넌과 위버(1949), 오스굿과 슈람(1954) 등의 커뮤니케이션 이론이 교수과정을 설명하는 데 적합하다는 것을 알게 되었고 커뮤니케이션의 이론적 틀을 시청각 교육매체의 활용 영역에 적용하려는 시도가 이루어졌다.

이와 같은 노력은 매체를 교수·학습의 보조물로서 활용하였던 기존의 접근 방식에서 벗어나 교육을 하나의 커뮤니케이션 과정으로 보는 한편 매체를 효과적으로 활용함으로써 기존의 이론적 틀의 한계를 극복할 수 있을 것으로 기대되었다. 특히, 커뮤니케이션의 개념에서 제안하는 송신자인 교수자와 수신자인 학습자 사이에 이루어지는 학습 정보 전달 과정 자체에 관심을 두고 커뮤니케이션 과정에서의 구성 요소 간의 역동적 관계를 주시하였다. 커뮤니케이션 이론의 영향으로 결과 중심적이고 산물 지향적인 시청각교육의 관점은 과정과 피드백 개념이 포함된 이론으로 발전하였고 커뮤니케이션 절차에 입각하여 교수·학습 과정, 특히 매체를 활용하는 상황을 재조명하는 접근 방식이 시도되었다. 또한 커뮤니케이션 이론은 라디오와 텔레비전과 같은 대중매체를 교육에서 활용할 때 고려해야 하는 송수신자, 신호, 전달 체계, 잡음, 반복과 같은 개념적 도구를 제공하였을 뿐만 아니라 송수신자의 인지적 과정과 관련된 경험의 장 및 피드백이 중요한 요소임을 제시하였다. 이를 통하여 초기 교육공학의 성립 과정에서 매체비교 연구와 매체 속성 연구를 촉진하였다. 이후 1963년 『교육에서 시청각 과정의 역할 변화: 정의와 용어』의 발간을 통해 '시청각 교수'에서 '시청각 커뮤니케이션'으로 변화된 새로운 정의가 발표되었다. 시청각 커뮤니케이션에서는 전통적인 매체 중심의 교육공학적 개념화를 벗어나 커뮤니케이션의 중요한 개념적 요소인 '과정'을 중심으로 교육공학의 개념화를 시도하게 되었고, 오늘날과 같은 교육공학의 이론적 기초를 마련하는 데 크게 기여하였다.

교육공학의 개념 정립 과정에서 커뮤니케이션 이론이 미친 영향을 요약하면 다음과 같다(이성흠, 이준, 2010).

첫째, 교수·학습 과정은 커뮤니케이션의 기본 구성 요소인 교수자, 학습자, 학습 내용으로 구성된다. 따라서 교수·학습 과정도 교수자와 학습자 사이의 상호작용으로 이해된다.

둘째, 통신수단에 인간의 다섯 개 감각을 모두 포함하여 시각과 청각에 의한 제한된 경험에서 한층 포괄적인 경험으로 확대되었다.

셋째, 교수자와 학습자 사이에 공유하는 경험의 중요성을 부각시켰다.

넷째, 커뮤니케이션 과정에 피드백의 요소를 포함시켜 과정 개념의 중요성과 평가 및 수정의 기능을 환기시켰다.

다섯째, 커뮤니케이션 과정에는 잡음이 있으며 효과적인 교수·학습을 위해서는 잡음을 최소화하는 최적의 환경을 구축해야 한다.

여섯째, 시청각교육에서는 교수매체를 사물(thing)로 간주하고 수업의 보조물 차원에서 다루었지만 통신 이론에서 교수매체는 통신에서 없어서는 안 될 통신 과정의 일부로 본다.

2) 교수설계 및 교수개발에 미친 영향

모든 수업은 결국 커뮤니케이션의 문제라 할 수 있다. 교사가 구두로 전달하든,

다양한 형태의 매체를 활용하든 마찬가지이다. 커뮤니케이션의 개념에서는 송신자인 교수자와 수신자인 학습자 사이에 이루어지는 자체에 관심을 두고 커뮤니케이션 과정에서의 구성 요소 간의 역동적 관계를 핵심으로 다루고 있다. 따라서 교수설계 및 교수개발에 직접적인 영향을 주었고 중요한 시사점을 제공하였다.

커뮤니케이션 이론을 교수설계에 적용하는 것은 커뮤니케이션 과정으로서 수업체제 설계와 메시지의 설계, 즉 "메시지의 물리적 형태의 조작에서 가장 일반적"(Richey et al., 2012)으로 활용되었다. 특히, 시각적 사고, 시각학습, 시각적 커뮤니케이션 이론 적용을 통한 시각 리터러시에 많은 영향을 받았다. 시각적 사고 이론(visual thinking theory)은 교수설계자들이 텍스트 디자인이나 시각 자료 등 교수자료의 제작에 있어서 시각적 설계를 어떻게 할 것인지를 결정하는 데 유용한 정보를 제공한다. 또한 새로운 테크놀로지의 등장에 따라 시각 커뮤니케이션 원리는 교수자료 개발에 있어서 그래픽 디자인이나 편집과 같은 과정에 지침으로 사용된다. 전통적인 커뮤니케이션 이론이 인간의 학습에 대한 정립된 원리와 통합되었을 때 페이지 배열, 스크린 디자인, 그래픽 디자인에 영향을 미쳤고 지각, 주의집중 및 통제 등과 관련하여 이론적 근거를 제공하는 한편 멀티미디어 교수설계와 같은 새로운 테크놀로지를 활용한 교수설계에 영향을 미치고 있다. 최근에는 전달적 커뮤니케이션보다 상호적-교류적 커뮤니케이션에 더 많은 강조점을 두고 있으나 전반적으로 커뮤니케이션 이론은 교수 메시지를 어떻게 효과적으로 구조화할 것인가의 측면에서 교수설계 및 메시지 설계에 지속적으로 영향을 미치고 있다.

3) 디지털 커뮤니케이션 환경에서 이론적 기초 제공

최근 정보통신 기술의 변화는 대인 커뮤니케이션에도 변화를 가져왔다. 물리적 시공간에서 가상의 네트워크로의 전환, 일방적 전달에서 상호작용적 과정으로의 전환, 선형적 흐름에서 비선형적 하이퍼텍스트로의 전환, 단일미디어에서 통합미디어로의 전환, 의사 전달의 소비자에서 생산자로의 전환이 이루어지고 있다. 또한 교육에서 멀티미디어와 정교한 테크놀로지의 활용이 강조되고 온라인 및 테크놀로지 기반의 새로운 커뮤니케이션이 등장하고 확대됨에 따라 협력적 문제해결, 팀워크, 분산인지, 집단지성 등의 개념이 등장하고 있다.

최근 커뮤니케이션 연구는 멀티미디어 테크놀로지 활용에 따른 교육 패러다임의 변화에 따라 시공간을 초월한 동시적・비동시적 커뮤니케이션을 활성화할 수 있는 방안 및 상호작용적 관계를 통한 공동체 문화형성 등으로 확대되고 있으며 이에 새로운 커뮤니케이션 환경에서 효과적인 교육적 환경을 구축해야 하는 교육공학의 이론적 기초를 제공해 줄 수 있을 것이다.

주요 용어

커뮤니케이션, 송신자, 수신자, 채널, 메시지, 잡음, SMCR 모형, 시청각 커뮤니케이션, 시각적 커뮤니케이션, 디지털 커뮤니케이션

생각해 볼 문제

1. 커뮤니케이션의 개념과 주요 요소를 정리해 보시오.
2. 커뮤니케이션 이론에서 논의되는 커뮤니케이션의 요소들과 교육의 관계를 정리해 보시오.
3. 주요 커뮤니케이션 모형의 특징을 비교하여 설명해 보시오.
4. 최근 미디어의 발달에 따라 변화하는 커뮤니케이션의 특징에 대해 생각해 보시오.
5. 커뮤니케이션 이론이 초기 교육공학의 이론적 발달에 미친 영향에 대해 논의하시오.

제5장

학습 이론

학습목표

- 학습과 학습 이론의 개념을 설명할 수 있다.
- 학습에 대한 행동주의, 인지주의, 구성주의의 관점 차이를 설명할 수 있다.
- 행동주의 관점에서의 대표적 학습 이론(연합주의 이론, 고전적 조건형성 이론, 조작적 조건형성 이론, 사회학습 이론)의 특징을 설명할 수 있다.
- 인지주의 관점에서의 대표적 학습 이론(정보처리 이론, 발견학습, 유의미 수용학습)의 특징을 설명할 수 있다.
- 구성주의 관점에서의 대표적 학습 이론(인지발달 이론, 사회문화적 발달 이론)의 특징을 설명할 수 있다.
- 학습 이론에 대한 이해를 바탕으로 유아교육에서의 적용 방안에 대해 설명할 수 있다.

학습 이론은 학습이 일어나는 과정을 설명하는 이론 체계이다. 학습에 대한 다양한 주장은 크게 두 가지 관점으로 요약된다. 첫째, 자극과 반응, 반응에 대한 결과의 결합에 초점을 둔 행동주의적 관점과, 둘째, 학습자의 내적인 인지 과정에 초점을 둔 인지주의적 관점이다. 행동주의와 인지주의 학습 이론은 학습이 일어나는 과정을 인간의 심리적 기제를 통해 설명하고자 하였으며, 연구 영역과 연구 방법에서 차이가 있다. 이 장에서는 인간의 학습을 다루는 두 가지 관점인 행동주의와 인지주의 중심의 학습 이론에 대해 살펴보고자 한다. 또한 이러한 전통적 교수 · 학습 이론(행동주의와 인지주의)의 문제점을 해결하기 위한 대안적 방법으로 등장한 구성주의에 대해서도 함께 살펴볼 것이다.

1. 행동주의 학습 이론

1) 행동주의의 등장

행동주의는 인간의 정신 과정을 연구 대상으로 하는 구조주의와 기능주의에 대한 반발로 생겨났다. 구조주의란 인간 정신의 요소나 구조를 알아내는 데 초점을 두는 심리학의 한 흐름이며, 기능주의란 인간의 행동을 자극–반응으로 인위적인 구분을 하기보다는 전체적이고 기능적으로 파악하고, 정신작용의 과정을 연구하는 데 중점을 둔 심리학의 흐름이라고 할 수 있다. 행동주의자들은 정신의 존재를 부정하지는 않았으나 과학적 연구 영역으로는 부적절하다고 보고 관찰 가능한 행동을 학습의 주된 연구 영역으로 삼았으며, 객관적인 자극에 의해 반응을 측정하는 과학적인 연구 방법을 채택하였다. 반면, 인지주의자들은 자극과 반응을 매개하는 인지 과정에 초점을 두고 학습의 과정을 설명하였다. 학습을 지각, 기억, 추리, 판단 등 인간의 능동적인 인지활동으로 보았다.

학습에 대한 행동주의적 관점은 자극과 반응의 결합과 연합에 초점을 두는 연합 이론에 그 이론적 기저를 두고 있다. 손다이크(Thorndike)는 특정한 자극과 자발적 행동 사이의 연합으로 새로운 행동이 형성되고 이것을 "학습"이라고 정의하였다. 파블로프(Pavlov)는 개의 소화기관을 연구하는 실험 과정에서 무조건 자극과 조건 자극에 의해 발생하는 반사적 행동이 결합함으로써 조건화가 형성되는 것을 학습으로 보았다. 이를 고전적 조건형성 이론이라고 부르는데, 스키너(Skinner)는 자극이 반응을 유도한다는 고전적 조건형성과는 달리 자극이 주어지기 전에 반응이 선행되어야 함을 강조하였다. 즉, 반응의 결과로 나타나는 보상의 획득, 강화를 통해 조건화가 형성되는 것을 학습으로 보았다.

2) 손다이크의 연합주의 이론

에드워드 손다이크(Edward L. Thorndike, 1874~1949)는 동물의 행동과 학습 과정에 대한 연구를 통해 인간의 학습 과정을 설명하려고 했던 미국의 대표적인 심리학자이다. 손다이크는 동물 실험을 통해 반응의 결과에 만족함으로써 연합이 형성된다고 하면서 강화의 원리를 설명하였다. 즉, 특정한 자극과 자발적 행동 사이의 연합으로 새로운 행동이 형성되는데, 이를 학습으로 보았으며 연합주의(connectionism)라고도 한다.

Edward L. Thorndike
(1874~1949)

손다이크의 고양이 퍼즐 상자 실험

손다이크는 자극, 자발적 행동, 만족스러운 결과의 연합이 형성되는 과정을 효과적으로 설명하였다. 손다이크는 동물행동 연구 가운데 고양이의 퍼즐 상자 탈출 실험을 통해 자극과 반응이 어떻게 연합되는지 설명하고자 하였다. 걸쇠를 건드리면 빠져나올 수 있도록 설계된 퍼즐 상자에 고양이를 가둔 뒤 빠져나오는 과정을 관찰하였다. 고양이는 상자의 틈 사이로 발을 내밀거나 상자를 물어뜯거나 할퀴는 등의 다양한 행동을 시도하던 중 우연히 걸쇠에 걸려 있는 막대기를 건드리고 탈출에 성공하였다. 고양이는 걸쇠를 건드려 탈출하는 과정을 반복하면서 퍼즐 상자로부터 빠져나오는 시간을 단축하였다. 고양이가 걸쇠를 건드리는 행동은 상자로부터 빠져나와 상자 밖의 먹이(생선)를 습득하는 만족스러운 결과를 통해 강하게 연합되었다. 상자를 물고 뜯거나 틈 사이로 나오려는 행동 등은 탈출과 먹이 획득이라는 만족스러운 결과를 얻지 못했으므로 연합이 약해졌다고 설명하였다.

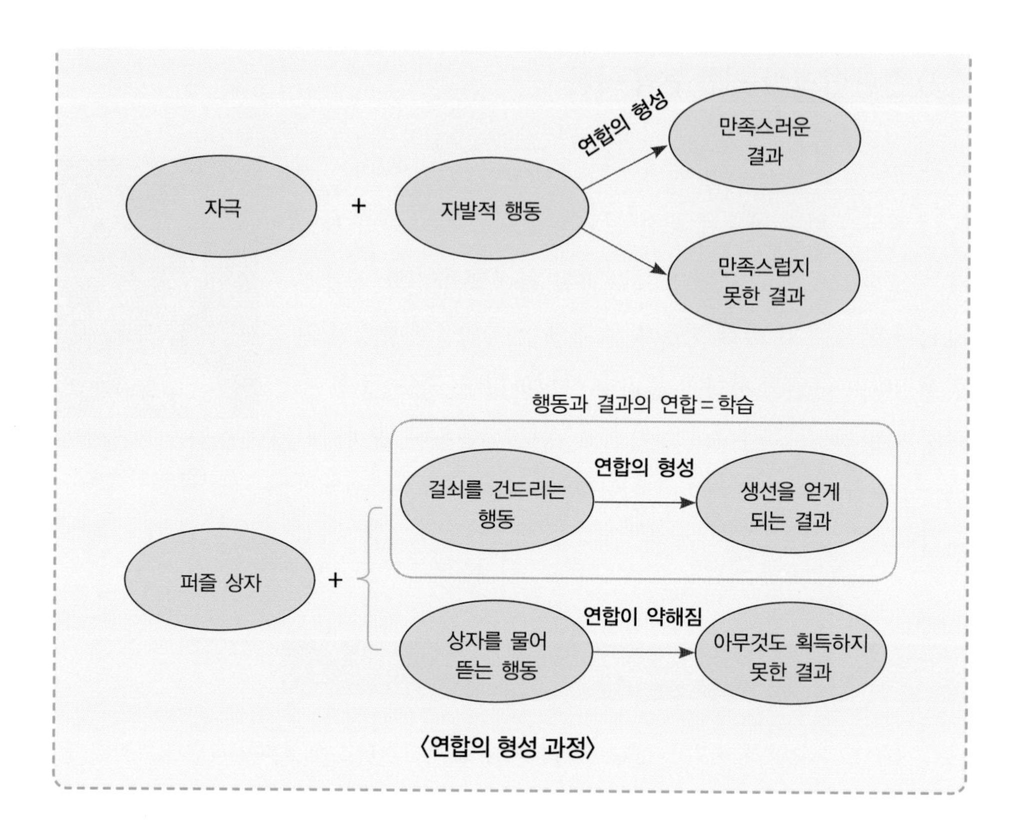

〈연합의 형성 과정〉

손다이크는 고양이 퍼즐 상자 실험을 통해 고양이가 걸쇠를 건드리는 우연하면서도 자발적인 행동이 만족스러운 결과를 얻게 됨에 따라 행동과 결과가 연합(결합)됨으로써 학습이 이루어진다고 설명하였다. 손다이크는 이러한 실험을 통하여 반응과 결과와의 연합과 학습을 좀 더 효과적으로 설명하기 위하여 효과의 법칙과 연습의 법칙을 언급하였다.

효과의 법칙(law of effect)

우연하고 자발적인 행동이 만족스러운 결과로 연결되면 그 행동은 연합이 형성되어 반복된다(이것이 학습이다!). 그러나 행동의 결과로 불만족스러운 결과가 나타나면 어떻게 될까? 그 행동이 약해지거나 없어지게 된다는 것이다. 즉, 반응에 따른 만족감이 클수록 연합이 강화되고 반응에 대한 결과가 만족스럽지 못하면 연합은 약해지거나 없어진다는 것을 효과의 법칙이라고 설명하였다.

수정된 효과의 법칙 그러나 이러한 효과의 법칙은 이후 후속 연구를 통해 부분 수정되었는데, 행동에 대한 불만족스러운 결과가 반드시 연합을 약화시켜 그 행동이 소멸되도록 하는 것은 아니라는 것이다. 즉, 행동에 대한 만족스러운 결과는 연합을 강화시키지만 처벌 등의 불만족스러운 결과는 이러한 불만족스러운 결과를 일으키게 한 행동을 반드시 약화시키거나 소멸시키지 않을 수 있다는 것이다. 예를 들어, 게임을 좋아하는 학생이 처벌을 받아도 지속적으로 게임에 몰입한다거나 수업 중 떠는 학생이 교사로부터 주의를 받거나 벌점을 받아도 그러한 행동이 줄어들지 않는 등의 경우가 있다. 이는 교육에서 처벌의 효과성에 대해 생각해 볼 만한 내용이다.

연습의 법칙(law of practice)

행동과 결과 사이의 연합이 반복됨으로써 연합이 강화되고 비로소 학습이 일어난다는 것이다. 연습, 즉 반복이 적어질수록 연합은 약해진다. 고양이가 퍼즐 상자에서 빠져나와 먹이(생선)를 획득하는 횟수가 많아질수록 탈출 시간이 단축되는 결과는 연습을 통해 학습된다는 것을 설명해 준다. 특히, 운동 기술이나 기술 등은 연습에 의해 반응의 연합이 강화되어 학습이 이루어진다. 피아노 등 악기 연주, 뜀틀, 줄넘기, 수영 등 운동에 대한 학습 등에서 이러한 연습의 법칙을 확인할 수 있다.

3) 파블로프의 고전적 조건형성 이론

Ivan P. Pavlov
(1849~1936)

이반 파블로프(Ivan P. Pavlov, 1849~1936)는 러시아의 생리학자로 학습에 대한 관심보다는 타액반사, 동공반사, 무릎반사와 같이 자율신경계의 반사반응에 대한 실험에 관심을 갖고 있었다. Pavlov는 개의 소화기관에 관한 연구 중 하나로 타액(침)의 분비를 측정하는 실험을 하던 중 우연한 발견을 통해 고전적 조건형성 이론을 주장하게 되었다.

파블로프의 조건화 실험

파블로프는 개의 소화기관에 관한 연구 중 타액(침)의 분비 과정을 측정하는 실험 중 조건형성에 대해 설명하게 되었다. 개에게 고기를 제공(자극)하면 개는 침을 흘리게(반응) 되는데 이때 개는 고기와 함께 제시된 종소리나 고기를 전달하는 조교의 발소리만 듣고도 침을 흘리게 된다는 사실을 발견하였다. 이 과정에서 파블로프는 개에게 제공되는 고기를 무조건 자극, 즉 어떤 반응(침을 흘리는 행동)을 일으키게 하는

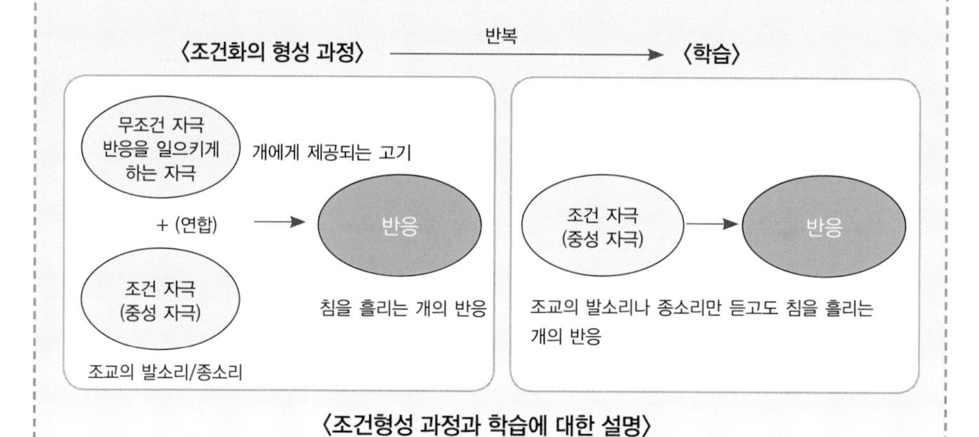

〈조건형성 과정과 학습에 대한 설명〉

자극이라고 하였다. 이때 고기와 함께 제시된 조교의 발소리 또는 종소리를 조건 자극 또는 중성 자극이라고 하였다. 즉, 무조건 자극과 함께 제시된 처음에는 특정 반응을 필연적으로 일으키지 않았던 자극이라고 설명하였다. 무조건 자극과 조건 자극의 연합에 의해 침을 흘리는 행동을 하는 조건화가 형성되고 반복을 통해 이러한 반응(침을 흘리는 행동)이 학습된다고 설명하였다.

이와 같은 파블로프의 조건형성 과정에 대한 설명을 고전적 조건형성 이론이라고 부른다. 파블로프의 고전적 조건화가 형성되기 위해서는 몇 가지 전제조건이 필요하다. 첫째, 필연적으로 반응을 일으키는 무조건 자극과 처음에는 특정 반응과 관련이 없었던 조건 자극 또는 중성 자극 간의 근접성(contiguity)의 원리이다. 이는 시간적인 동시성으로 파블로프의 동물 실험에서 음식과 종소리가 동시에 발생해서 두 자극 간에 동시성이 있을 때 연합, 즉 조건화가 이루어진다는 것이다. 두 번째는 강도(intensity)의 문제로 무조건 자극에 의한 무조건 반응이 조건 자극에 의한 반응보다 클 때 조건화가 형성될 수 있다는 것이다. 즉, 고기를 주었을 때 침을 흘리는 것이 종소리에 의한 개의 반응보다 강력해야 궁극적으로 종소리를 듣고 타액을 분비하는 조건화가 일어날 수 있다는 것이다. 마지막으로, 무조건 자극과 조건 자극이 완전하게 연합되기 위해서는 무조건 자극 및 그와 함께 제시되는 조건 자극 사이에 일관성이 있어야 한다는 것이다. 고기와 함께 제시되는 조건 자극이 종소리에서 발소리 등으로 바뀐다면 조건화가 형성될 수 없다.

4) 스키너의 조작적 조건형성 이론

버러스 스키너(Burhus F. Skinner, 1904~1990)는 엄격한 행동주의자이면서 환경론자였다. 자극에 대해 자동적인 반사반응에 따라 나타나는 수동적이고 기계적인 반응행동에 초점을 둔 고전적 조건형성 이론과는 달리, 스키너는 인간을 능동적인

Burhus F. Skinner
(1904~1990)

존재로 보고 자발적으로 행동을 일으키기 위한 조작적 행동(operant behavior)에 초점을 두었다. 이처럼 스키너는 인간을 능동적 유기체로 보았으며 학습을 설명하는 데 있어서 유전적 영향력을 일부 인정하면서도 환경이 인간의 행동을 어떻게 통제하는가에 관심을 갖고 연구하였다. 스키너는 영향력 있는 행동주의자로 심리학이 겉으로 드러나는 행동에 대한 연구에 한정되어야 한다고 보고, 행동 이외의 감정과 사고까지도 환경적 자극과 반응의 관점에서 설명 가능한 것으로 보았다.

스키너 상자

스키너는 조작적 조건형성을 연구하기 위해서 '스키너 상자'를 고안해 냈다. 스키너 상자는 먹이통과 연결된 지렛대, 전기충격장치, 스피커와 경고등이 연결되어 있었으며 쥐가 자유롭게 돌아다닐 수 있도록 만들어졌다. 쥐는 자유롭게 활동하다가 우연히 지렛대를 누르게 되고 음식을 먹게 되었다. 이렇게 먹이를 통해 쥐의 행동은 강화되어 지렛대를 누르는 행동이 증가하였다. 이와 같이 스키너는 쥐가 지렛대를 누르는 조작적 행동을 통해 먹이라는 보상을 획득하고 강화에 의해 지렛대를 누르는 행동이 증가하는 조작적 조건형성의 원리를 주장하였다. 반면, 지렛대를 누르는 행동에 대해 먹이 공급을 중단하면 결국 지렛대를 누르는 행동이 사라지게 되고(소거), 오히려 전기충격을 제공하게 되면 지렛대 누르는 행동이 감소(처벌)하게 된다. 이처럼 스키너의 조작적 조건형성이란 우연한 행동을 강화 또는 처벌을 통해 증가 또는 감소시키는 과정으로 행동 뒤에 발생하게 되는 자극이 어떠한 것이냐에 따라 행동이 증가 또는 감소하게 된다. 즉, 자극이 반응을 유도한다는 고전적 조건형성과는 달리 행동이 먼저 일어나야 함을 강조한다. 즉, 자발적이고 능동적인 존재인 유기체가 먼저 행동해야만 그에 따른 보상이 주어지며 강화 또는 처벌에 따라 학습이 이루어진다.

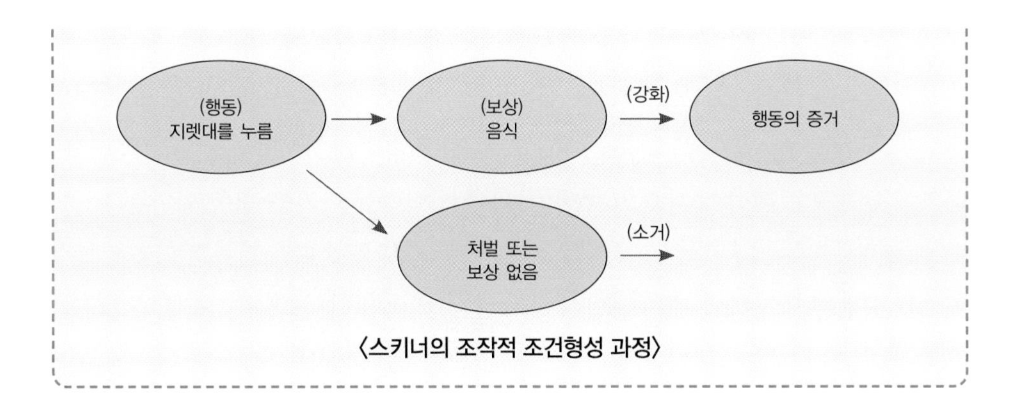

〈스키너의 조작적 조건형성 과정〉

스키너의 조작적 조건형성 이론에서 중요한 개념은 강화(reinforcement)이다. 강화에는 정적 강화와 부적 강화가 있는데, 정적 강화는 쥐가 지렛대를 누르는 행동에 대해 먹이를 제공하는 것으로 반응에 대하여 칭찬, 인정 등 선호하는 자극을 제공함으로써 궁극적으로는 반응을 증가시키는 데 목적이 있다. 부적 강화는 쥐가 지렛대를 누르면 전기충격이 차단되는 것을 통해 쥐의 지렛대 누르기 행동을 증가시키는 것이다. 즉, 꾸중, 잔소리 제거와 같이 불쾌한 자극을 제거함으로써 궁극적으로는 반응을 증가시키는 데 목적이 있다.

부적 강화와 혼동되는 것이 처벌(punishment)이다. 부적 강화와 처벌의 차이는 부적 강화가 그 목적이 행동을 증가시키는 데 있다면, 처벌은 행동을 감소시키는 데 목적이 있다는 것이다. 처벌은 행동에 대하여 불쾌한 자극을 제시하거나 강화의 요인이 되는 선호자극을 제거함으로써 행동의 반응비율을 낮추고자 하는 것이다.

처벌에는 제시형 처벌과 박탈형 처벌이 있는데, 제시형 처벌이란 지각에 대해 벌점, 청소, 운동장 뛰기를 부과하는 등 불쾌한 자극을 제시함으로써 행동에 대한 반응비율을 낮추고자 하는 것이다. 박탈형 처벌이란 선호하는 자극, 즉 개인의 권리나 이득을 박탈함으로써 행동에 대한 반응비율을 낮추는 것이다. 즉, 정적 강화물을 박탈하는 것으로 숙제를 해 오지 않은 학생에게 쉬는 시간에 숙제를 하게 함으로써 쉴 수 있는 권리를 박탈하는 등이 여기에 해당한다. 이 밖에도 행동의 반응비율을 약화시키는 자극에는 소거(extinction)가 있다. 소거는 강화를 유발시킨 자극이 억제되어서 행동의 빈도가 감소하거나 또는 나타나지 않게 되는 것을 의미한다.

조작적 조건형성의 기본 원리에는 그 밖에도 행동조형(shaping)이 있다. 행동조형이란 점진적으로 학습해 나가는 과정을 설명하고자 하는 것으로 최종적인 교육목표를 달성하기 위하여 강화를 통해 한 단계씩 학습해 나가는 것을 의미한다. 즉, 최종 교육목표를 작은 단위의 하위 목표로 나누어 단계적으로 강화함으로써 최종적으로 목표를 달성하게 하는 방법이다. 향후 스키너가 제안한 프로그램 학습의 기본 원리가 된다.

〈표 5-1〉 **스키너의 조작적 조건형성 이론에서 후속 자극의 종류**

후속 자극의 종류		방법	목적
강화	정적 강화	선호하는 자극을 제시	학습행동의 반응비율을 높이는 것
	부적 강화	불쾌한 자극을 제거	
처벌	제시형 처벌	불쾌한 자극을 제시	학습행동의 반응비율을 낮추는 것
	박탈형 처벌	선호하는 자극을 제거	
소거		선호하는 자극을 보류(억제)	

스키너의 프로그램 학습 스키너의 프로그램 학습의 기본 원리는 학습이 하위 목표를 단계적으로 성취해 나가는 과정을 통해 최종 학습목표를 달성해 나간다는 것이다. 프로그램 학습의 설계자는 학습자가 최종 학습목표를 학습할 수 있도록 정밀하게 계획된 프로그램을 개발해야 하며, 학습내용을 작은 프레임으로 배열해야 한다. 단순한 내용에서 복잡한 내용으로 배열하며 학습이 계속 진행되기 위해서는 학습자의 반응을 요구한다. 스키너는 이러한 프로그램 학습(programmed learning)이 가능하도록 하기 위해 교수기계(teaching machine)를 설계하였다. 교수기계는 학습내용을 쉽게 학습할 수 있도록 작은 단계로 나누어 설계되었으며, 학습자의 학습 활동에 대한 즉각적인 피드백에 의해 강화가 형성될 수 있도록 하였다. 이러한 프로그램 학습은 일종의 개별화 학습(personalized learning)으로 이후 컴퓨터 보조 수업으로 발전하였다.

5) 밴듀라의 사회학습 이론

Albert Bandura
(1925~)

앨버트 밴듀라(Albert Bandura, 1925~)는 스키너의 조작적 조건형성 이론에 영향을 받았으나, 통제된 실험실에서 발생하는 자극과 반응에 의한 직접 경험 중심의 학습이 아닌 일상생활 속에서 환경과의 상호작용을 통한 학습을 설명하고자 하였다. 스키너가 조작적 조건형성이 반응에 대한 결과를 통해 강화되는 직접 경험에 의한 학습을 얘기했다면 밴듀라는 모형을 관찰함으로써 습득되는 간접 경험에 의한 학습을 설명한다. 관찰학습으로 언급되던 밴듀라의 학습에 대한 설명은 학습이 개인의 행동, 인지 능력, 환경, 상호작용이라는 관점을 제시한다는 측면에서 사회학습 이론으로 불린다. 밴듀라는 학습의 과정을 설명하는 데 있어서 행동, 개인의 인지 능력, 환경과의 상호작용을 강조함으로써 유아교육에서 유아의 인지발달과 학습환경의 중요성을 생각하게 했다는 점에서 의미가 있다.

밴듀라의 관찰학습 ⇒ 간접 경험을 통한 모방학습, 대리학습

밴듀라는 관찰학습, 모방학습을 강조함으로써 행동주의 학습 이론의 영향을 받았으나 인간의 복잡한 행동을 자극과 반응, 강화, 소거 등 직접 경험에 의한 조건형성으로만 설명하는 것은 한계가 있다고 보았다. 그는 인간의 기본적인 인지 능력과 복잡 다양한 일상생활에서의 환경적 요인이 학습의 과정에 영향을 미칠 수 있음에 주목하였다. 행동에 대한 강화나 처벌의 직접 경험이 없이도 개인은 사회적 상황 속에서 다른 사람의 행동을 단순히 관찰하는 것만으로도 새로운 행동을 습득하거나 학습할 수 있다는 것이다. 예를 들어, 친구가 수업시간에 떠들고 교사에게 꾸지람을 듣는 것을 목격한 유아는 그런 행동을 하지 않게 된다는 것이다. 이처럼 관찰학습은 간접 경험에 의한 모방학습, 간접적 대리 경험에 의하여 학습이 이루어진다고 하여 대리학습

(vicarious learning)이라고도 한다.

관찰학습은 타인의 행동을 그대로 따라 배우는 '모방'과 모형이 되는 타인의 행동을 관찰하면서 다양한 강화의 과정과 개인의 인지 능력과의 상호작용을 통해 배우는 '모형화'의 방법에 따라 학습하게 된다. 또한 관찰의 과정 속에서 행동뿐 아니라 행동에 따른 결과도 관찰하게 되는데 이를 통해 자신의 행동에 대한 결과를 예측하고 자신의 행동이 강화된다고 설명하면서 이를 '대리강화'라고 하였다. 즉, 관찰의 대상이 강화를 받는 것을 보고 자신도 그대로 강화를 받게 되는 것을 의미한다.

학습은 행동과 환경, 그리고 개인의 내적 인지 과정을 통해 일어난다 밴듀라는 행동과 환경의 관계로만 학습의 과정을 설명하려고 했던 행동주의자들의 관점에서 벗어나 인간의 행동에 있어 환경적 요인들과 함께 개인의 내적 요인(사고, 감정 등)들이 상호작용하면서 영향을 미친다는 상호결정론적 입장을 견지하였다. 밴듀라는 이와 같이 행동(behavior), 환경(environment), 개인(person)의 세 가지 요인이 서로 상호작용함으로써 학습이 이루어진다고 설명하였다.

밴듀라는 학습과 관련된 개인의 행동에 영향을 미치는 중요한 요인으로서 자기효능감 개념을 제시하였다. 자기효능감이란 특정한 학업을 수행할 능력이 있다는 개인적 신념(Bandura, 1982, 1989)이다. 자기효능감은 과업 수준의 정도를 결정하거나 어려운 과제 상황에서 끈기, 인내심의 정도를 결정하는 데 영향을 미치며, 다양한 모방 행동에 관한 연구를 통해 장기적인 행동의 변화에 중요한 요인이 된다고 밝혀지고 있다.

자기효능감(self-efficacy)

특정 과제에 대해 성공적으로 수행할 수 있을 것이라고 믿는 자신의 능력에 대한 인지적 판단, 믿음

이처럼 인간 발달과 행동 변화에 영향력이 큰 자기효능감은 세 가지 요인에 의해 영향을 받는 것으로 설명되고 있다. 그중 첫 번째인 자기효능감은 과거에 주어졌던 유사한 과제를 어떻게 수행했는가에 따라 영향을 받는다. 과거에 성공적으로 수행한 경험을 갖고 있는가에 대한 여부가 개인의 자기효능감 형성에 영향을 미치며 이는 교사가 학습자의 자기효능감 형성을 위해 학습 영역별로 성공의 경험을 부여하는 등 영향을 미칠 수 있음을 의미한다. 밴듀라가 얘기한 두 번째 영향 요인은 언어적 확신(verbal persuasion)이다. 가족이나 동료, 친구들이 해 주는 능력에 대한 확신의 표현은 특정 과업에 대한 자신의 수행 능력에 대한 자신감을 형성할 수 있도록 한다. 세 번째 요인은 과업을 수행하기 위해 준비하면서 느끼는 감정(emotion)이다. 예를 들어, 수학 과목에 대해 전반적인 자신감을 갖고 있는 학생은 다소 부족한 단원의 평가에서도 안정감 있게 임하지만 전반적으로 낮은 자기효능감을 갖고 있는 경우 평가 단원과 관계없이 수학시험에 앞서 불안하거나 두려운 정서적 상태를 나타내게 된다. 이와 같은 자기효능감 형성에 영향을 미치는 요인들은 교육 현장에서 유아의 자기효능감 형성을 위한 많은 시사점을 제공한다.

사회학습 이론의 교육 현장에서의 적용

① 행동조형에 의한 유아의 행동 수정과 강화

행동조형에 의한 점진적 행동의 변화와 프로그램 학습을 설명한 스키너의 조작적 조건형성의 원리는 궁극적인 학습목표, 행동 목표의 달성을 위해 하위의 행동 요소들을 구분하고 단계적으로 학습을 강조했다는 측면에서 유아교육에 많은 시사점이 있다. 유아의 바람직하지 못한 행동은 일상생활 속에서 우연히 강화되었기 때문이라고 보았으며, 적절한 강화를 학습하도록 함으로써 행동의 수정이 가능하다고 보았다.

② 관찰과 모방을 통한 유아의 행동학습

밴듀라는 관찰과 모방을 통한 간접 경험에 의한 학습을 강조하였다. 이는 유아교육에 있어서 영화나 TV 등 간접 경험을 제공할 수 있는 미디어 활용의 중요성, 교사의 체벌이나 유아의 행동에 적절하지 않은 대응을 통한 모형화의 위험성 등을 의미한다. TV에서 표현되고 있는 폭력성이나 외모 또는 물질만능주의 등은 아동의 공격성, 사고형성 과정에 영향을 미칠 수 있다. 또한 교사로서 지나친 처벌이나 강압적 행동 등은 처음에는 효과가 있을 수 있으나 장기적으로 분노나 반발심 형성에 영향을 미치며, 동료 학생들에게 대리강화, 대리처벌의 경험을 제공하게 된다.

③ 자기효능감 형성을 통한 행동 변화

자기효능감은 학습과 관련된 개인의 행동, 즉 과업 수준의 정도를 결정하거나 어려운 과제 상황에서 끈기, 인내심의 정도를 결정하는 데 영향을 미치며, 궁극적으로 장기적인 행동의 변화에 중요한 요인이 된다. 교사에게는 학습자 개인의 긍정적 행동 변화를 위해 자기효능감이 형성될 수 있도록 하는 다양한 노력이 필요하다. 예를 들어, 유난히 자신감이 떨어지거나 학습 능력이 부족하다고 판단되는 학습 영역에 대하여 과제의 난이도를 고려하여 성공 가능한 과제를 부여함으로써 성공의 경험을 제공해 주고 교사로서의 언어적 확신을 통해 자기효능감 형성에 영향을 미칠 수 있을 것이다.

2. 인지주의 학습 이론

학습에 있어서 인지론적 접근이란 지각, 기억, 상상, 추리, 판단, 문제해결 등 인간의 능동적인 인지활동에 바탕을 두어 학습을 설명하고자 하는 것이다. 20세기 초 미국은 자극과 반응, 반응과 강화로 학습을 설명하고자 하는 행동주의자들이 지배적이었다. 이와는 반대로 유럽의 경우 인간의 지각, 문제해결과 같은 사고의 과정에 관심을 갖고 연구하는 인지주의 학습 이론가들이 지배적이었다. 따라서 인지주의에서는 학습자가 무엇을 학습했는가 하는 학습 결과보다는 어떻게 학습했는가 하는 학습 과정에 더 관심을 두고 학습 과정에서 발생하는 개인의 인지활동, 통찰, 조직화 등의 개념을 강조한다.

1) 인지주의의 등장

장 이론이라고도 불리는 형태주의 심리학(Gestalt psychology)은 인지주의 심리학의 이론적 기초가 되었다. 인지주의는 유럽 심리학의 주류였으며 제2차 세계 대전 이후 인간의 복잡한 정신기능에 대한 관심과 컴퓨터의 등장 등 변화를 겪으면서 활발한 연구가 이루어졌고 미국의 인지주의에 영향을 미쳤다. 형태주의 심리학을 발전시킨 독일의 심리학자들과 스위스의 심리학자 피아제, 러시아의 비고츠키, 미국의 인지 이론가들인 톨먼과 브루너가 '사고의 과정'에 초점을 두고 학습 과정을 연구한 인지주의 학자들이며, 컴퓨터를 인간의 지성과 학습을 상징하는 대체물로 여겨 사고와 문제해결의 과정을 이론화한 정보처리 이론이 대표적이다.

형태주의 심리학 ⇒ 인간 지각의 전체성과 주관성

① '지각'의 전체성: 전체는 부분의 합 그 이상이다!

형태주의 심리학은 '전체는 부분의 합이다'라는 명제에 동의하지 않는다. 수소와 산소가 결합하여 물이 되지만 물은 수소, 산소라는 부분의 합 외에 다른 특성을 갖고 있다는 것이다. 두 전구가 번갈아 불빛을 내는 상황에서 인간은 마치 한 전구의 불빛이 움직이는 것으로 지각하게 되는데 인간은 이처럼 지각의 전체성을 갖는다고 보았다.

② '지각'의 주관성

독일의 심리학자인 막스 베르트하이머(Marx Wertheimer, 1880~1943), 쿠르트 레빈(Kurt Lewin, 1894~ 1947), 쿠르트 코프카(Kurt Koffka, 1886~1941)는 실제 현상과 인간의 시각적인 지각 사이에는 차이가 있음을 증명하는 실험을 했다. 그들은 인간이 객관적인 물리적 자극을 자신의 인지구조, 사고, 기억, 심리적 상황을 바탕으로 해석하는 주관적인 현상이 바로 '지각'이라고 보았다.

Wolfgang Köhler
(1887~1967)

볼프강 쾰러(Wolfgang Köhler, 1887~1967)는 이와 같은 개인의 주관적 활동을 조직화, 통찰로 설명하는 통찰 이론(insight theory)을 제시하였다. 즉, 학습이란 문제해결 과정에서 여러 요소들 간의 관계를 인식하고 조직화하는 과정을 통찰하는 것이라고 설명하였다. 통찰 이론에서 학습은 학습 장면, 주어진 상황에서 전체를 구성하는 요소들 간의 관계를 파악하는 '통찰' 활동이라고 하였으며, 이러한 통찰은 점진적이지 않으며 순간에 일어난다는 것이다.

2) 정보처리 이론

정보처리 이론(information processing)은 인간이 외부에서 정보를 획득하여 저장하는 과정을 학습으로 보고 외부의 환경으로부터 지각한 정보를 어떻게 기억하는가에 중점을 두고 연구하였다. 학습자 내부에서 학습이 어떤 과정을 거쳐 발생하는가를 설명하는 데 그 초점을 맞추고 있다. 외부의 자극을 능동적으로 지각, 저장, 활용하는 인간의 내적 정신 과정을 학습이라고 설명하였다.

정보처리 이론에 따르면 개인의 정보처리 과정은 외부 환경의 다양한 자극과 정보를 감각등록기를 통해 등록하였다가 단기기억(작동기억), 장기기억의 단계로 저장하게 된다.

감각등록기(sensory register)는 외부의 새로운 환경, 정보가 시각, 청각, 미각, 후각, 촉각 등의 감각기관을 통해 최초로 저장하는 곳이다. 감각등록기를 통해 유입된 정보는 1~2초 정도의 아주 짧은 시간 동안 기억된다. 감각등록기에 등록된 수많은 정보는 모두 저장, 기억될 수 없으므로 '주의(attention)'의 과정을 거쳐 선택적 지각을 하게 된다. 반면에 개인이 주의하지 못한 대부분의 정보들은 손실된다. 시각, 청각, 후각, 촉각 등 감각기관을 통해 들어온 많은 정보 가운데 선택적으로 지각한 정보만 학습할 수 있다.

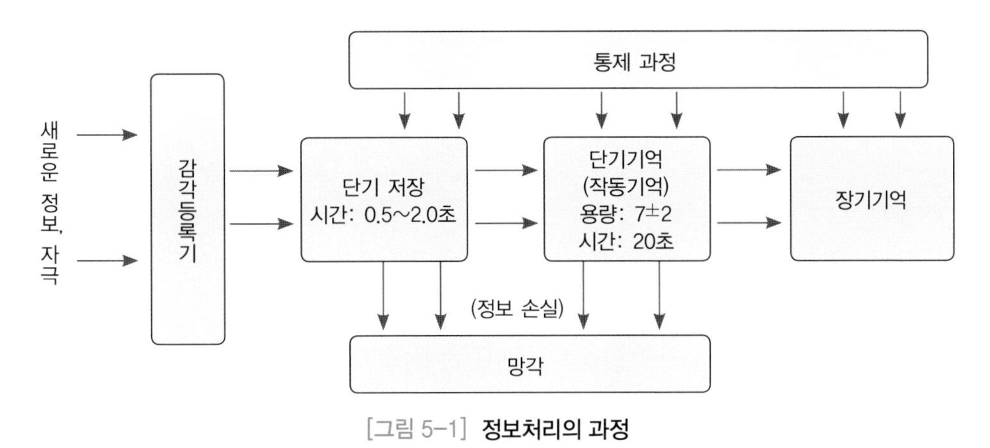

[그림 5-1] **정보처리의 과정**

출처: 변영계, 2005.

감각등록기에서 선택적으로 지각된 정보는 단기기억(short term memory)으로 옮겨 간다. 단기기억은 작동기억(working memory)이라고도 하며 성인의 경우 5~9개 정도의 정보가 20초 내외의 짧은 시간 동안 저장될 수 있는 기억의 공간으로 제한된 정보를 저장하는 기억 체계이다. 이러한 정보가 소멸되지 않고 장기기억으로 옮겨가기 위해서는 정보와 자극에 대한 반복 연습인 시연(rehearsal)과 부호화 과정이 필요하다. 부호화(encoding)란 정보나 자극을 쉽게 회상할 수 있는 형태로 변형시키거나 바꾸는 것을 의미한다. 자극의 시연과 부호화는 정보를 장기기억에 보존하기 위해 필요하다. 자극을 부호화하는 방법에는 위계나 기억술을 이용하여 정보를 조직화하는 방법과 기존의 정보를 이미 알고 있는 정보와 관련시킴으로써 정보를 변형하여 기억하는 정교화 방법이 있다.

단기기억의 정보들은 부호화 과정을 거쳐 장기기억(long term memory)으로 옮겨 간다. 장기기억은 무제한의 정보를 영구적으로 저장할 수 있는 공간으로 여겨진다. 정보처리 이론가들은 장기기억 속의 정보는 망각(forgetting)되지 않으며 망각은 정보가 손실되어 발생하는 것이 아니라 인출하지 못해서 발생한다고 본다. 장기기억은 일상기억(episodic memory), 절차기억(procedural memory), 의미기억(semantic memory)으로 구분된다. 일상기억이란 경험에 의해 심상을 기억하는 것이다. 즉, 개인의 경험을 이미지로 부호화하여 저장하게 된다. 학교 다닐 때의 동아리 활동, 늦잠을 자서 시험시간에 늦어 시험을 망친 일 등이 일상기억에 속하는데 이러한 일상기억은 경험이 매일 반복되거나 의미 있는 경우가 아닐 때는 인출에 실패하는 경우가 많아진다. 매년 생일 선물이나 식사 메뉴를 기억하기 어려운 것 등이 여기에 속하는데 이것은 최근에 발생한 정보로 인해 인출에 방해를 받기 때문이다. 절차기억은 운동, 기계의 작동과 같이 신체적 활동에 관한 것으로 어떤 것을 하는 방법에 관련된 기억이다. 의미기억은 사실, 개념, 규칙 등 학습과 경험을 통해 습득한 일반화의 내용을 저장하며 문제해결, 전략과 사고 등을 포함한다. 학교에서 학습을 통해 습득하는 대부분의 내용들은 의미기억을 통해 저장되는 것이다. 이때 의미기억 안에 저장되는 정보들은 서로 관련을 맺으면서 개인의 스키마를 형성하게 된다.

3) 브루너의 발견학습

Jerome S. Bruner
(1915~2016)

제롬 브루너(Jerome S. Bruner, 1915~2016)는 학습자의 사고의 발달과 그 과정에서 지식을 표상하는 방식을 강조하였다. 인지발달의 결과를 사고의 발달로 보았으며 지식, 정보의 구조를 파악함으로써 학습이 이루어진다고 보고 이를 발견학습(discovery learning)이라고 하였다. 발견학습은 지식의 구조를 발견할 때까지 학습자의 능동적 참여를 통해 학습하게 하고 그 과정에서 발생하는 사고의 발달, 탐구의 과정을 중요시한다.

교사는 학습자가 지식, 학습주제의 구조를 발견할 수 있도록 관련된 사례, 자료, 개념 등을 제시해 주고 질문 등을 통해 탐구 과정을 안내하는 역할을 하게 된다. 브루너가 강조한 지식의 구조(structure of knowledge)는 학습내용의 근간이 되는 개념, 원리 등을 의미한다. 어떤 학습과제이든 지식의 구조를 갖고 있고, 이것을 발견할 수 있도록 하는 것이 발견학습의 핵심이며 효과적 학습방법이라고 보았다. 교사는 가르치고자 하는 지식이나 정보의 예시를 제시함으로써 개념이나 원리의 발견을 촉진시키고, 각 개념 간의 관계를 이해하거나 직관적인 사고를 촉진할 수 있는 질문을 활용하는 것이 중요하다고 보았다.

4) 오수벨의 유의미 수용학습

데이비드 오수벨(David P. Ausubel, 1918~2008)은 브루너와 함께 인지심리학적 배경을 가지면서도 브루너의 발견학습과 대비되는 수용학습을 주장하였다. 오수벨이 주장한 유의미 수용학습(meaningful reception learning) 이론에서는 학습이 학습자가 자신이 갖고 있는 기존의 인지구조에 새로운 지식과 정보를 연결시킬 때 일어난다고 보았다. 이때에 학습자의 기존 인지구조는 학습자가 보유한 지식, 경험의 산물로 새로운 지식을 습득할 때 유의미성을 부여하고 학습을 촉진하는 포섭(subsumption)의 역할을 하게 된다.

David P. Ausubel
(1918~2008)

이처럼 포섭자는 학습에 영향을 주며 위계적 관계를 갖는다. 포섭의 과정에서 새로운 정보가 기존의 인지구조에 어떻게 포섭되는가에 따라 종속적 포섭, 상위적 포섭, 병립적 포섭으로 구분된다. 종속적 포섭(subordinate subsumption)이란 새롭게 추가되는 정보나 지식이 기존의 지식이나 정보의 하위에 추가되는 경우를 말하며, 기존 지식의 상위에 추가되는 경우 상위적 포섭(superordinate subsumption), 같은 수준으로 추가되는 경우 병립적 포섭(combinatorial subsumption)이라고 한다. 이와 같이 포섭자의 역할을 통해 학습의 과정을 설명하는 것을 포섭 이론(subsumption theory)이라고 한다.

오수벨의 유의미 수용학습은 설명식 수업 원리로 교수·학습 과정에 적용될 수 있다. 오수벨은 발견학습도 중요하지만 이론, 기존의 지식 체계 등의 학습에 있어서 설명식 수업이 효율적이고 일차적인 전달 방법이 될 수 있음을 강조하였다. 포섭자의 개념에서 유의미 학습을 촉진시킬 수 있는 선행조직자(advanced organizer)의 개

〈표 5-2〉 **발견학습과 유의미 수용학습의 개요**

구분	브루너의 발견학습	오수벨의 유의미 수용학습 ⇒ 설명식 수업
핵심 개념	지식의 구조	기존의 인지구조, 포섭
학습에 대한 관점	지식의 구조를 발견하는 것	새로운 정보가 기존의 인지구조에 포섭되는 과정

념을 유추할 수 있다. 오수벨은 유의미 학습을 촉진시키는 방법으로서 선행조직자라는 개념을 제안하였다. 선행조직자란 학습내용과 관련된 포괄적이면서 일반적인 도입내용으로서 기존의 지식과 관련된 것이다. 즉, 선행조직자는 학습자의 선수학습 지식과 관련되어 있으며 새롭게 학습하게 되는 내용과 기존 지식을 연결시켜 주는 역할을 하며 유의미 학습을 촉진한다. 선행조직자는 짧은 진술문이나 관련 시각자료나 실제 사례, 비유를 통해서도 제시될 수 있다.

3. 구성주의 학습 이론

구성주의 학습 이론은 지식의 획득 과정을 전통적인 교수·학습 이론(행동주의와 인지주의)과는 다른 관점에서 파악하고 있다. 구성주의에서는 학습을 절대적으로 존재하는 지식을 발견하거나 수용하는 것이 아니라 경험을 통해 자신의 관점에 따라 조직하고 재구성하는 창조의 과정으로 파악하고 있다(Duffy & Jonassen, 1991).

조나센(Jonassen, 1999)은 학습자가 외부 환경과 기존의 지식을 경험하고, 이미 알고 있는 것(기존의 인지구조)에 기초하여 개인의 경험을 해석, 추론하여 자신의 내면세계에 새로운 지식 체계를 재구성하는 과정을 통해 학습이 이루어진다고 하였다. 지식이란 존재하는 객관적인 진리가 아니며, 학습자 개개인이 경험과 탐구활동을 통해 지식을 구성해 가는 과정이 학습이라는 것이다. 즉, 지식은 학습자에게 전달될 수 있는 것이 아니라 학습자 스스로 구성해 나간다는 것이다(Merrill, 1991). 이러한 구성주의적 기본 가정에 따르면 학습자 스스로가 경험을 통해 지식을 재구성할 수 있는 학습환경을 조성해 주는 것이 중요하다.

이러한 학습환경의 조성을 위하여 몇 가지 특징적인 교수 · 학습 원리를 생각해 볼 수 있다. 먼저, 실제적(Authentic) 과제의 제시이다. 구성주의에서 지식은 객관적으로 존재하는 것이 아니라 맥락(Context)과 상황(Situation)에 따라 달라질 수 있으므로 학습자들이 사회에서 실제로 대면할 수 있는 과제들을 다루는 실제적 과제의 제공이 중요하다. 이를 통해 학습자들은 능동적으로 학습의 과정에 참여하고 지식과 경험의 재구성을 통해 새로운 지식을 창출하는 의미 있는 활동을 경험하게 된다. 둘째, 구성주의에서 학습의 주체는 학습자이며, 교사는 학습을 돕는 조언자로서의 역할을 하게 된다는 것이다. 교사는 지식의 재구성 과정을 도와주는 동료 학습자 또는 조력자이며 학습의 원천은 학습자의 능동적 참여이다. 마지막으로, 구성주의는 협동학습(collaborative learning)을 지향한다. 학습의 과정은 개인의 인지적인 작용은 물론이고 개인이 속해 있는 사회, 문화적 요인들의 영향력, 상호작용까지 포함한다는 것이다.

이처럼 구성주의 이론들은 지식을 구성하는 과정에서 개인의 인지적 작용에 중점을 두는가, 아니면 개인이 속한 사회, 문화, 역사적 상황에 중점을 두느냐에 따라 인지적 구성주의와 사회적 구성주의로 구분된다. 인지적 구성주의는 피아제의 주요 개념에서 그 근원을 찾고 있으며, 사회적 구성주의는 비고츠키 이론이 대표적이다.

1) 피아제의 인지발달 이론

인지발달(cognitive development)은 개인이 지적 능력을 습득해 가는 과정을 의미한다. 장 피아제(Jean Piaget, 1896~1980)는 인지발달에 대한 연구를 지속적으로 추진해 오면서 발생학적 인식론(genetic epistemology)이라는 학문 영역으로 발전시켰다. 피아제는 개인의 인지가 환경과의 끊임없는 상호작용을 통해 발달한다고 하였다. 즉, 스키마라고 하는 인지구조를 환

Jean Piaget
(1896~1980)

경과의 상호작용을 통해 끊임없이 재구성함으로써 환경에 적응해 가는데 이 과정을 학습이라고 하였다. 스키마란 우리의 머릿속에 저장된 외부 세계에 대한 정신적 표상으로 개인의 경험, 신념, 가치, 사회문화적 역사, 또는 기존의 인식들로 구성된 인지구조의 한 단위라고 할 수 있다. 개인의 기존 지식, 경험, 개인이 속한 사회문화적 가치까지 종합한 기존 인지구조인 스키마는 새로운 환경과 정보에 대해 동화, 조절, 평형화의 적응 과정을 거쳐 변화, 확정되고 정교화된다(Piaget & Inhelder, 1969).

Piaget의 인지발달 이론에서 주요 개념들

- **스키마**(schema, 도식): 개인의 머릿속에 저장된 외부 세계에 대한 정신적 표상, 지식, 또는 행동 유형. 예를 들어, 공에 대한 '운동감각적 스키마'는 공이 말랑말랑하고 둥글다는 것, 공을 던지려면 팔을 휘둘러야 한다는 것이며, 공에 대한 '상징 스키마'는 한글로 '공' 또는 영어로 'ball'이다. '유목화 스키마'는 꽃이 개나리와 진달래보다 상위 개념임을 이해하는 것을 말한다.
- **동화**(assimilation): 개인이 이미 갖고 있는 스키마에 새로운 환경 자극을 받아들이는 인지 과정. 즉, 새로운 정보를 기존의 행동이나 지식 체계, 인지구조에 통합시킴으로써 적응하는 것이다. 예를 들어, 아동이 '네발로 다니는 동물은 강아지이다'라는 스키마를 갖고 있는 경우 공원에서 고양이를 보고 "강아지!"라고 외치는 것이다.
- **조절**(accommodation): 기존의 스키마가 새로운 정보를 받아들이는 데 적합하지 않을 때, 새로운 정보에 적합하도록 기존의 스키마를 변화시키는 인지 과정을 말한다. 고양이를 보고 '강아지'라고 부르는 아동에게 고양이와 강아지의 차이점을 설명해 주고, 아동이 네발로 다닌다고 모두 강아지는 아니며 울음소리, 생김새에 따라 달라질 수 있다고 기존의 스키마를 수정한다면 이것이 조절의 과정이 된다.
- **평형화**(equilibration): 동화와 조절을 통해 인지 과정은 균형을 이룬 평형화 상태에 도달한다. 아동은 끊임없이 새로운 환경과 자극에 노출되고 인지적 갈등, 불평형의 상태에 놓인다. 이때 동화와 조절의 인지활동을 통해 불평형 상태를 줄이고 평형 상태를 이루게 된다. 이러한 과정을 거쳐 개인의 인지발달이 이루어진다.

피아제는 아동의 인지발달은 감각운동기, 전조작기, 구체적 조작기, 형식적 조작기의 4단계를 거친다고 보았다. 이러한 피아제의 인지발달 단계는 다음의 세 가지 전제 조건을 갖는다. 첫째, 감각운동기, 전조작기, 구체적 조작기, 형식적 조작기의 각 단계들은 독립적이며 질적으로 다르다는 것이다. 즉, 개인은 불변적인 네 가지 발달 단계를 거치게 된다. 둘째, 각 발단 단계의 순서는 모든 아동이 동일하며, 이전의 발달 단계를 완성해야 다음 단계로의 발달이 이루어진다는 것이다. 즉, 개인은 전조작기의 발달을 완성해야 구체적 조작기로 넘어갈 수 있으며, 발달 단계를 뛰어넘을 수는 없다. 셋째, 각 단계별 발달의 완성에는 개인차가 존재한다. 각 발달 단계에 도달하는 나이는 아동의 경험, 문화, 성숙도에 따라 다를 수 있다.

〈표 5-3〉 **피아제의 인지발달 단계**

구분	주요 특징
감각운동기 (sensorimotor period): 출생~18개월	감각운동 능력에 대한 스키마가 발달하고 반사행동에서 목적을 가진 행동으로 발전한다. 대상영속성을 습득하게 된다. • 대상영속성(object permanence): 대상이 시야에서 사라지더라도 계속 존재한다는 것을 인식하는 능력으로, 예를 들어 영아가 갑자기 시야에서 사라진 물건을 찾는 행동은 대상영속성을 습득했음을 의미한다.
전조작기 (preoperational period): 18개월~7세	언어, 상징과 같은 표상적 사고 능력이 발달하게 되고 직관적 사고와 중심화, 자아 중심성의 특징을 나타낸다. • 표상적 사고(representational thought): 언어나 상징에 의해 어떤 것을 떠올리고 머릿속에 그릴 수 있는 정신 능력 • 직관적 사고(intuitive thinking): 겉으로 드러난 모습, 특성을 직관적으로 파악하여 겉모습이 곧 실재라고 생각하는 것(예: 강아지 가면을 쓴 아빠를 강아지로 생각함) • 중심화(centration): 사물의 한 가지 차원에만 초점을 두고 다른 중요한 특성은 간과하는 경향성 • 자아 중심성(egocentrism): 타인의 생각, 감정 등이 자신과 동일하다고 믿고 타인의 관점을 이해하지 못하는 경향(예: 자신이 좋아하는 장난감을 친구도 좋아할 것이라고 생각하고 선물하는 행동)

구체적 조작기 (concrete operational period): 7~12세	이 시기에 아동의 인지 능력은 이전 단계와는 다르게 급격하게 변화하며 체계적이고 논리적인 사고를 하게 된다. 수, 질량, 길이, 면적, 무게 등에서 보존(conservation)의 개념을 습득하게 되며, 타인의 관점과 자신의 생각이 다를 수 있음을 이해하게 되는 탈중심화가 나타난다. 또한 유목화, 서열화 등의 인지 개념을 습득한다. • 보존(conservation): 물질의 모양이나 위치가 변해도 그 속성(수, 양, 길이, 면적, 무게, 부피 등)은 동일하다는 개념 • 유목화(class-inclusion): 부분과 전체, 상위와 하위의 개념, 위계적 관계를 이해하는 것, 즉 진달래와 개나리가 꽃의 종류임을 이해하고 분류할 수 있는 것 • 서열화(seriation): 크기나 무게와 같은 하나의 기준에 따라 대상들을 순서대로 배열할 수 있는 능력
형식적 조작기 (formal operational period): 12세 이후	논리적으로 추상적인 문제해결력이 가능하고 가설 연역적 추리, 조합적 추리가 가능해진다. • 추상적 사고(abstract thinking): 눈에 보이지 않는 추상적 개념뿐 아니라 추상적 관련성을 이해하는 것 • 가설 연역적 추리(hypothetico-deductive reasoning): 현상에 대해 연역적이면서 체계적으로 가설을 세우고 자료 수집을 통해 검증하여 문제해결에 도달하는 전략 • 조합적 추리(combinational reasoning): 문제해결을 위한 요인들을 골라내어 체계적으로 구성하는 전략

Lev S. Vygotsky
(1896~1934)

2) 비고츠키의 사회문화적 발달 이론

레프 비고츠키(Lev S. Vygotsky, 1896~1934)는 아동의 인지발달이 사회문화와의 상호작용, 역사적 맥락에 의해 영향을 받는다고 보았다. 인지발달에서 생물학적 기원을 중요시하고 아동의 내부에 있는 힘(동화, 조절, 평형화)을 주요 요인으로 설명하는 피아제의 이론과 달리, 비고츠키는 아동이 속해 있는 환경, 문화적 요소, 생물체 간의 상호작용을 통해 인지발달이 이루어진다고 보았다(Agbenyega, 2009). 여기에서 '문화적 요소'는 언어, 사회에서 축적되고 전수된 가치, 신념, 역사적 축적물을 포함한다. 이러한 비고츠키의 인지발달에 대한 관점은 아동이 양육되고 있는 사회의 가치, 역사, 신념과 그 속에서의 아동의 경험과 해석이 아동의 인지를 형성하는 기본 요소가 된다는 것으로 해석될 수 있으며, 이를 사회문화적 발달 이론 또는 문화역사적 발달 이론이라고 부른다.

근접발달영역과 스캐폴딩

근접발달영역(zone of proximal development: ZPD)과 스캐폴딩[1]의 개념은 아동의 인지발달에 대한 이해와 함께 유아교육에 많은 시사점을 준다. 비고츠키는 아동의 발달수준을 실제적 발달수준(actual development)과 잠재적 발달수준(potential development)으로 구분하였다. 실제적 발달수준은 아동이 주위의 도움 없이 스스로 문제를 해결할 수 있는 수준을 의미하여, 잠재적 발달수준이란 도움을 받아서 문제를 해결할 수 있는 것 이상의 더 높은 수준을 의미한다.

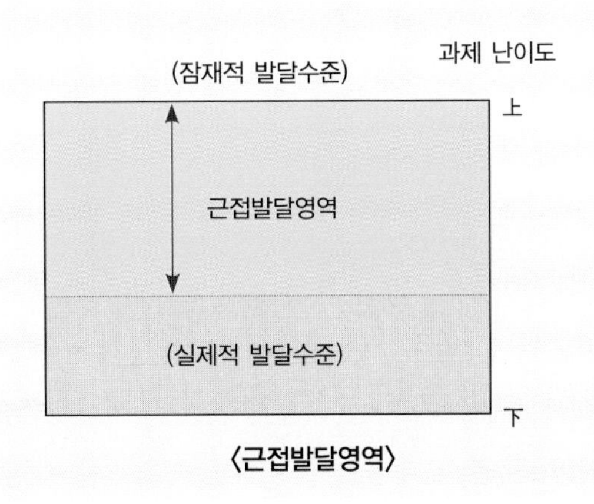

〈근접발달영역〉

1) 스캐폴딩(scaffolding, 飛階)
① 건설, 건축 현장에 쓰이는 가설 발판이나 시설물 유지 관리를 위해 사람이나 장비, 자재들을 올려 작업할 수 있도록 임시로 설치한 가시설물
② 구성주의 교육에서 학습자의 지식 구성을 돕기 위해 제공하는 교수학습적 지원

> 근접발달영역이란 실제적 발달수준과 잠재적 발달수준의 차이로 스스로 문제를 해결할 수는 없지만 또래나 교사 등의 도움을 받아 문제를 해결할 수 있는 영역을 의미한다. 비고츠키는 동일한 발달수준에서도 근접발달영역은 개인차가 있을 수 있다고 보았으며, 이러한 근접발달영역에서 동료 또는 교사의 도움과 중재를 스캐폴딩이라고 명명하였다(Wood, Bruner, & Ross, 1976). 근접발달영역 내에서 스캐폴딩이 이루어져야 인지구조의 변화, 인지발달이 앞당겨진다고 보았다. 뜀틀, 매트 등 체육수업에서 시범을 보인다거나, 아동들이 개념을 잘 이해할 수 있도록 사물 간의 공통점과 차이점에 대해 질문하고 답을 유도한다거나, 역사, 사회, 과학 등의 수업에서 빠른 암기를 위해 첫 글자를 딴 암기 방법의 제시, 연도와 역사적 사건 간의 기억법을 제시하는 행동 등도 교수 · 학습 과정에서의 스캐폴딩의 예라고 할 수 있다.

아동의 인지발달은 언어와 사회적 상호작용을 통해 이루어진다 비고츠키는 유아의 인지발달, 즉 사고발달은 언어를 통한 사회적 상호작용을 통해 촉진됨을 강조하고 있다. 언어를 현재의 생물학적 인지발달수준을 보여 주는 과정 정도로 파악하고 사고의 발달이 언어발달에 우선한다고 보았던 Piaget와는 달리, 비고츠키는 아동의 인지발달 과정에서 언어가 중요한 역할을 하며 필수적이라고 보았다. 스캐폴딩을 포함하여 사회적 상호작용의 대부분이 언어를 통해 이루어지기 때문이다. 스캐폴딩 과정에서 교사는 초기에는 아동의 현재 발달수준을 고려하여 학습의 양을 조절하고 도움을 적극적으로 제공하나 점차적으로 지원을 줄임으로써 스스로 문제를 해결할 수 있도록 해야 한다. 이러한 과정에서 아동이 스스로 문제를 해결하는 데 도움을 주는 활동이 혼잣말(private speech)하기이다.

아동들을 관찰하다 보면 놀이 과정이나 문제를 해결하는 과정에서 동료나 교사 등 대화 상대가 아닌 자기 자신에게 말하는 것을 종종 볼 수 있다. 레고 조립 과정에서 원하는 로봇을 조립하기 위해 '로봇의 팔을 어떻게 만들지?', '네모난 레고 블록을 들고 이게 좋겠다'라고 자신에게 말하면서 만들기를 계속해 나가는 모습은 흔하게 관찰이 가능한 장면이다. 이러한 혼잣말은 유아기에 나타나는 정상적이고도 흔한 현상으로 만 4세에서 10세의 아동 중 20~50%에서 나타난다(Berk, 1986, 조형숙 외, 2013에서 재인용). 아동은 다른 사람의 도움 없이 스스로 문제를 해결하고자 할 때, 혼잣말을 함으로써 스스로에게 지시하고 적절성을 확인하게 된다. 이와 같은 혼잣말은 과제의 난이도가 높고 복잡할수록, 즉 스스로 해결하기 어려운 과제일수록 활용성이 높아지는데 이때에는 혼잣말뿐만 아니라 사회적 언어를 통해 동료 또는 교사에게 도움을 구함으로써 문제를 해결하고자 노력한다. 여러 연구에 따르면 혼잣말, 사회적 언어를 활용한 아동이 그렇지 않은 아동에 비하여 복잡한 과제를 더 효과적으로 학습하는 것으로 나타났다(Emerson & Miyake, 2003).

피아제 이론과 비고츠키 이론의 교육 현장에서의 적용

① 피아제 이론의 수업 적용

개인이 인지구조를 변화시키고 발달해 가는 단계에 대한 피아제의 이론은 유아교육에서 여러 가지 시사점을 제공한다. 첫째, 아동의 사고 과정은 성인과 다르며 아동의 인지발달수준을 고려한 수업설계가 되어야 한다. 아동이 사물을 바라보고 문제를 인식하는 사고의 틀은 성인과 동일하지 않다. 그러나 아동들만의 고유한 방식으로 지각한다. 따라서 교사는 아동의 인지발달 단계를 이해하고 아동의 입장에서 사물을 바라보고 사고하는 '지적 공감(intellectual empathy)'의 노력이 필요하다. 연령대별 인지발달 단계를 고려한 교수 · 학습 과정의 계획이 필요하며, 감각운동기에는 감각운동적 스키마를 자극할 수 있도록 많이 보고, 직접 만지고, 입으로 빨아 보는 등의 활동이 중요하다. 전조작기에는 언어, 상징과 관련된 스키마를 확장시킬 수 있도록 하는 언어교육, 상징을 활용한 놀이 등이 유효할 수 있다. 구체적 조작기에는 아동의 경험과는 상이한 추상적 아이디어나 개념 학습에 어려움이 있으며, 구체적 사례와 직접 경험 등에 의한 학습이 효과적이다.

둘째, 아동의 사고 과정에서 인지구조의 불평형 상태를 야기시키는 수업 전략의 활용이 필요하다. 아동은 기존의 인지구조, 즉 스키마와는 다른 새로운 자극과 정보를 습득하였을 때 조절, 평형화의 과정을 거쳐 자신의 스키마를 변화시키고 궁극적으로 인지발달을 이루게 된다. 따라서 아동이 새로운 발달 단계로 나아가도록 하기 위해 새로운 정보와 지식을 적절하게 제시함으로써 동화, 조절, 평형화의 인지활동을 활발하게 할 수 있도록 지원할 필요가 있다.

② 비고츠키 이론의 수업 적용

혼자 말하기 등의 언어활동과 또래 집단과의 협동학습을 중요시하는 비고츠키의 이론은 유아교육을 위한 수업설계에 여러 시사점을 제공한다. 첫째, 아동의 근접발달영역을 고려한 수업설계가 필요하다. 교사는 아동의 실제 발달영역을 확인하고 이보다는 약간 더 어려운 과제를 제시함으로써 아동에게 적절한 도움을 제공하고 과제의 완성을 지원하여 인지발달을 촉진시킬 필요가 있다. 이때 교사는 과제 완수를 위해 필요로 하는 다양한 지원을 제공함으로써 스캐폴딩을 활용해야 한다. 감각운동 스키마에 대해서는 적절한 시범을 보인다거나 수학 문제 풀이에 있어서 중간 풀이 과정에서 적절한 힌트를 제공하는 등의 활동이 그것이다. 또한 그 과정에서 아동이 자신의 생각과 사고의 과정을 소리 내어 말할 수 있도록 함으로써 문제해결을 위해 혼잣말의 활용을 도와주어야 한다.

둘째, 학습자의 인지발달 촉진을 위해 동료, 또래 집단과의 협동학습을 활용한다. 비고츠키는 아동과 교사는 물론이고 아동과 아동 간의 언어를 통한 사회적 상호작용을 통해 인지발달이 촉진된다고 보았다. 근접발달영역 안에서 서로 다른 인지구조와 발달수준을 갖은 아동이 협동학습을 통해 문제를 해결한다면 교사는 물론 동료와의 스캐폴딩과 언어를 통한 사회적 상호작용을 통해 인지발달을 촉진할 수 있다.

주요 용어

행동주의, 인지주의, 구성주의, 조건 자극(중성 자극)과 후속 자극, 관찰학습과 모방학습(대리학습), 자기효능감, 정보의 저장을 위한 시연, 부호화, 지식의 구조, 선행조직자, 인지발달 단계와 스키마, 동화, 조절, 평형화, 근접발달영역과 스캐폴딩

생각해 볼 문제

1. 유아교육에서 조작적 조건형성 이론의 후속 자극을 어떻게 활용할 것인가?
2. 유아교육에서 관찰학습, 대리학습의 원리를 어떻게 적용할 것인가?
3. 유아교육에서 학습자의 자기효능감을 높이기 위한 방안은 무엇인가?
4. 유아교육에서 인지발달 단계(감각운동기, 전조작기, 구체적 조작기, 형식적 조작기)별로 적합한 교수 · 학습전략은 무엇인가?
5. 유아교사로서 학습자의 인지발달 단계를 고려한 지적 공감을 활용하고 있는가?
6. 유아교육 현장에서 학습자의 실제적 발달수준과 근접발달영역을 고려하여 학습과제를 부여하고 있는가?
7. 학습과제의 완성을 위해 교사로서 스캐폴딩을 적절히 활용하고 있는가?

교수설계 이론 및 모형

학습목표

- 교수설계의 개념 및 주요 원리를 설명할 수 있다.
- 체제적 교수설계의 특징과 장점을 설명할 수 있다.
- Gagné, Reigeluth, Keller의 교수설계 이론의 특징을 설명할 수 있다.
- 교수설계 모형이 갖는 공통적 특징을 설명할 수 있다.
- 교수설계 이론 및 모형의 발전 동향 및 특징을 설명할 수 있다.

1. 교수설계의 개념 및 원리

1) 교수설계의 개념

교수설계(Instructional Design)는 수업의 효과를 증진시킬 수 있도록 최적의 교수방법을 처방해 주는 조직적이고 체계적인 절차이며(Reigeluth, 1983; 1999), 교사, 학생, 자료 및 학습환경 등 다양한 구성 요소 간의 상호작용을 통하여 학습자가 의도한 목표를 최대한 성취할 수 있도록 수업의 전 과정을 투입-과정-산출의 순환적 과정으로 구성하는 체제 접근 방법이다(Dick, Carey, & Carey, 2001).

수업을 설계한다는 것은 수업의 목적과 목표를 설정하고 수업을 통하여 전달되어야 할 과제의 내용과 그 수업에 참여할 학습자와 교사들에 대해 분석하고, 최적의 교수매체와 수업 과정을 고안하여 어떤 방법을 통하여 수업의 효과를 확인할 것인가를 탐색하는 전문적인 활동을 포함한다. 따라서 교수설계는 학습자가 수업 목표를 성취할 수 있도록 수업 관련 변인과 요소를 체계적으로 조직하여 운영하고 적절한 교수방법을 처방하기 위한 전반적인 수업계획을 수립함으로써 수업의 효과성, 효율성, 매력성, 관련성, 일관성을 높일 수 있기 때문에 학교교육뿐 아니라 기업교육, 평생교육, 원격교육, 성인교육 등 다양한 분야의 교육 현장에 적용되고 있다.

교수설계라는 용어는 매우 포괄적인 의미를 갖고 있으며 광의와 협의로 정의될 수 있다. 광의의 교수설계는 교육과 훈련 프로그램의 설계 및 전체적인 과정, 즉 분석–설계–개발–실행–평가로 이루어지는 체제적인 교수설계 과정 전체를 의미하며 달리 교수개발(Instructional Development: ID) 또는 교수 체제 개발(Instructional Systems Development: ISD)이라는 용어를 사용하기도 한다. 협의의 교수설계는 교수 프로그램 개발 또는 교수자료 개발 절차 중 하위 단계인 '설계'에 초점을 맞춘다. 이는 단위 수업의 교수 · 학습안을 개발하는 것과 같은 의미라 할 수 있다.

어떤 영역에서든지 설계(design)의 목적은 바람직한 결과를 달성하기 위하여 적절한 수단을 강구하는 것을 의미한다. 따라서 교수설계는 학습자의 지식과 스킬, 태도에 바람직한 변화를 가져 오기 위한 최적의 교수방법을 탐색하고 처방하는 것에 우선적인 관심을 두는 지식 체계이며, 이러한 활동은 학습자에게 바람직한 학습 경험을 제공할 뿐만 아니라 교수와 관련된 체계적 · 과학적 지식을 생성함으로써 실제 교수과정 개선에 기여하는 학문 영역이라 할 수 있다.

2) 교수설계의 기본 원리: 체제적 접근

교수설계는 수업 목표를 효과적, 효율적으로 달성할 수 있도록 수업을 처방하는 데 목적이 있다. 이를 위해서는 수업의 요소가 무엇인지를 밝히고 이를 바람직한 방향으로 처방하는 것은 교수설계의 기본 원리라 할 수 있다. 이와 같은 교수설계의 원리는 체제 이론에 기초한다.

체제 이론(systems theory)은 체제(system), 즉 상호 관련된 구성 요소들의 총체적이고 유기체적인 관계를 중심으로 어떤 현상을 파악하는 것을 핵심으로 하며, 자연과학 및 사회과학 분야에서 사실이나 현상을 기술하고 설명 혹은 예측하거나 실제적인 처방을 내리는 데 중대한 기여를 한 이론이다.

요컨대, 체제의 개념은 특정 목표 달성을 위해 상호작용적으로 기능하는 개별적인 요소들의 집합체로써 [그림 6-1]과 같이 인과관계를 형성하는 투입(input), 과정(process), 산출(output), 송환(feedback)이라는 공통 요소로 구성되며 구성 요소 간의 상호작용을 통해 결과를 만들어 낸다(Dick & Carey, 1996).

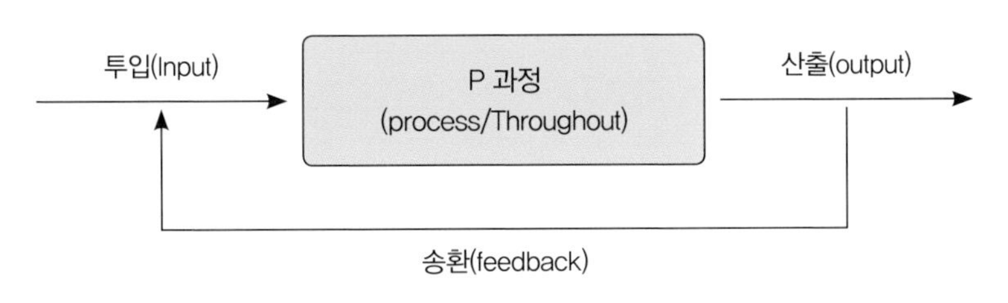

[그림 6-1] **일반 체제의 구성 요소**

한편, 체제적 접근(systems approach)은 체제의 현재 상태와 바람직한 상태 간의 차이를 규명함으로써 체제가 갖고 있는 문제를 정의하고 이를 해결하기 위한 여러 가지 대안을 마련하며 그중에서 최상의 해결책을 선택하여 실행하고 그 효과를 평가하여 수정 · 보완하는 등의 절차를 의미한다.

교수(instruction)에 관한 체제적 접근은 교수와 관련하여 발생하는 문제를 해결하려는 목적하에 교수 체제의 구성 요소라 할 수 있는 학습자의 특성, 교수내용, 교수방법, 실행, 평가 등을 중심으로 이들 간의 역동적인 상호작용을 총체적이고 유기적인 관련 속에서 파악하고자 하는 것, 즉 체제의 관점을 분석 및 설계, 실행, 평가의 절차적 교수개발 과정에 적용하려는 것을 의미한다.

이와 같은 체제 이론에 기반한 교수설계 원리는 다음과 같이 종합될 수 있다(김영수, 1998).

- 수업(체제)은 서로 상호작용하는 일련의 필요한 구성 요소가 통합되어 이루어지며 수업의 구성 요소는 역동적으로 하나의 활동이 다른 요소에 영향을 미친다.
- 체제적 접근에 의한 교수설계는 수업 구성 요소의 상호작용 관계를 분석하는 것을 시사하며, 설계자의 총체적인 노력이 통합될 것을 요구한다.
- 체계적인 교수설계 과정은 순차적이면서 융통성 있는 계열을 따른다.
- 교수설계의 절차는 하나의 연구에 기반을 두고 일관성 있게 진행한다.
- 교수설계는 현장 적용을 통한 경험적인 검증과 이에 기초한 전체 수업 계획의 개선을 요구한다.
- 교수설계는 최종 산물을 다른 대안이나 최소한의 원래 목표와 비교할 것을 요구한다.

이와 같이 교수설계에 있어서 체제적 접근은 문제해결 지향적이며, 총체적인 접근, 맥락 중시, 가치 지향적이라는 특징을 갖는다. 또한 교수설계의 초기부터 명확한 목표진술에 초점을 두기 때문에 후속되는 계획 및 실행 단계를 효과적으로 이끌 수 있고, 교수설계의 각 단계들을 연결시키고 있으므로 목표에 따라 가장 적합하고 효과적인 교수전략 학습조건들을 고안할 수 있으며, 실험적이고 반복적인 절차를 통해 설계 과정에서의 오류를 지속적으로 수정 · 보완함으로써 보다 효과적인 교수 프로그램으로 완성할 수 있다는 이점을 기대할 수 있다.

2. 교수설계 이론

교수설계 이론은 인간의 학습과 발달을 효과적으로 지원하기 위한 명시적 원리와 방법으로 구성된 이론이며 효과적, 효율적, 매력적 수업을 창안하기 위해 주어진 특정 상황에서 어떻게 수업을 진행할 것인가에 대한 처방적이고 체계적인 지식을 제공한다. 교수설계 이론은 듀이(Dewey, 1900)가 학습 이론과 실제 교육 장면의 연계 필요성을 주장한 데서 비롯된다(Reigeluth, 1983). 이후 1960년대 체제 이론의 영향과 프로그램 수업의 이론적 기초를 제공한 스키너(Skinner, 1968)의 행동주의 심리학, 브루너(Bruner, 1960; 1966)의 발견학습 이론, 오수벨(Ausubel, 1963)의 포섭 이론 등의 교수 이론에 기초하여 발달하였다. 또한 1970~1980년대에는 학습자의 정신적 활동인 주의집중, 기억, 회상 등 인지심리학적 지식과 정보처리 이론 등 여타 학문의 경향을 교수설계의 체제적 접근에 통합하여 이론화하려는 움직임이 본격화되었고 현재에 이르고 있다.

라이겔루스(Reigeluth, 1999)에 따르면 어떤 교수 상황이든지 교수설계 이론이 포함해야 할 요소로써 교수 조건, 교수 방법, 그리고 교수 결과를 제시하고 있다([그림 6-2]). 교수 조건(instructional condition)이란 교수가 발생할 수 있는 조건으로 학습 내용의 특성, 학습자 특성(예: 사전지식, 학습전략, 동기 등), 목적(예: 성취하고자 하는 교수목적 및 수준), 제약조건(예: 교수 계획과 개발에 투입할 수 있는 인력, 시간, 비용 등)

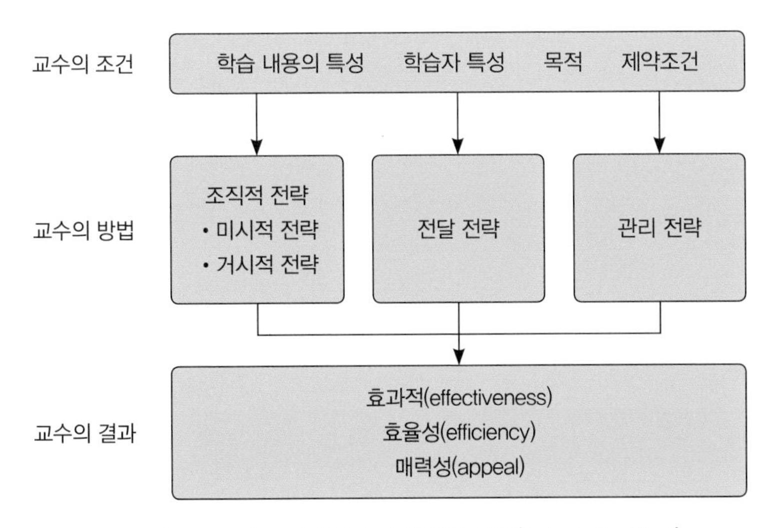

[그림 6-2] **교수설계 요소의 상호 관계(Reigeluth, 1999)**

이 해당하며 이러한 조건들은 기대 결과에 가장 이상적으로 도달할 수 있는 방법을 탐색하는 데 영향을 미친다. 또한 교수방법(instructional methods)은 교수내용을 조직, 전달, 관리하는 구체적인 전략을 의미하며, 교수 결과(instructional outcomes)는 효과성(교수활동의 질, 즉 학습활동에 도달하는 정도), 효율성(투입시간 대비 교수나 교수비용), 매력성(학습자가 학습을 즐기는 정도)으로 구성되며, 좋은 수업은 이들 기대 결과가 상호 균형을 이루도록 고려해야 한다.

한편, 교수설계 이론의 중요한 특징은 다음과 같다(한정선 외, 2008).

- 교수설계 이론은 서술 지향적(description-oriented)이 아니라 설계 지향적(design-oriented)으로 목적 달성의 방법에 대한 직접적인 안내를 제공하기 때문에 교수자에게 직접적으로 유용하다.
- 교수설계 이론은 수업의 방법(method), 즉 학습을 지원하고 촉진하는 방법과 그 방법이 사용되거나 사용되지 말아야 할 상황(situation)을 규정한다. 따라서 교수설계 이론에서의 방법은 보편적이기보다는 상황적이다.
- 수업의 상황에는 수업의 조건(condition)과 수업의 바람직한 결과(designed outcomes)가 포함된다.
- 교수설계 이론에서 수업 방법들은 가능한 한 더 단순한 요소의 방법으로 나뉠 수 있으며, 이를 통해 교수자들에게 수업 운영 및 방법에 대한 더 많은 안내가 제공된다.
- 교수설계 이론을 통해 제시되는 수업 방법들은 결정적(deterministic)이기보다는 개연적(probabilistic)이다. 교수설계 이론의 취지는 바람직한 결과가 일어나는 가장 높은 확률을 달성하는 것이기 때문이다.

교수설계의 일반적 절차(Hannafin & Peck, 1988)

- 최종 목표와 하위 목표들의 명세

- 주요 과제와 하위 과제들의 분석
- 필요한 선수학습 능력의 결정
- 교수설계상의 제약점 확인
- 수업대안의 설정
- 적절한 수업대안의 선택
- 교수내용의 배열의 순서 결정
- 교수개발
- 교수 프로그램의 정확성 검사
- 수업평가
- 수정 · 보완

교수설계 또는 교수 체제 개발은 교육공학에서 가장 핵심적인 연구 영역이자 전문적인 활동으로 인식되고 있으며, 각각의 이론이 등장하는 시기와 연구자의 관점에 따라 그 세부 요소와 내용이 다르게 나타난다. 교수설계를 위한 주요 이론을 살펴보면 다음과 같다.

1) 가네의 교수설계 이론

가네와 브릭스(Gagné & Briggs, 1979)는 교수설계를 '학습자가 어떻게 학습하는지에 기초를 두고 어떻게 학습조건을 충족시킬 것인가에 대한 계획을 수립하는 과정'으로 규정하였다. 또한 교수를 "학습의 여러 내적 단계들을 돕기 위해 설계된 외적인 일련의 사태"라고 정의하고, 학습을 돕기 위해 어떻게 교수내용을 선택할지 그리고 선택된 내용을 어떻게 계열화할 것인지를 거시적 · 미시적 수준에서 설명하는 이론을 제안하였다. 행동주의에서 출발하여 인지주의로 발전하는 주요 학습 이론의 아이디어에 바탕을 둔 가네의 제반 이론은 초기 교수설계 이론의 발달에 큰 공헌을 하였으며, 실제 수업 및 교육 프로그램 개발에 폭넓게 적용되고 있다.

(1) 학습의 범주

가네에 따르면 학습은 단일한 형태로 구성되지 않으며 다섯 가지 유형, 즉 언어 정보(verbal instruction), 지적 기능(intellectual skill), 인지 전략(cognitive strategy), 태도(attitude), 운동 기능(motor skill)으로 구분되며 이것이 학습의 결과, 곧 교수목표가 되어야 한다고 하였다.

언어 정보의 학습은 특정 사실에 대한 지식을 갖추는 것이며, 지적 기능의 학습은 개념의 획득과 적용할 수 있는 능력을 습득하는 것이다. 인지 전략은 학습자의 학습 과정, 사고 과정 및 학습행동을 규제하는 학습자 내부의 고차원적 사고 기능을 의미하며 학습자가 새로운 문제의 해결 방법을 고안하거나 어떤 과제에 주의를 기울이도록 하는 개인적인 체제를 고안하였을 때 학습이 이루어졌다고 할 수 있다. 또한 태도는 특정 대상에 대해 긍정적인 또는 부정적인 성향을 나타내는 것으로 태도의

〈표 6-1〉 학습의 다섯 가지 범주

학습의 유형	능력	수행의 범주
언어 정보	사실, 명칭, 문장 등 저장된 정보의 재생	정보의 진술 및 정보에 대한 의사를 나타냄
지적 기능	학습자에게 환경의 개념화에 반응하도록 하는 정신적 조작	문제를 해결하기 위하여 개념이나 규칙을 활용함. 구체적인 사례를 회상하고, 학습자극에 변별적으로 반응함
인지 전략	학습자의 사고와 학습을 관리하는 실행조정 과정	문제에 관한 해결 방안을 모색: 자신의 사고와 학습 과정을 통제하기 위한 다양한 방법을 활용함
태도	사람, 물건, 사건에 대한 정적, 부적 행동의 성향	상황에 따라 특정한 방식으로 행동할 것을 선택함
운동 기능	일련의 신체적 운동을 수행하기 위한 능력	신체적 운동을 적절한 계열에 따라 실행함

출처: Gagné & Briggs, 1979.

학습은 학습자들이 주어진 상황에서 바람직한 행동을 선택하는 것을 의미한다. 운동 기능은 명세화된 행동을 신체적 기능을 통해 실행하도록 하는 것을 말한다. 이와 같이 학습 유형의 차이는 어떻게 학습이 발생하는가 혹은 어떤 요인으로 인해 학습이 발생하는가를 다르게 설명할 수 있다.

〈표 6-1〉은 학습자의 학습된 능력으로서 다섯 가지 범주와 각 능력에 따라 가능한 수행의 범주를 제시하고 있다.

(2) 학습의 조건

학습의 조건의 중요한 전제는 학습의 유형에 따라 학습이 일어나는 내적 과정 및 이를 촉진하는 교수전략이 다르게 적용되어야 한다는 것이다. 가네는 다섯 가지 범주로 구분한 학습의 유형에 따라 학습의 조건이 다르다고 규정하는 한편 학습의 조건을 내적 조건과 외적 조건으로 구분하였다. 내적 조건(internal condition)은 학습이 일어나기 위한 학습자의 내적 인지 과정 측면에 해당하는 것으로 현행학습에 필수적 또는 보조적으로 요구되는 선수학습 능력의 회상이나 획득을 의미한다. 외적 조건(external condition)은 학습자 외부에서 지원되는 다양한 교수사태를 통해 학습자의 내적 인지 과정을 활성화하고 보조하는 다양한 방법이다. 외적 조건은 학습 유형에 따라 다르게 나타난다. 학습 유형에 따른 필수적 내적 조건과 외적 조건은 〈표 6-2〉와 같다.

〈표 6-2〉 **학습의 유형에 따른 학습의 조건**

학습의 유형		내적 조건	외적 조건
언어 정보	명칭	언어 연쇄를 기억함	명칭을 영상이나 의미 있는 문장에 연결시킴으로써 기호화함
	사실	의미 있는 정보의 맥락을 기억함	보다 큰 정보의 맥락 속에 사실을 귀속시킴
	지식	관련 정보의 맥락을 기억함	새로운 지식을 관련된 정보의 맥락 속에 귀속시킴

지적 기능	변별	자극-반응 결합을 기억함	동일한 자극과 상이한 자극을 제시하는 상황을 반복하며 피드백을 제공함
	구체적 개념	관련된 대상의 특징 분류에 대해 기억함	대상의 관련성 없는 특징을 바꾸어 가면서 개념의 여러 가지 예를 제시하여 개념의 예를 파악하도록 함
	정의된 개념	구성 개념들을 기억함	개념의 구성 요소를 제시하거나 개념의 정의를 언어적으로 나타냄
	원리	구성 개념들 또는 하위 원리들을 기억함	원리를 언어적으로 나타냄. 학습자가 원리를 적용해 보도록 함
	고차적 원리 (문제해결)	관련된 하위 원리를 기억함	새로운 문제 제시 및 문제해결을 위한 원리를 제시함
인지 전략		관련된 원리와 개념들을 기억함	해결 방안이 구체화되지 않은 새로운 문제 상황을 연속적으로 (장기간에 걸쳐) 제시하고, 문제해결의 기회를 제공함
태도		목적된 개인 행동들과 관련 있는 정보와 지적 기능을 기억함	직접 경험 또는 존경하는 인물의 관찰에 의한 간접 경험을 통해 개인적 활동에 보상함
운동 기능		구성적/연쇄적으로 이루어지는 운동 절차를 기억함	실행의 하위 단계(원리)들을 확립하거나 기억함. 운동 기능을 전체적으로 연습함

출처: Gagné & Briggs, 1979; 한정선 외, 2008.

(3) 교수내용의 계열화

가네와 브릭스의 교수설계 이론에서는 무엇을 가르칠 것인가뿐만 아니라 어떤 순서로 가르칠 것인가와 관련하여 수준별 계열화와 철저한 학습 위계(learning hierarchies)를 제시하고 있다. 수업을 계열화할 때 고려해야 할 중요한 사항은 학습자들이 학습에 필요한 선수학습 요소를 숙달하도록 하는 것이다. 선수학습 요소는 필수 선수학습 요소(학습목표를 달성하기 위해 반드시 사전에 학습되어야 하는 하위 기능)와 보조 선수학습 요소(학습 촉진을 지원하는 하위 기능)로 구분되며 교수설계자는 학습과제를 분석하여 필수적, 보조적 선수학습 요소를 확인하는 것이 중요하다.

학습위계는 '지적 기능' 영역 내 하위 범주인 변별, 개념, 원리, 고차적 원리에서만 가능하며 선수학습 요소들과 그들 간의 상호 관계가 위계적으로 도식화될 수 있다. 학습위계는 학습자가 이미 알고 있는 것을 기초로 하여 교수내용을 선택하고 계열화해야 하며, 상위 기능을 학습하기 전에 하위 기능의 습득 여부를 확인하고 이를 교수설계에 반영해야 한다는 시사점을 제공한다.

계열화

계열화(sequencing)란 내용을 유목화하고 제시 순서를 정하는 과정이다. 교수설계 과정에서 계열화는 내용의 선정, 학습할 순서의 결정, 배운 내용의 종합, 요약을 위한 복습과 밀접한 관계를 가지게 되므로 궁극적으로 수업의 효과성, 효율성, 매력성에 영향을 주게 된다.

(4) 교수사태

가네에 따르면 어떻게 학습이 이루어지는지에 대한 정보는 학습자를 어떻게 가르쳐야 하는지 결정하는 기초적인 자료를 제공한다고 한다. 따라서 앳킨슨과 시프린(Atkinson & Shiffrin, 1968)의 정보처리 이론에 기초하여 내적 학습 과정을 유발하기 위한 외적 상황을 〈표 6-3〉과 같이 주의집중에서부터 파지와 전이에 이르는 9가지 수업사태(events of instruction)로 제시하였다(Gagné et al., 2005). 즉, 효과적인 학습을 유발하기 위해서는 학습이 이루어지는 내적 인지 과정을 촉진할 수 있는 일련의 사태들을 수업에 포함해야 한다는 것이다.

가네와 브릭스가 제안한 교수사태는 실제 교수환경에서 단위 수업안을 설계하는 데 매우 구체적이고 유용한 전략을 제공한다. 그러나 모든 수업에 아홉 가지의 단계를 반드시 포함시켜야 하는 것은 아니며 필요에 따라 교수사태 계열의 순서를 바꾸어 활용하는 것도 가능하다.

〈표 6-3〉 내재적 학습 과정에 따른 교수사태 설계 절차

내재적 학습 과정	외재적 교수사태
학습자가 자극을 수용할 수 있도록 민감화	1단계: 학습자의 주의력 획득하기
학습 결과에 대한 기대감 형성	2단계: 학습자에게 목표 제시하기
장기기억 항목들을 활동기억 상태로 인출	3단계: 선수학습 요소의 회상 자극하기
학습 자극들에 대한 선택적 지각	4단계: 자극자료 제시하기
의미 있는 정보의 저장	5단계: 학습안내 제공하기
학습 결과를 나타내기 위한 재생과 반응	6단계: 수행행동 유도하기
학습 결과에 대한 확신을 주기 위한 강화	7단계: 수행행동에 대한 피드백 제공하기
자극에 의한 재생	8단계: 수행을 평가하기
새로운 상황에 행동을 일반화	9단계: 파지 및 전이를 향상시키기

2) 라이겔루스의 교수설계 이론

라이겔루스(Reigeluth, 1983)는 가네 및 메릴의 이론에 기반하여 학습과제 유형 분류, 학습과제 유형별 교수전략 처방, 거시적 수준에서 교수설계에 대한 처방을 제공하는 교수설계 이론을 제안하였다.

(1) 학습과제 유형 분류

라이겔루스의 교수설계 이론에서는 학습과제 유형에 관하여 이전의 이론에서 제시한 것과 달리 인지 영역의 학습과제 유형을 정보의 이해, 관계의 이해, 기능의 적용(개념에 의한 사례의 분류, 원리의 활용, 절차의 활용), 고차적 사고 기능(학습전략, 초인지, 문제해결기능)의 네 가지로 구분하였다. 또한 각 학습과제에 따라 구체적인 교수전략이 다르게 적용된다고 하였다.

(2) 교수전략 체계

라이겔루스는 수업에 필요한 교수전략을 조직 전략, 전달 전략, 관리 전략으로 구분하고 이중 조직 전략은 미시적 수준과 거시적 수준의 전략으로 구분하였다(임철

일, 2012). 교수전략 체계에서 조직 전략은 수업내용을 조직하기 위한 기본적인 방법으로 미시적 수준의 조직 전략은 개념, 원리, 절차 등 단일 아이디어를 가르치는 전략에 관한 것이며, 거시적 수준의 조직 전략은 여러 아이디어 간의 순서와 계열성을 처방하는 것이다. 전달 전략은 학습자에게 수업내용을 전달하고 학생들이 반응하는 방법으로 매체, 교수자, 교재의 활용 방식을 제안한다. 관리 전략은 조직 전달과 전달 전략 중 수업을 언제 사용할 것인가에 관한 방법에 관한 것으로 수업을 개별화하는 방법 및 교수자원에 대한 활용계획을 다룬다.

〈표 6-4〉 **라이겔루스의 교수전략 체계**

조직 전략			전달 전략	관리 전략
미시적 수준		거시적 수준		
일상적 방식	심화 방식			
제시	필요시 제시	여러 아이디어 간 순서와 계열	수업 전달 방법: 매체, 교사, 교재	조직 전략 및 전달 전략의 관리: 수업의 개별화, 학습자원 계획 등
연습				
피드백				

출처: Reigeluth, 1983; 박성익 외, 2012.

(3) 정교화 이론

정교화 이론(elaboration theory)은 교수내용을 어떤 순서로 가르칠 것인가에 초점을 맞추고 거시적인 수준에서 교수전략을 정립한 것으로 가르칠 내용의 범위와 계열을 결정하기 위해 교수내용의 선정(selecting), 계열화(sequencing), 종합(synthesizing), 요약(summerizing) 등의 네 가지 측면에서 교수의 효율적 처방 기법을 구체적으로 제시하는 교수설계 이론이다(Reigeluth, 1983).

이 이론의 핵심은 수업의 정수(epitome)라고 불리는 수업의 전체 윤곽을 먼저 제시하는 것으로 시작하여, 점차 학습내용을 구체화하고 세부화하여 이미 제시되었던 일반적인 내용을 정교화해야 한다는 것이다. 즉, 학습자가 배워야 할 학습내용의 전체적인 큰 그림을 그리도록 세부 부분들의 중요성과 관계를 제시하고, 학습기간 동안 학습자에게 적절하고 의미 있는 복잡한 수준까지 학습할 수 있도록 지침을 제공할 것을 강조한다.

정교화 이론은 세 가지의 정교화 조직 모형과 교수 과정에 따라 이 조직 모형들을 처방해 주는 기본 교수설계 전략들로 이루어져 있다. 이 중 정교화 조직 모형은 교수내용의 형태(학습목표와 내용의 특성)에 따라 개념적 조직 모형, 절차적 조직 모형, 이론적 조직 모형으로 구성되며, 각각의 모형들은 공통적으로 정교화된 계열, 선수학습 요소의 계열화, 요약자, 종합자, 비유, 인지 전략 자극자, 학습자 통제 양식의 일곱 가지 교수설계 전략이 공통적으로 활용된다. 정교화 이론의 일곱 가지 전략 요소를 정리하면 〈표 6-5〉와 같다(Reigeluth, 1983).

〈표 6-5〉 정교화 이론의 일곱 가지 전략 요소

전략 요소	주요 내용
정교화된 계열 (elaborative sequence)	• 학습내용의 구조화에 있어서 단순-복잡의 순서로 학습내용을 조직 • 단순-복잡 계열은 개념이나 절차들의 구성 요소가 많고 적음에 따라 위계적 또는 순차적으로 내용을 조직
선수학습 요소의 계열화 (sequencing)	• 학습의 구조, 또는 학습위계에 기초를 둔 전략 • 정교적 계열화 법칙의 원리 -가장 익숙한 내용이나 개념을 조직화하는 것으로 교수를 시작할 것 -조직화 바로 뒤에 이를 설명하는 내용을 배치할 것 -새로운 내용 전에 선수학습 내용을 배치할 것 -관련 개념을 그룹화할 것 -절차를 가르치기 전에 원리를 가르칠 것
요약자 (summerizers)	• 학습자가 이미 공부한 내용을 체계적으로 검토하고 복습할 수 있도록 하는 요소 • 단원과 본시 요약자의 유형으로 분류되며 설명, 사례, 연습문제로 구성
종합자 (synthesizers)	• 개별 내용을 연관시키고 통합하는 것으로 학습자에게 의미 있는 지식을 제공하며, 비교와 대조를 통해 보다 깊은 이해를 도모 • 전체 맥락에 의해 유의미성과 동기화를 촉진하는 기능을 함 • 학습내용에 따라 개념적, 절차적, 이론적 종합자로 구분되며, 범위에 따라 본시 종합자와 단원 종합자로 구분 • 위치에 따라 맥락 요약자와 본시 또는 단원 끝에 제시되는 '사후 요약자'로 분류

비유 (analogies)	• 새로운 정보를 학습자에게 친숙한 아이디어로 연결시켜 이해할 수 있도록 돕는 전략 요소 • 학습자가 추상적이고 복잡한 내용을 학습할 때, 학습자의 경험 중에서 구체적인 것을 회상하게 함
인지 전략 자극자 (cognitive strategy activator)	• 학습 과정에서 학습자가 자신의 인지 전략이나 과정에 대해 인식하고 적절히 조절할 수 있을 때 더욱 능동적으로 학습에 참여할 수 있고 학습 효과도 커짐 • 기억법이나 비유와 같이 수업 과정에 포함하는 경우와 학습자가 내적으로 영상을 떠올리게 하는 것과 같이 학습자에게 지시로 제공하는 형태가 있음
학습자 통제 (learner control)	• 학습자가 자신의 학습할 내용과 다양한 학습전략을 선택하고 계열화하여 어떻게 학습할 것인가를 스스로 결정하는 것을 의미 • 학습내용에 대한 통제는 학습자가 이미 선수학습 내용을 갖춘 차시를 선택하는 것을 의미 • 학습전략에 대한 통제는 예시, 보기 문항 등과 같은 거시 전략의 종류 및 시기 등을 선택하는 것을 의미

3) 켈러의 동기설계를 위한 ARCS 이론

가네, 라이겔루스의 이론이 인지적 영역의 수업 목표 달성을 위한 교수전략에 초점을 두고 있다면 켈러(Keller, 1983)는 학습동기(Learning Motivation)를 유발하고 지속함으로써 수업의 매력성을 높이는 교수설계에 활용 가능한 네 가지의 개념적 요소인 주의(Attention), 관련성(Relevance), 자신감(Confidence), 만족감(Satisfaction)으로 구성된 동기설계 이론을 제안하였다.

(1) 학습동기 유발 및 유지의 수행 요인

학습자의 학업성취는 학습자의 학업적성, 교수사태, 교수 · 학습환경을 포함하여 그들의 동기 수준과도 밀접한 관련이 있다. 또한 학습자들은 학습 상황에서 교육내용에 의미를 부여하고 흥미를 느낄 때 더 높은 성취를 보일 수 있다. 켈러는 학습자

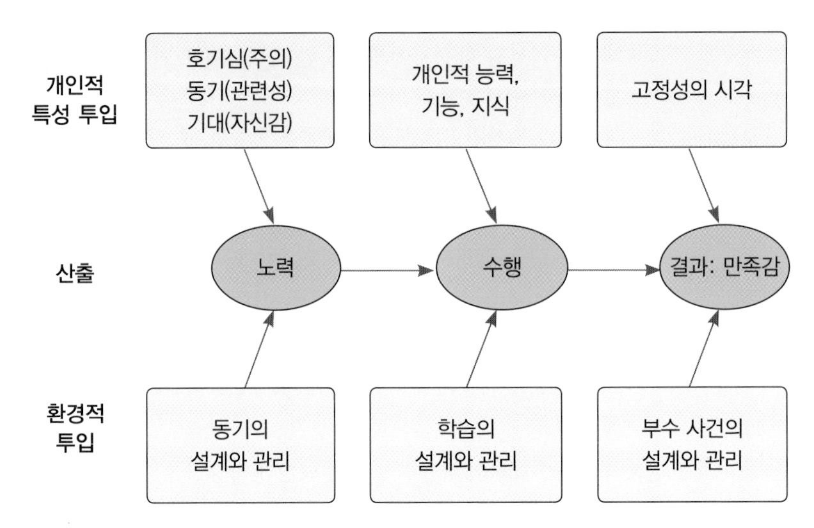

[그림 6-3] **학습동기, 학업수행, 수업영향에 관한 모형**

출처: Keller, 1983.

개인의 동기를 "개인이 과제를 하거나 하지 않으려는 선택 그리고 과제를 완성하려는 노력"으로 정의하고, 개인적인 특성(투입 변인)과 환경이 노력, 수행, 결과에 미치는 영향을 [그림 6-3]의 수행 요인 모형으로 설명하고 있다(Keller, 1979; 1983).

'노력'은 학습자 개인이 주어진 학습과제를 달성하기 위한 활동에 참여하는 정도이고 '수행'은 실제적인 학업성취 그리고 '결과'는 학습 후 내적-외적 보상을 지칭하는 개념으로, 학습동기와 직접적으로 관련되는 노력은 학습자의 호기심, 흥미, 동기, 가치 기대 등에 의해 영향을 받으므로 교수설계자는 수업에 적절한 동기를 설계하고 관리함으로써 노력에 영향을 줄 수 있다. 학습자의 학습을 위한 '노력'과 학업 '수행'은 개인적인 특성과 환경적 요소의 투입에 의한 상호작용의 결과로 나타나는 결과물이라 할 수 있다.

(2) ARSC 이론의 핵심 요소

켈러의 ARCS 이론에서는 학습동기 유발 및 유지를 위해 주의, 관련성, 자신감, 만족감의 요소가 중요하다고 제안하고 수업 상황에서 각 요소를 촉진하는 전략을 제시하였다. 동기설계 이론의 핵심은 〈표 6-6〉과 같다(박성익 외, 2012).

〈표 6-6〉 **동기 유발 요소 및 관련 전략**

동기 요소		동기 유발 및 유지 전략
주의	학습이 일어나기 위해서는 학습자가 학습 자극에 흥미를 갖고 주의를 기울여야 한다.	• 지각적 주의환기 전략: 학습자의 관심을 집중시키는가? • 탐구적 주의환기 전략: 호기심을 자극하는가? • 다양성의 전략: 주의를 유지시키기 위해 수업의 요소를 다양화하는가?
관련성	학습자는 수업 상황에서 자신의 개인적인 필요가 충족됨을 지각해야 한다.	• 친밀성의 전략: 수업을 학습자의 경험과 어떻게 연결할 수 있을까? • 목적 지향성 전략: 어떻게 하면 학습자들의 요구를 최대한 충족시킬 수 있을까? • 필요 또는 동기와의 부합성 강조의 전략: 언제, 어떻게 수업을 학습자들의 학습 유형이나 개인적 관심과 연결시킬 수 있을까?
자신감	학습자는 자기 자신, 동료, 학습내용에 대한 적절한 기대감을 가져야 한다.	• 학습의 필요조건 제시의 전략: 학습자들이 성공에 대한 긍정적인 기대감을 갖도록 하기 위해서 어떤 도움을 줄 수 있을까? • 성공 기회 제시의 전략: 학습자들이 자신의 능력에 대한 확신을 갖도록 하기 위해서 어떤 학습 경험을 제공할 것인가? • 개인적 조절감 증대의 전략: 자신의 성공이 노력과 능력에 기초한다는 것을 어떻게 확신하게 할 것인가?
만족감	학습자의 노력의 결과가 기대와 일치하고 학습자가 그 결과에 만족한다면 학습동기는 계속 유지될 것이다.	• 자연적 결과 강조의 전략: 학습자들의 학습 경험을 통한 내적 만족도를 어떻게 격려하고 보조할 것인가? • 긍정적 결과 강조의 전략: 학습자의 성공에 대해 어떤 보상을 제공할 것인가? • 공정성(equity) 강조의 결과: 학습자들이 결과가 공정했다고 생각하게 할 수 있을까?

〈표 6-7〉 ARSC 요소에 따른 동기 유발 세부 전략

주의(attention) 환기 및 집중을 위한 전략	관련성(relevance) 증진을 위한 전략
A.1. 지각적 주의환기의 전략 1) 시청각매체의 활용 2) 비일상적인 내용이나 사건 제시 3) 주의분산의 자극 제시 A.2. 탐구적 주의 환기의 전략 1) 능동적 반응 유도 2) 문제해결 활동의 구상 장려 3) 신비감의 제공 A.3. 다양성의 전략 1) 간결하고 다양한 교수형태 사용 2) 일방적 교수와 상호작용적 교수의 혼합 3) 교수자료의 변화 추구 4) 목표-내용-방법의 기능적 통합	R.1. 친밀성의 전략 1) 친밀한 인물 혹은 사건의 활용 2) 구체적이고 친숙한 그림의 활용 3) 친밀한 예문 및 배경지식의 활용 R.2. 목적 지향성의 전략 1) 실용성에 중점을 둔 목표 제시 2) 목적 지향적인 학습 형태 활용 3) 목적의 선택 가능성 부여 R.3. 필요나 동기와의 부합성을 강조하는 전략 1) 다양한 수준의 목표 제시 2) 학업성취 여부의 기록 체제 활용 3) 비경쟁적 학습 상황의 선택 가능 4) 협동적 상호학습 상황 제시
자신감(confidence) 수립을 위한 전략	**만족감(satisfaction) 증대를 위한 전략**
C.1. 학습의 필요조건 제시의 전략 1) 수업의 목표와 구조의 제시 2) 평가 기준 및 피드백의 제시 3) 선수학습 능력의 판단 C.2. 성공의 기회 제시의 전략 1) 쉬운 것부터 어려운 것으로 과제 제시 2) 적정 수준의 난이도 유지 3) 다양한 수준의 시작점 제공 4) 무작위의 다양한 사건 제시 5) 다양한 수준의 난이도 제공 C.3. 개인적 조절감 증대의 전략 1) 학습의 끝을 조절할 수 있는 기회 제시 2) 학습 속도 조절 가능 3) 원하는 학습 부분으로 회귀 가능 4) 선택 가능하고 다양한 과제와 다양한 난이도 제공 5) 노력이나 능력에 성공 귀착	S.1. 자연적 결과 강조의 전략 1) 연습문제를 통한 적용의 기회 제공 2) 후속 학습 상황을 통한 기회의 제공 3) 모의 상황을 통한 적용의 기회 제공 4) 시험의 조건 확인 S.2. 긍정적 결과 강조의 전략 1) 적절한 강화계획의 활용 2) 의미 있는 강화의 제공 3) 정답을 위한 보상 강조 4) 외적 보상의 사려 깊은 사용 5) 선택적 보상 체제 활용 S.3. 공정성 강조의 전략 1) 수업 목표와 내용의 일관성 유지 2) 연습과 시험내용의 일치

출처: Keller & Suzuki, 1988.

이와 같이 ARCS 이론은, 첫째, 학습자의 동기를 결정지을 수 있는 다양한 변인들과 그에 관련된 구체적인 개념들을 통합한 네 개의 개념적 범주를 포함하며, 둘째, 교수 · 학습 상황에서 동기를 유발하고 지속하기 위한 구제적이고 처방적인 전략들을 제시하고, 셋째, 여타의 다른 교수설계 모형들과 병행하여 활용할 수 있는 동기설계의 체제적 과정을 보여 준다는 점에서 중요한 의의를 갖는다.

3. 교수설계 모형

교수설계 모형은 교수설계의 절차를 실행하는 데 있어서 각 단계에 관련된 지식이나 기술을 파악할 수 있도록 교수설계의 전체 과정을 시각화한 것이다. 따라서 교수설계 모형의 목적은 교수설계 시 체계적이며 구체적인 안내와 지침을 제공하는 데 있다. 이 안내와 지침에는 모형이 적용되는 상황 및 조건, 사용되어야 할 교수전략 및 전술, 교수의 결과로써 나타나야 하는 바람직한 결과 등의 요소를 포함한다. 그간 교수설계 이론의 발전 및 학습 과정 연구를 바탕으로 효과적이고 효율적인 수업을 설계하기 위한 다양한 교수설계 절차 및 모형들이 개발되어 왔다. 이들 모형 중 일부는 선형적이고 단계적인 절차(예: Dick, Carey와 Carey의 모형)로 표현되기도 하고, 또 다른 모형들은 가변적이고 반복적인 특징(예: Kemp의 모형)을 강조하기도 한다. 또한 어떤 인식론적 시각을 갖느냐에 따라 객관주의적 설계 모형과 구성주의적 설계 모형이 제시되기도 하였다. 이와 같이 다양한 교수설계 이론과 모형을 제시함으로써 교육 현장에서 특정 단원이나 단위차시의 체계적인 수업설계, 학습자 분석을 토대로 한 단계적 수업절차, 학습자들의 동기유발 및 유지를 위한 다양한 전략을 모색하고 실천할 수 있는 기반을 제공해 주었다.

1) 체제적 교수설계 기본 모형: ADDIE 모형

교수 체제 설계(Instructional Systems Design: ISD)에서는 교수설계의 주요 과정을 분석(Analysis), 설계(Design), 개발(Design), 실행(Implementation), 평가(Evaluation)로 구성한다. 이 5가지 요소는 어떤 ISD 모형에서도 발견되는 핵심적인 것으로, 머리글자인 A-D-D-I-E 절차에 따라 구성된 교수설계 모형은 교수 체제 설계 모형의 기초 개념이라 할 수 있다. ADDIE 모형의 각 단계는 다음과 같은 요소들로 구성되어 있다(이인숙, 한승연, 임병로, 2010).

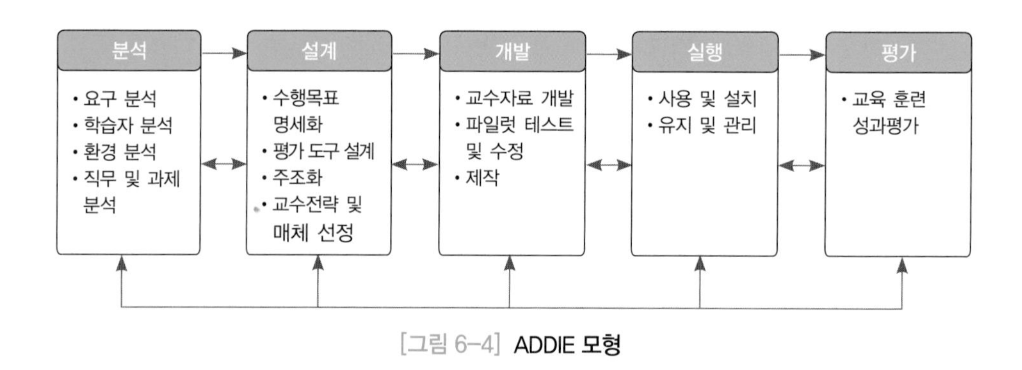

[그림 6-4] ADDIE 모형

〈표 6-8〉 ADDIE 모형의 단계와 교수설계 요소

단계	교수설계 요소
분석	• 교수적 해결이 필요한 요구 규명 • 인지, 정서, 운동 기능의 목표 설정을 위한 교수 분석 수행 • 학습의 요구 분석과 학습의 영향력 결정 • 실행 기간과 기간 내의 성취 가능성 정도 분석, 상황 분석 및 가용 자원 분석
설계	• 각 과정의 주요 목표와 교과 목적에 따라 기대되는 전반적 수행 결과의 명세화 • 교수 주제와 단원의 결정 및 각 단원의 시간 배분 • 단원 목표에 관련된 학습 과정의 계열화 • 교수 단원의 구체화 및 주요 목표 확립 • 각 단원의 학습내용과 활동 제시 • 학습 결과를 확인하기 위한 구체적 평가 도구 개발

개발	• 교수자료와 매체 유형 결정 • 교수자료와 활동의 초안 개발 • 수정 · 보안된 교수자료와 활동 제시 • 교수 훈련이나 교수자료 제시
실행	• 교수자와 예상 학습자에게 홍보/소개 자료 적용 • 학습에 필요한 도움이나 지원 제공
평가	• 학습자 평가를 위한 실행계획 • 프로그램 평가를 위한 실행계획 • 과정 유지와 개선을 위한 실행계획

전통적 ISD 모형들의 공통적인 특성(Willis, 2009)

1. 절차가 계열적이며 선형적이다.
2. 계열은 위계적이며 체계적이다.
3. 목표가 개발에 우선한다.
4. 전문지식을 가진 전문가가 설계 업무의 핵심 역할을 한다.
5. 신중한 내용의 순서화와 하위 기술의 진술이 중요하다.
6. 교수목적은 사전에 선택된 지식을 전달하는 것이다.
7. 총괄평가가 중요하다.
8. 객관적인 자료들이 중요하다.

2) 학교 중심 교수설계 모형: 브릭스의 모형

브릭스(Briggs, 1977)가 제시한 교수설계 모형은 선형적인 특성을 갖는 ISD 모형으로 유치원, 초 · 중등학교의 교육 프로그램 및 코스 설계에 유용하게 사용될 수 있다(Briggs, Gustafson, & Tillman, 1991). 이 모형은 수업내용의 구체적인 계열화를 포함하고 있지는 않지만 교육 프로그램 설계 및 개발 시 고려해야 하는 요소를 체계화

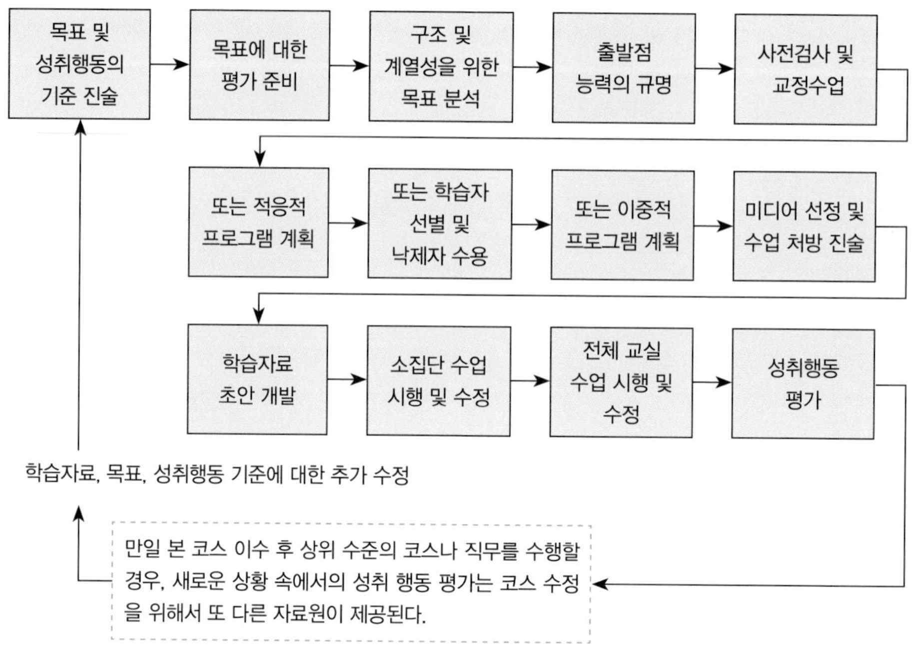

[그림 6-5] **브릭스의 교수체계 설계 모형(1977)**

하고 있다. 교수설계 시 학습자의 선수 능력을 고려하는 것이 타 모형에 비해 우수하며 각 단계별로 프로그램에 대한 평가 자료를 수집하도록 함으로써 수업의 효과성과 효율성을 증진시킬 수 있다는 점이 특징적이다(노혜란, 박선희, 최미나, 2012).

3) 비선형적 교수설계 모형: 모리슨, 로스와 켐프의 모형

절차적이고 선형적인 형태로 제시되어 온 전통적 교수설계 모형들은 교수설계 활동의 효율성을 높인다는 점에서 의의가 있었으나 실제 교수설계 환경의 복잡성을 충실히 반영하지 못한다는 지적과 함께 비선형적 형태의 모형들이 제시되었다. 비선형적 교수설계 모형으로 모리슨, 로스와 켐프의 모형(Kemp, 2011)이 대표적이다. 1985년에 처음 소개된 이 교수설계 모형은 그간 지속적으로 수정 · 보완되어 왔으며, 체제적 관점을 반영하여 교수설계의 과정이 여러 단계의 구성 요소로 이루어

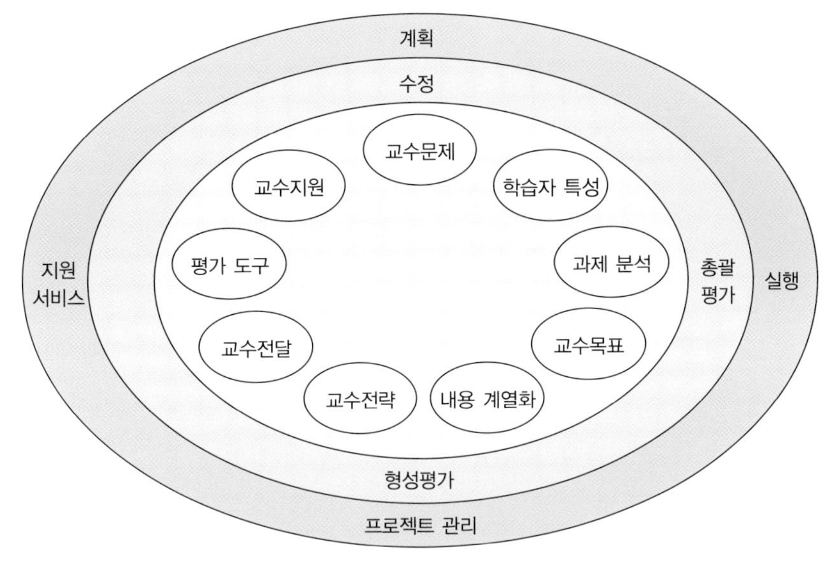

[그림 6-6] **켐프의 교수설계 모형**

져 있고, 각 단계는 상호 의존적인 관계를 강조하는 것이 특징적이다(Morrison, Ross, Kalman, & Kemp, 2011).

[그림 6-6]과 같이 이 모형의 기본 구성 요소는 원의 가운데에 위치하고 있는 교수문제, 학습자 특성, 과제 분석, 교수목표, 내용의 계열화, 교수전략, 메시지 설계, 교수개발, 평가 도구이며, 이를 둘러싼 지속적인 과정으로는 계획과 실행, 그리고 프로젝트 관리, 지원 서비스, 형성평가와 수정, 총괄평가, 확인평가 등으로 구성되어 있다.

이와 같이 켐프의 모형은 교수설계의 요소와 절차를 순환적으로 배치함으로써 교수설계자는 필요에 따라 교수개발의 어느 단계에서, 어떤 순서로든지 시작할 수 있음을 강조하고 있다. 특히, 이전 모형들에서는 제시되지 않은 교수문제, 과제 분석, 메시지 설계, 평가 도구 등의 단계가 강조되고 있다. 또한 평가의 중요성을 강조하여 확인평가, 형성평가, 총괄평가를 구분하여 제시하고 있으며 지원 서비스와 같은 교수환경적인 요소를 고려하고 있다는 점도 특징적이다. 이러한 특성은 이 교수설계 모형이 교수설계의 목적, 적용 장소와 상황 등 다양한 요소에 따라 융통성 있게 적용될 수 있음을 나타낸다.

4) 구성주의 학습환경 설계 모형

구성주의에서는 교수목적을 성취하기 위해서 현실 세계와 유사한 복잡한 문제 상황 속에서 사물이나 사건, 개념 등이 활용되고 해석되어야 하며, 학습이 실제로 이루어졌는지의 평가는 지식을 활용하여 문제를 해결하는 과제의 수행 과정과 그 수행 여부에서 자연스럽게 파악될 수 있는 것으로 본다. 그러므로 구성주의에서의 교수설계는 교수를 구조화시키는 것이 아니라 학습이 일어날 수 있는 최적의 환경을 설계하는 것으로, 이 환경은 실제와 같은 복합적이고 역동적인 상황과 문제가 제

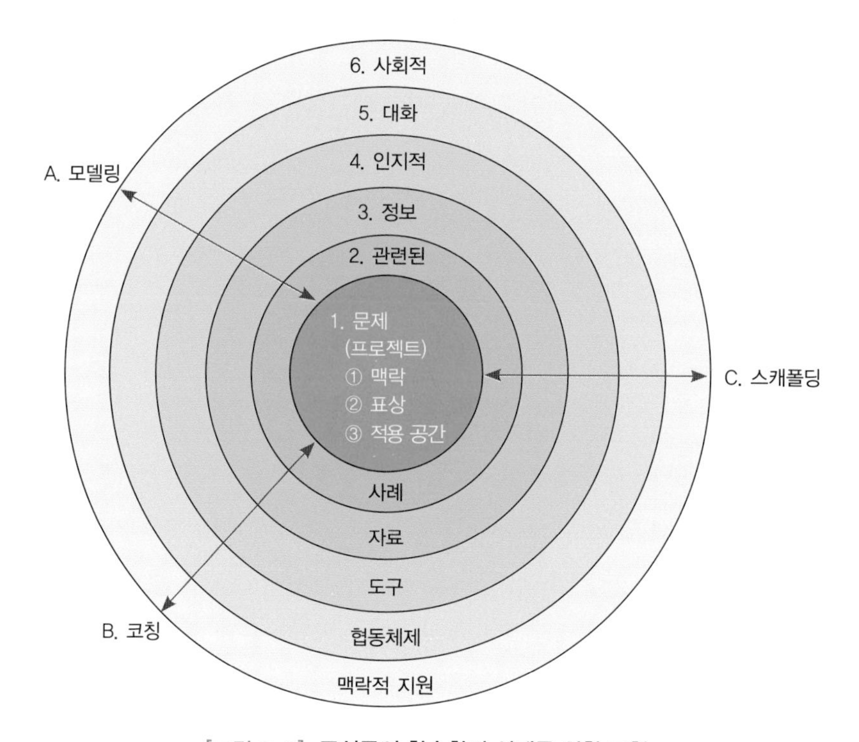

[그림 6-7] **구성주의 학습환경 설계를 위한 모형**

출처: Jonassen, 1999.

시되고 다양한 관점을 개발 및 평가할 수 있는 협조 체제가 있으며, 학습을 안내할 수 있도록 지적 지도 관계가 가능한 환경이어야 한다(Duffy & Bednar, 1991; Hannafin & Hill, 2007).

조나센(Jonassen, 1999)은 이와 같은 학습환경 설계를 위한 여섯 가지의 고려 요소와 학습 활동을 지원하는 세 개의 교수활동으로 이루어진 구성주의 학습환경(constructivist learning environment: CLE) 모형을 제시하였다. 이 모형에서 학습자의 목표는 문제를 해결하거나 프로젝트를 완성하는 것으로, 다양한 요소와 지원 체계가 목표 달성을 실행하도록 설계되어 있다.

(1) 구성주의 학습환경의 구성 요소

CLE 모형은 구성주의 학습환경 설계를 위해 고려해야 하는 요소로 문제, 관련 사례, 정보자원, 인지 도구, 대화/협력 도구, 사회적 및 맥락적 지원 등 여섯 가지로 구성되어 있다. 각 요소들의 특징을 살펴보면 다음과 같다.

① 문제(프로젝트): 구성주의 학습환경에서 사용되는 문제는 실제 세계에서 일어날 수 있는 것과 유사하며 비구조적(ill-structured)이고 정답이 한정되지 않는 특징을 갖는다. 문제 설계 시에는 문제맥락, 문제표현, 문제조작 공간의 요소가 반영되어야 한다.

- 문제맥락 제공: 문제의 사회적 맥락에 따라 학습자에게 문제가 다르게 인식될 수 있으므로 문제가 발생한 시간, 장소, 이유, 역사적 배경 등을 학습자에 충분히 제공해 주어야 한다. 또한 문제는 문제를 둘러싼 주변 인물들의 영향을 받기 때문에 문제 관련 인물들의 신념, 가치, 기대, 습관 등에 대해서도 자세히 안내해야 한다.
- 문제표상: 학습자가 문제에 흥미를 느끼고 해결에 몰입할 수 있도록 문제를 제시해야 한다. 특히, 문제가 발생하는 현실과 유사한 방식으로 문제를 제시하는 것이 중요하며, 이를 위해 비디오 시나리오, 가상현실, 스토리, 시뮬레

이선 등 다양한 방식을 활용할 수 있다.

- 문제조작 공간: 학습자가 유의미한 학습 활동을 경험할 수 있도록 실제 환경에 적용이 가능한 공간을 의미한다. 따라서 학습자가 문제해결 과정을 경험할 수 있는 대상, 상징, 도구 등을 제공해야 한다.

② 관련 사례: 문제를 해결하기 위해서는 문제를 이해할 수 있는 단서가 필요하다. 학습자가 문제를 해결하는 데 어려움을 겪는 것은 해결하고자 하는 문제와 관련된 유사 문제해결 경험을 충분히 갖고 있지 못하기 때문이다. 그러므로 제시된 문제와 직간접적으로 관련된 사례를 충분히 제공함으로써 학습자의 기억을 활성화하고 인지적 융통성을 높이는 것이 중요하다.

③ 정보자원: 문제해결에 요구되는 충분한 정보를 제공해야 한다. 학습자들은 이를 통해 문제해결을 위한 가설을 설정하고, 가설을 검증하는 과정을 통해 지식구조를 정교화할 수 있다.

④ 인지 도구: 새롭고 현실과 유사한 복잡한 문제를 학습자 스스로 해결할 수 있도록 학습자의 인지 활동을 지원하는 시각화 도구, 모형화 도구, 수행지원 도구, 검색 도구, 정보 수집 도구 등을 제공해야 한다.

⑤ 대화/협력 도구: 학습 과정에서 공유된 정보와 지식 구축을 위한 도구로 대화와 협력을 유지하는 커뮤니티를 포함한다. 실제적 학습환경 내에 제공되는 대화와 협력 활동을 통해 학습자들은 교수자나 동료로부터 모델링, 코칭, 스캐폴딩을 제공받을 수 있다.

⑥ 사회적/맥락적 지원: 구성주의 학습환경에서 가장 중요하게 강조되는 것이 학습의 환경적 · 맥락적 요인들이다. 따라서 특정 맥락이 반영된 실제적(authentic) 문제, 학습 커뮤니티 등 사회적 지원을 포함하는 학습환경을 갖추는 것이 중요하다.

(2) 구성주의 학습환경에서 교수지원 활동

구성주의 학습환경에서 학습자의 주요 활동은 탐구(exploration), 의미의 명료화

(articulation), 성찰(reflection) 등으로 요약될 수 있다. 이와 같은 학습 활동을 촉진하고 수행을 향상하기 위해서는 모델링, 코칭, 스캐폴딩과 같은 교수활동이 제공될 필요가 있다.

① 모델링(modeling): 모델링은 학습자가 문제수행에 필요한 활동(방법과 전략)을 교수자가 전문적 수행을 통해 보여 주는 것으로 행동 모델링과 문제해결 과정을 보여 주는 인지 모델링, 의사결정 과정을 설명해 주는 추론 명료화 방법이 있다.

② 코칭(coaching): 코칭은 학습자가 수행하는 활동과 전략을 점검하고 수행 내용을 성찰하게 하는 활동으로 학습자에게 동기를 부여하거나 수행을 분석하여 피드백을 제공함으로써 학습하는 방법을 조언해 주며, 새로 배운 내용에 대한 성찰적 사고와 명료화를 유발한다.

③ 스캐폴딩(scaffolding): 스캐폴딩은 학습자가 수행하는 과제(task)에 초점을 두고 학습자가 자신의 능력 이상의 과제를 수행할 수 있도록 지원하기 위한 틀을 제공하는 것이다. 스캐폴딩의 방법은 과제 난이도의 조절, 과제 재구조화, 대안적 평가 제공 등이 있다.

주요 용어

교수설계, 체제적 접근, 학습의 범주, 학습의 조건, 교수사태(event of instruction), 정교화, 동기, 교수전략, 교수설계 이론, ARCS, 구성주의 학습환경, 모델링, 스캐폴딩, 코칭, ISD

생각해 볼 문제

1. 교수란 무엇이며 교수설계란 무엇인가?
2. 체제 이론이 교수설계 이론 형성에 미친 영향은 무엇인가?
3. 교수설계 이론들의 공통적으로 나타내는 특징은 무엇인가?
4.Gagné의 수업사태를 적용하여 수업을 설계해 보시오.
5. 선형적 교수설계 모형과 비선형적 모형의 대표적인 사례를 들고 각 모형의 공통점과 차이점, 특징을 분석하시오.
6. 구성주의 이론에 기반한 교수설계 모형 등장의 배경과 해당 교수설계 모형이 갖추어야 하는 요소를 탐색해 보시오.

제3부

교육방법 및 교육공학의 활용

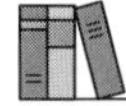

제3부에서는 교수설계 모형의 하나인 ADDIE 모형의 절차에 따라 교수설계를 소개한다. 특히, 유아교육에서의 문제기반학습을 위한 문제개발 절차를 탐구하기 위해 분석, 설계, 개발 과정을 살펴보고, 일반적인 유아교육 교수설계 과정에서의 실행, 평가 과정을 탐구한다.

제7장

문제기반학습을 위한 교수설계: 분석

학습목표

- 문제기반학습을 위한 요구분석을 할 수 있다.
- 문제기반학습을 설계하기 위해 학습자 특성을 분석할 수 있다.
- 문제기반학습을 설계하기 위해 학습과제 분석을 할 수 있다.

교수설계(instructional design)는 특정 학습주제와 특정 학습자가 주어졌을 때 학습자의 변화를 일으킬 수 있는 최적의 교수방법이 무엇인지를 결정하는 과정이다(Reigeluth, 1999). 교수설계의 주요 과정인 분석(Analysis)－설계(Design)－개발(Development)－실행(Implementation)－평가(Evaluation)의 다섯 단계 중 분석 단계에서는 요구 분석, 학습자 분석, 환경 분석, 학습과제 분석을 하게 된다. 이 장에서는 유아교육기관에서 많이 활용되고 있는 문제기반학습(Problem Based Learning: PBL)을 준비하기 위한 교수설계 과정 중 분석 단계에 관하여 논의한다.

1. 문제기반학습의 개념과 문제의 특성

문제기반학습은 현실에서 접할 수 있는 실제적인 문제를 제시하면, 학습자들은 동료와 함께 문제를 해결하기 위한 방안을 강구하고 개별 학습과 협동학습을 통해 공통의 해결 방안을 마련하는 과정에서 학습이 이루어지는 학습방법이다(Barrows, 1985).

문제기반학습에서 활용되는 문제의 특성은 비구조화된 문제, 현실에서 일어날 수 있는 실제적인 문제, 학습자를 고려한 문제, 교육과정에 기초한 문제이다. 따라서 문제기반학습을 설계하기 위해서는 수업에 앞서 적절한 문제를 만들어 내는 작업이 중요하다. 이를 위해서는 문제를 해결하게 될 학습자는 어떤 학습자이며, 문제로 만들어질 학습과제는 어떠한 것인지를 분석하는 것이 선수 단계이다. 이 절에서는 교사의 입장에서 문제를 설계하고, 수업 시간에 문제해결방법을 안내하기 위한 설계의 기초 작업으로써 요구 분석, 학습자 분석, 과제 분석에 대하여 살펴보고자 한다.

2. 문제기반학습을 위한 분석

1) 요구 분석

교수설계 과정에서 분석의 핵심은 교육 요구 분석(needs analysis of instruction)이다. 이는 특정 내용의 학습 주제를 교육해야 하는 필요성을 분석하는 것이다. 교수설계에서의 요구(need)란 현재의 바람직하지 않은 상태와 교육이 성공적으로 이루어졌을 때의 바람직한 상태의 차이를 말한다. 그러므로 요구 분석을 하는 과정은 일반적으로 현재의 상태(what is: As-Is)와 가장 바람직한 상태(what should be; To Be)

간의 차이를 확인하고 이 차이의 원인을 규명하는 활동을 열거하는 것이다. 이 차이의 결과를 거시적으로 목록화한 것이 교육과정이며, 미시적으로 목록화한 것이 교수·학습 맥락에서 단원 또는 각 차시별 학습 주제이다. 요구 분석을 하게 되는 경우의 예를 들면, 학습목적이 잘 달성되지 않아 수업의 효과가 떨어질 경우, 현재의 수업이 학습자의 흥미를 끌지 못할 경우, 새로운 테크놀로지가 교실에 도입될 경우, 또는 교육 심리학적·사회적 요구에 따라 새로운 교수법을 활용한 수업을 할 필요가 있을 경우이다.

구성주의 학습심리학 입장에서는 "학습은 문제 중심 환경에서 학습자가 동료와의 사회적 상호작용을 통하여 스스로 의미 있는 지식을 구성하는 과정"이라고 본다. 이와 같은 구성주의적 관점에서 학습이 이루어지도록 하기 위한 새로운 교수법을 적용한 수업을 계획할 때에도 요구 분석을 할 필요가 있다.

2) 학습자 분석

효과적인 수업설계를 위해서는 요구분석과 함께 수업의 대상자인 학습자의 특성을 명확하게 파악하여야 한다. 특히, 유아를 대상으로 문제기반학습을 적용하고자 할 때에는 학습자의 특성을 신중히 고려해야 한다. '학습자들은 어떤 문제에 도전감을 갖는가?', '학습자들은 어떤 주제에 학습 동기가 일어나는가?', '학습자들은 협동학습을 할 수 있는가?' 등을 파악해야 학습자의 수준에 적합한 문제를 개발한다(조연순, 2006).

학습자의 배경, 경험, 적성, 동기, 그리고 학습 및 인지 양식 등의 학습자 특성은 교사가 효율적인 수업을 설계하는 데 중요한 고려 요인이 된다. 학습자의 개별적인 특성에 따라 PBL의 효과가 달라질 수 있다. 예를 들면, 호기심, 자기주도적 학습 능력, 독립성이 높은 학습자는 PBL 활동에 흥미를 느끼고 문제해결 과정에 적극적으로 참여하지만, 호기심, 자기주도적 학습 능력, 독립성이 낮은 학습자는 PBL에서 요구되는 팀원으로서의 활동과 자기주도적 학습에서 어려움을 겪을 수 있다. 따라서 자기

주도적 학습 능력이 낮은 학습자에게는 보다 신중한 설계와 교사의 세심한 도움이 제공되어야 한다. 하인니히와 동료들(2002)은 학습자 분석 단계에서 고려할 요인으로 학습자의 일반적 특성, 출발점 능력, 학습 양식을 들고 있다(Heinich et al., 2002). 학습자 특성을 알아보는 방법은 교사의 관찰, 면접, 설문, 학습자 간의 토론, 학습 주제에 관한 마인드 맵 그리기, 브레인스토밍 등 다양한 방법을 사용할 수 있다.

(1) 일반적 특성

학습자의 학습에 영향을 미치는 일반적 특성을 이해하는 것은 중요하다. 학습자의 일반적 특성이란 연령, 성차, 태도, 흥미, 인종과 같은 요인을 의미한다. 학습 활동을 계획할 때에는 학습자의 연령 차이, 행동 패턴, 역량을 이해하고 있어야 한다. 유아기 학습자의 일반적 특성으로 고려할 요인은 다음과 같다.

① 감각 기능

교수 · 학습 과정에서 시각과 청각은 매우 중요한 역할을 한다. 문자 언어와 음성 언어, 기호와 같은 상징적 기호를 사용하여 주로 학습하는 초 · 중등 학습자와 달리, 유아기 학습자의 학습에서는 보고 듣고 만져 보고 맛보고 냄새를 맡아 보는 학습 경험을 상대적으로 많이 제공하게 된다. 따라서 학습자의 감각 기능은 어느 정도인지를 분석할 필요가 있다.

② 지적 발달

유아기 학습자의 지적 발달은 피아제의 발달 이론에 의해 분석될 수 있다. 지적 발달의 기본 원리는 어느 개인에 국한된 현상이라기보다는 문화와 인종을 넘어 대부분의 학습자가 공유하는 유사점에 속한다. 수업의 대상이 되는 학습자가 어떤 지적 발달 단계에 속해 있는지를 파악하고, 지적 발달수준에 도달하지 못한 학습자가 있는지를 파악하는 것이 필요하다. 또한 대부분의 학습자가 보이는 지적 발달수준의 정도를 넘어선 학습자가 있는지를 파악하여 이를 교수설계에 반영하도록 한다.

유아기 지적 발달의 단계적 특징을 살펴보면 다음과 같다.

- 감각 운동기: 출생~18개월. 감각과 운동의 빠른 성장을 보인다.
- 전조작기: 약 18개월~7세. 논리적 사고와 문제해결에 대해 학습하지만 논리의 일관성이 결여되고 자기중심적인 사고의 특징을 보인다.
- 구체적 조작기: 약 7~12세. 사물의 분류, 배열, 작용과 반작용, 상호작용, 동일성 등의 인지 개념을 습득한다.
- 형식적 조작기: 약 12세 이상. 상징의 추상적 · 심리적 사고가 가능하다.

③ 지능

같은 발달 단계에 속한 학습자들의 인지적 측면의 유사한 특성을 지적 발달이라 한다면, '지능'은 시간에 따라 상대적으로 변화하지 않는 학습자들 사이의 차이를 구분할 수 있는 특성이다. 가드너(Gardner, 2006)는 똑같은 능력을 가진 학습자도 없으며 똑같은 방법으로 학습하는 학습자도 없다는 개념으로 다중지능(multiple intelligence)을 소개하였다. 가드너는 개별 학습자의 능력은 아홉 가지의 지적 영역에 있어서 장단점이 각기 다르다는 점을 고려해야 하며 이를 위한 최선의 방법은 학습자의 지각적 선호도(perceptual preferences), 정보처리 습관, 동기, 생리적인 특성을 고려하여 교수설계할 것을 제안하고 있다. 특히, 21세기의 학습자는 상당한 발달 역량을 갖추고 교육기관에 입학한다. 따라서 21세기 교사의 책무는 학습자의 학습 욕구를 가장 잘 파악하여 그들이 적합한 지식과 기술을 학습하도록 개별적인 접근을 하는 것이다. Gardner(2006)가 소개한 아홉 가지 지능은 〈표 7-1〉과 같다.

④ 언어발달

유아기는 언어발달이 이루어지고 있는 과정이며, 같은 연령이라도 학습자의 언어 경험 및 환경의 차이로 인해 개인차가 있다(장보경, 이연규, 2009). 따라서 유아를 위한 수업의 교수설계를 할 때에는 대상 학습자의 언어적 수준을 고려하는 것이 바

〈표 7-1〉 가드너의 다중지능

지능	특성
언어 지능	문자 언어와 음성 언어를 활용하는 능력
논리적/수학적 지능	수와 양을 다루는 능력과 과학적 능력
시각적/공간적 지능	공간에 있는 사물을 상상하는 능력
음악/리듬 지능	멜로디와 박자를 듣기와 동작 능력
신체적 지능	신체를 활용해 동작을 수행하는 능력
대인관계 지능	다른 사람을 이해하는 능력
개인 내적 지능	자기 자신을 이해하는 능력
자연 친화 지능	사람과 주변의 관계를 이해하는 능력
실존 지능	성찰하는 능력

람직하다.

유아기 학습자의 언어발달은 구어와 문어의 통합, 의미 중심 활동과 음운 중심 활동의 통합, 개인과 사회의 통합, 모든 교과의 통합을 통해 이루어진다.

유아기 학습자의 언어발달은 음성 언어와 문자 언어로 나누어 살펴볼 수 있다. 음성 언어의 경우, 만 5세 정도 되면 대략 5,000단어를 이해할 수 있게 된다. 단어 이해 및 표현 능력뿐 아니라 사용하는 단어의 유형에는 개인차가 있다. 연령이 증가할수록 사용하는 단어 수가 확장되면서 점차 문장 구사력이 발달하게 된다.

문자 언어의 경우, 4~5세에는 책을 읽는 방법과 방향, 제목 등을 인식하고 소리와 글자 간의 일대일 대응을 할 수 있다. 또한 주위에서 아는 글자를 읽어 보려 하고 친구의 이름 글자를 인식한다. 쓰기의 경우, 4~5세에는 여러 가지 글자 놀이를 즐기고, 자기 이름을 쓸 줄 알며, 다양한 목적에 맞게 쓰거나 다른 사람이 글로 쓰도록 음성 언어로 말해 주어 문자 언어와 음성 언어의 관계를 이해한다. 그러나 이는 모두 유아기의 경험과 발달 특성에 따라 학습자 간의 차이가 있으므로 교수설계 시 분명히 고려해야 할 사항이다.

(2) 출발점 능력

출발점 능력이란 학습주제를 학습하기 위하여 필요한 학습자의 선수 지식을 의미하는데, 이는 어떤 다른 요인보다도 학습자의 학습 효과에 영향을 주는 주요 요인이다(Dick, Carey, & Carey, 2009). 예를 들어, '학습주제'가 "색깔이 있는 기하학적인 도형을 색과 모양에 따라 분류하기"라면 출발점 능력은 색과 도형에 관한 용어 알기, 색 변별하기, 도형 변별하기 등이다. 학급의 어린이들이 먹을 피자의 조각 수를 세어 몇 판의 피자가 필요한지를 알아내는 학습 주제일 경우는 덧셈과 피자 한 판은 몇 조각으로 이루어지는지를 아는 것이 출발점 능력이 된다.

출발점 능력을 확인하는 방법은 학습자에게 직접 '질문하기'와 같은 비형식적인 방법을 활용할 수도 있고, 표준화 검사를 실시하거나 교사가 개발한 질문지를 활용해 검사하는 형식적인 방법이 있다.

(3) 학습 양식

학습 양식은 개인이 학습환경을 지각하고 그것과 상호작용하거나 감성적으로 반응하는 심리적 특성을 의미한다. 여기에는 다중지능, 지각 선호도, 지각 강점, 동기, 여러 가지 심리적 요인 등이 포함된다.

문제기반학습을 위한 그룹 활동에 영향을 주는 학습 양식은 학습자의 내향성과 외향성이다. 내향성이란 사고와 행동이 자신의 내부로 향하는 특성으로서 조용히 혼자 생각하며, 기억하는 활동을 잘 하고, 과제에 오래 집중하는 양상을 보인다. 외향성이란 사고와 행동이 외부로 향하는 것으로서 직선적이고, 외부와의 의사소통에 적극적이며 사교적, 충동적인 경향을 갖는다. 따라서 외향적인 학습자는 보다 적극적인 성향을 가지며, 내향적인 학습자는 소극적인 성향을 나타낸다(Jonassen & Grabowski, 1993). 내향적인 학습자는 생각을 많이 하고 성찰하는 사고를 지향하여 과제에 오래 집중할 수 있으므로 효과적인 과제해결이 가능하며, 외향적인 학습자는 과제 수행에 즉각적이며 적극적으로 활동하므로 추진력이 있다(최정임, 장경원, 2010). 따라서 내향성을 가진 학습자와 외향성을 가진 학습자가 함께 활동할 수 있도록 그룹을 구성하는 것도 문제기반학습을 운영하는 방법이다.

3) 학습과제 분석

학습과제 분석(task analysis)이란 학습자가 실제로 배우게 될 내용을 분석하는 것이다. 수업을 위한 학습과제를 선정하고 분석하기 위해서는 국가교육과정을 기반으로 학습 주제를 선정한다. 우리나라의 유아교육과정은 교육과 보육이 통합된 개념으로서 「누리과정」으로 통합되었다(교육과학기술부, 2009). 정부는 우리나라 만 3~5세 유아 모두에게 유아교육과정과 보육과정이 통합된 프로그램을 제공하기 위하여 2012년에 「5세 누리과정」을 도입하였으며 2013년에는 '3, 4세 누리과정'을 확대 도입하였다. 학교에 입학하기 직전 연령을 의미하는 만 5세 학습자를 위한 교육과정의 경우, 기존의 유치원 교육과정과 어린이집 표준보육과정을 「5세 누리과정」으로 일원화하여 모든 유치원과 어린이집의 만 5세 유아에게 공통적으로 적용할 수 있는 공통교육과정을 개발하였다.

문제기반학습을 위한 학습과제 선정을 위해서는 가장 먼저 교육하고자 하는 학습주제에 해당하는 교육과정과 해당 내용을 탐색하는 과정이 필요하다. 학습단원 또는 학습주제와 관련하여 교육과정에 명시된 학습목표와 학습내용을 파악해야 한다. 그러나 교사가 선정한 문제 관련 학습주제가 교육과정에 표면적으로 제시되지 않는 경우가 많다.

문제를 중심으로 수업을 전개하기 위해서는 국가교육과정의 모든 것을 그대로 따르기보다는 교사가 교육내용, 즉 학습과제를 재구성할 필요가 있다. 교육과정 내용을 중요한 것을 중심으로 통합하기도 하고, 문제중심학습에서 추구하는 교육목표를 염두에 두어야 한다. 따라서 문제중심학습은 국가교육과정을 넘어서 새로운 교육목표와 내용으로 구성하게 된다. 이것은 교사의 역할이 교육과정의 전달자에서 교육과정 개발자로 전환되는 것을 의미한다(조연순, 2006).

문제기반학습을 위한 문제가 갖추어야 하는 중요한 특성은 다음과 같다. ① 교육과정과 관련이 있어야 한다, ② 학습자들이 현실에서 접할 수 있는 문제여야 한다, ③ 정답이 분명이 나오지 않는 비구조화된 문제여야 한다, ④ 협동학습을 통하여 해결할 수 있는 문제여야 한다. 따라서 '숫자의 덧셈, 뺄셈하기', '식물과 동물 분류하기', '교통기관의 종류 말하기' 등과 같이 정답이 분명하며, 지식 간의 관련성이 적고, 단편적인 주제들은 문제기반학습의 문제로 적합하지 않다.

유치원 어린이를 위한 학습주제의 예를 들면, '유치원 앞 도로의 교통이 복잡한 상황에서 어떻게 하면 안전하게 길을 건널 수 있을까?', '집에서 기르기 곤란한 애완동물을 기르고 싶을 때 어떻게 하면 좋을까?', '여러 명의 어린이가 몇 가지 종류의 피자를 각자 먹을 수 있는 조각만큼을 계산하여 피자를 주문하기' 등과 같은 것이다.

문제기반학습뿐만 아니라 일반적으로 학습과제를 분석할 때는 설정된 교육내용을 학습과제 분류 영역에 따라 구분해 보는 것도 필요하다. 즉, 수업하고자 하는 교수목적을 가네와 브릭스(Gagné & Briggs, 1979)가 분류한 학습과제 분류 영역에 기초하여 분석한다. 가네와 브릭스의 학습과제 분류 영역은 다음과 같다(Gagné, 1994).

(1) 언어 정보

언어 정보(verbal information) 학습은 특정 사실에 대한 지식을 갖게 해 주며 언어 정보를 배울 때 필요한 능력은 특정한 사실, 정보 등을 진술하는 것이다. 유치원 학습에서의 언어 정보의 예는 '수' 학습의 경우, '수를 부르는 이름 알기' 그리고 날짜를 표시하는 데 숫자가 사용된다는 것을 아는 것을 예로 들 수 있다. 즉, '달력, 월, 일, 요일'의 제시어가 주어졌을 때 달력이 무엇에 쓰는 물건이며 달력에는 어떤 숫자들이 쓰여 있는지를 알고, 특정한 날의 연, 월, 일, 요일을 말할 수 있는 것이다.

(2) 지적 기능

지적 기능(intellectual skills)이란 학습자가 어떤 특정 사실이나 정보를 단순히 암기만 하는 것이 아니라 그 사실이나 정보를 실제로 사용하고 적용할 수 있도록 하는 것이다. 지적 기능에는 변별학습, 개념학습, 규칙학습, 고차적 규칙학습이 속한다.

유치원 연령의 학습자의 학습에서의 지적 기능의 예는 '수의 많고 적음 변별하기', '수 개념 알기', '수의 덧셈, 뺄셈 규칙 알기', '달력에 날짜를 표시하는 규칙 알기' 등이다.

(3) 인지 전략

인지 전략(cognitive strategies)이란 학습자가 자신의 사고 과정과 학습 과정을 통제하기 위해 다양한 방법을 활용하는 것을 의미한다. 인지 전략에 속하는 예로는 반복 전략, 정교화 전략, 구조화 전략, 정의적 전략이 있다. 유치원 연령 학습자의 학습에서 인지 전략의 예는 오늘의 날짜를 알아보는 '달력 활동'에 대해 언어 영역에서 발표 연습을 반복해 보는 반복 전략, 또는 달력에 표시되어 있는 숫자들을 보고 자신이 알고 있는 다른 숫자와 연관시켜 버스 번호에도 숫자가 쓰이며 시계에도 숫자가 쓰여 있고 돈에도 숫자가 쓰인다는 생각을 하여 생활 속에서 사용되는 수의 여러 가지 의미를 알게 되는 것이 인지 전략의 예이다.

(4) 태도

태도(attitudes)는 어떤 사람, 사물, 또는 상황에 대하여 개인이 지니는 마음의 상태로서 무엇을 선택하는 경향성을 나타낸다. 즉, 어떤 특정한 것을 선택하는 것으로 특징지어진다. 예를 들면, 유아가 '친구에게 장난감이나 간식을 양보하는 행동하기', '식당에서 뛰지 않기', '친구에게 친절하게 대하기'와 같은 행동을 하거나 유치원에서 수의 개념학습을 위한 활동을 통하여 '숫자에 대하여 친밀감을 갖게 되는 것'도 태도가 길러지는 예라 할 수 있다.

(5) 운동 기능

운동 기능(motor skills)의 학습은 명세화된 행동을 신체적으로 실행하도록 하는 것으로 근육 운동과 동반하는 정신적 또는 인지적 활동을 포함하고 있다. 예를 들면, 대근육 운동으로 걷기, 뛰기, 팔을 크게 뻗기, 소근육 운동으로 손유희 하기, 글씨 쓰기, 컴퓨터 마우스 클릭하기, 키보딩 하기 등은 운동 기능에 해당하는 수업 목표들이다.

지금까지 교수설계의 첫 번째 단계인 분석 과정 중 요구 분석, 학습자 분석, 학습과제 분석을 살펴보았다. 다음 단계인 설계 과정에서는 분석의 결과, 특히 학습과제 분석의 결과를 학습목표로 전환하고, 분석 결과를 고려하여 적절한 교수방법, 교수전략, 교수매체를 선정하게 된다.

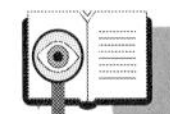

주요 용어

문제기반학습, 요구 분석, 학습자 분석, 학습과제 분석, 학습과제 분류 영역, 언어 정보, 지적 기능, 인지 전략, 태도, 운동기능

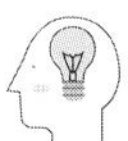

생각해 볼 문제

1. 유아에게 적합한 문제기반학습 주제로는 어떤 것들이 있을까?
2. 유아교육기관에서 학습자 특성을 조사하는 방법으로는 어떤 방법들이 있을까?
3. Gardner가 제안한 다중지능 중 특별한 능력이 발달하였다고 판단되는 학습자에게는 어떤 학습 경험과 자료를 제공해 주는 것이 좋을까?

제8장

문제기반학습을 위한 교수설계: 설계 및 개발

학습목표

- 문제기반학습을 위한 학습목표를 진술할 수 있다.
- 문제기반학습을 위한 문제와 시나리오를 개발할 수 있다.
- 문제기반학습의 실행을 위한 학습 모듈을 개발할 수 있다.
- 문제기반학습의 실행을 위한 교수매체를 개발할 수 있다.

1. 문제기반학습을 위한 설계

설계 과정에서는 분석 과정에서 나온 결과 종합하여 교육 프로그램의 전체 모습, 즉 설계 명세서를 만드는 일을 한다. 설계 명세서에는 학습목표를 진술하고, 이 목표를 가장 잘 달성할 수 있는 교육방법, 교수전략, 그리고 교수매체를 선정하여 기술한다.

이 장에서는 유아교육에서의 문제기반학습의 교수설계를 염두에 두고 학습목표 명세화 규칙을 살펴보고, 문제기반학습을 위한 문제를 개발하는 절차에 관하여 살펴보고, 그 밖의 다른 교수방법을 위한 교수전략에 관하여 살펴보겠다.

1) 학습목표 명세화

교육의 맥락에서 목적(goal)은 교육이 의도하는 방향을 일반적인 수준에서 포괄적으로 나타낸 것이다. 목표(objective)는 이와는 달리 성취해야 하는 목적을 구체적인 수준에서 측정 가능하고 관찰 가능하게 진술한 것이다. 목적은 요구 분석의 결과로 도출되며 흔히 프로그램 목적, 교육목적 등으로 불린다.

학습목표는 학습자가 학습을 통해 배우고 익혀야 할 내용과 행동을 상세하게 진술한 문장을 의미한다. 즉, 학습자가 학습을 통해서 획득, 확보해야 할 내용과 그것을 처리, 조작해야 하는 행동을 간단명료하게 진술한 것을 학습목표라 한다. 예를 들면, "학습자는 생활 속에서 사용되는 수의 예를 말할 수 있다" 또는 "학습자는 스무 개가량의 장난감을 셀 수 있다"와 같이 진술하는 것을 의미한다. 이와 같이 학습목표는 학습을 마치고 난 후 학습자들이 할 수 있는 행동을 구체적으로 진술한 문장이다. 스말디노와 동료들(Smaldino et al., 2011)은 학습목표가 갖추어야 할 조건으로 다음의 네 가지를 제안하였으며, 주요 용어의 첫 글자를 따서 ABCD 규칙이라 명하였다.

(1) 학습자(Audience)의 입장에서 목표를 진술한다.

학습목표는 수업이 끝난 후에 학습자가 무엇을 할 수 있는지를 안내하는 것이기 때문에 학습자의 입장에서 학습목표를 진술한다.

(2) 행동(Behavior)을 보여 줄 수 있는 구체적인 동사로 진술한다.

학습목표는 수업에 대한 깊은 이해와 실제 세계를 반영하는 학습자의 행동과 수행을 이끌어 내도록 수업 목표를 진술해야 한다. 학습목표의 핵심은 수업 후에 학습자가 할 수 있게 될 새로운 역량을 설명하는 동사로 진술하는 것이다. 이 동사는 '정의한다, 분류한다, 시범을 보인다'와 같은 관찰 가능한 행위동사를 의미한다. '안다, 이해한다'와 같은 모호한 동사는 수행을 눈으로 확인할 수 없는 경우가 많으므로 될 수 있는 한 사용하지 않는다. 예를 들면, "보존(conservation) 개념을 안다"라고 진술하는 것보다는 "모양이 다른 그릇에 담긴 물의 양을 변별할 수 있다"와 같이 진술한다.

(3) 수행이 평가되는 조건(Condition)을 명시한다.

학습목표는 수행이 평가되는 조건을 내포하고 있어야 한다. 즉, 학습자가 목표를 이루었다는 것을 보여 줄 때 허용되는 것과 허용되지 않는 것이 무엇인지를 밝히는 것이다. 예를 들면, "삼각형과 사각형의 도형 그림을 주었을 때 삼각형과 사각형을 구분할 수 있다"와 같이 진술하는 것이다.

(4) 수행이 평가되는 정도(Degree)를 명시한다.

잘 진술된 학습목표의 마지막 조건은 수행이나 정확성의 최소한의 정도를 포함하는 것이다. 예를 들면, "학습자는 집에서 기르는 동물의 종류를 최소한 다섯 가지 말할 수 있다" 또는 "생활 속에서 사용되는 수의 예를 세 가지 이상 말할 수 있다"와 같이 진술하는 것이다.

앞의 네 가지 규칙을 모두 적용할 수 있는 경우도 있으나 많은 경우 조건(condition)과 정도(degree)는 적용하기 곤란한 경우도 있다. 따라서 학습목표 진술 시 네 가지 규칙을 지킬 수 있는 한 지키도록 한다. 실생활에서의 문제해결력을 기르기 위한 목적으로 하는 문제기반학습에서 비구조화 문제를 제시할 경우 학습목표 진술의 경우에는 "문제기반학습을 위한 문제가 주어지면 문제가 무엇인지를 파악할 수 있다", "문제를 파악한 후에는 문제해결을 위한 계획을 세울 수 있다"로 진술할 수 있다. 또한 "같은 반 학생들이 좋아하는 피자의 종류와 피자의 조각 수를 확인하여 총 몇 판의 피자가 필요한지를 계산하여 주문할 수 있다"와 같이 진술할 수 있다.

2) 문제기반학습의 설계

학습과제를 분석하여 학습목표로 전환하여 진술한 후에는 그 내용을 어떤 교수방법과 교수전략으로 수업할 것인지, 그리고 어떠한 교수매체를 사용할 것인지를 결정해야 한다. 이 절에서는 문제기반학습을 교수방법으로 선정한 경우의 설계과정에서 해야 하는 문제개발에 관하여 살펴보고자 한다.

문제기반학습에서 '문제개발'이란 교사가 문제와 관련하여 계획하는 모든 활동, 아이디어의 도출에서부터 학습자에게 제시할 형태로의 시나리오 작성까지의 일련의 과정이다(조연순, 2006).

문제개발을 위해서는 앞서 분석 단계에서 분석한 학습자 특성 분석, 과제분석에서 고려한 교육과정을 고려하여 ① 잠정적 문제 선정과 문제와 관련된 아이디어 맵을 그린다. 그리고 ② 학습자의 역할과 상황을 설정하고, ③ 문제(시나리오)를 작성하는데 이를 그림으로 나타내면 [그림 8-1]과 같다.

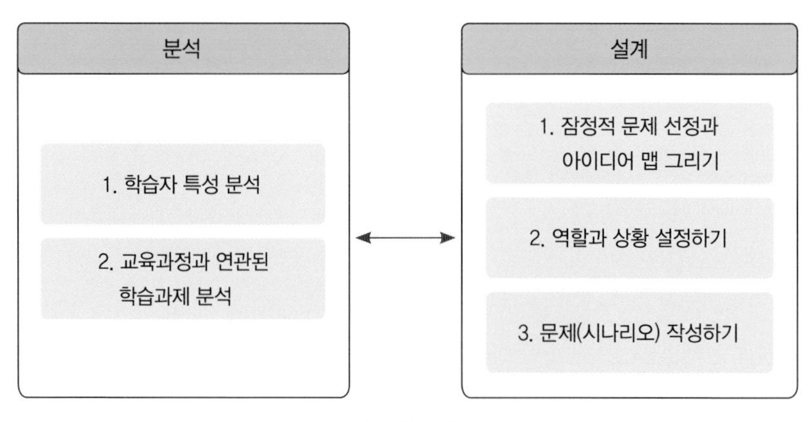

[그림 8-1] **문제기반학습의 문제개발 절차**

(1) 잠정적 문제 선정과 아이디어 맵 그리기

학습자에게 제시할 문제로 가능한 주제로 가능한 정보들을 시각적으로 표현해 보아야 한다. 이를 아이디어 맵(idea map)이라 하는데 이는 어떤 큰 주제와 그와 간련된 하위 아이디어로 나타낼 수 있다.

① 잠정적 문제 선정하기

교육과정과 관련하여 학습자에게 제시할 문제로서 가능성이 있는 아이디어를 선정해야 한다. 이를 위해 교사는 평소 문제로서의 가능성이 있는 여러 자원을 접하고 이를 기록하고 스크랩해 둘 필요가 있다. 특히, 유치원 어린이 수준에 적합한 비구조화된 문제의 개발은 쉽지 않기 때문에 평소의 노력이 필요하다.

문제 선정의 예시

유치원 연령의 어린이가 문제의 해결 방안을 찾고 인지적 학습이 이루어질 수 있는 주제로써 '학급의 피자 파티에 필요한 적절한 수의 피자 주문'에 관한 주제를 잠정적인 주제로 선정하여 예를 들고자 한다(Kilbane, 2014).

○○유치원의 기린반은 토끼반과의 공차기 시합에서 우승하여 피자 파티를 하게 되었다. 기린반 어린이들이 좋아하는 피자 두 종류를 선정하여 주문을 해야 하는데 기린반 어린이들이 좋아하는 피자의 종류 중 두 종류를 선정하고 원하는 피자 조각 수를 조사하여 피자를 주문하려면 어떤 피자를 몇 판 주문해야 할지를 알아내야 하는 상황이다.

② 아이디어 맵 그리기

잠정적인 문제를 선정한 후에는 문제에 관한 생각들을 정리할 수 있는 '아이디어 맵'을 그린다. 이는 문제가 되는 아이디어와 관련된 내용을 시각적으로 연결하여 그려 보는 것을 말한다.

선정한 아이디어를 중심에 그리고 이를 다른 개념과 하나씩 덧붙여 가면서 연결하는 것이다. 하나의 개념에서 다른 개념으로 연결할 때 불일치하는 문제가 있는지

고려하고 불일치하는 부분이 있다면 이에 대한 해결 방안을 강구한다. 그리고 아이디어와 관련된 학습 활동과 교육과정을 연결한다. 교사는 이 과정을 통하여 아이디어와 관련된 개념, 학습내용, 전개될 활동을 예상해야 한다.

아이디어 맵 그리기의 예시

이러한 방법으로 앞서서 예로들은 '피자 파티' 아이디어를 중심으로 맵을 그린 그림은 [그림 8-2]에서 예를 들었다.

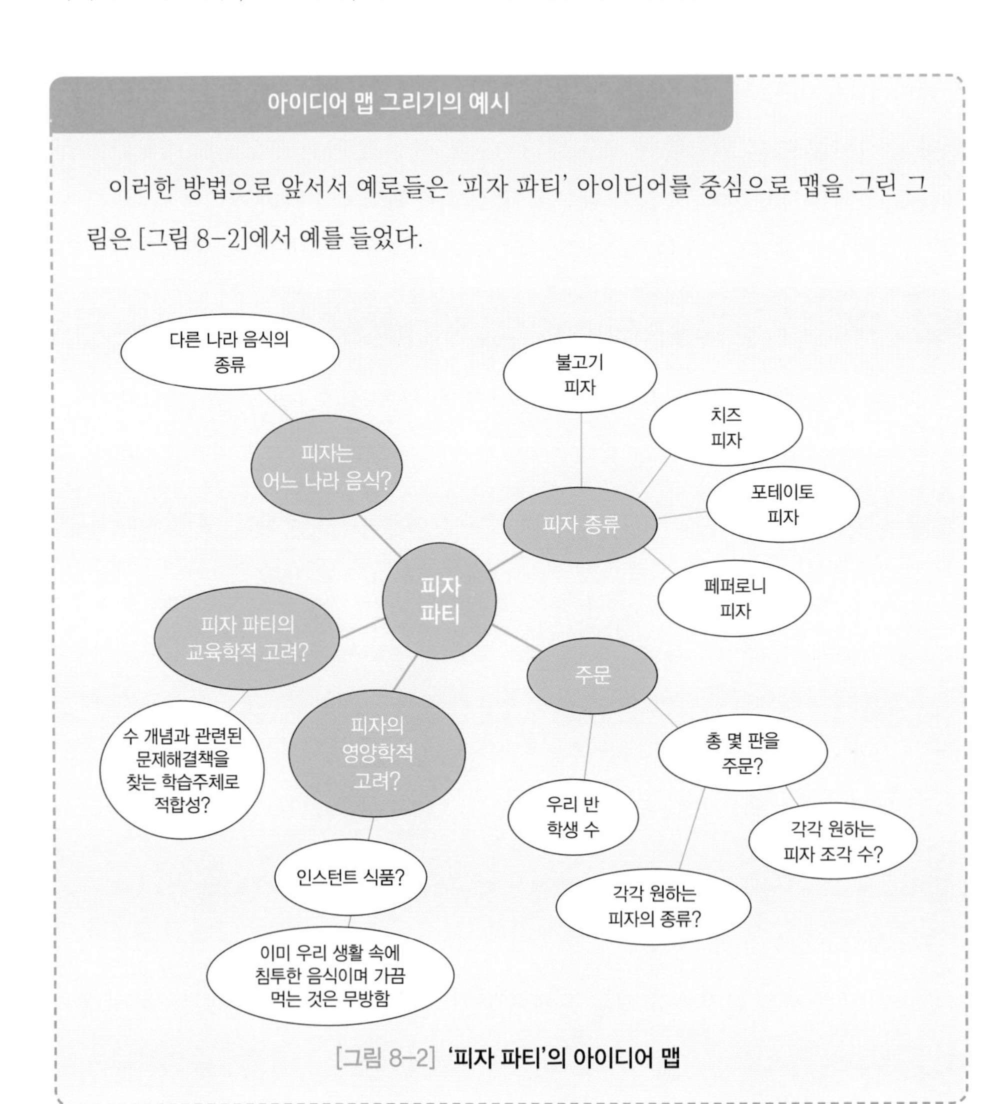

[그림 8-2] **'피자 파티'의 아이디어 맵**

(2) 역할과 상황 설정하기

아이디어 맵을 그린 후에는 문제를 해결해야 할 학습자들이 수업시간에 경험해야 할 역할과 상황을 설정해야 한다. 역할과 상황 설정이란 문제가 일어난 상황과 그 상황에 처한 사람이 누구인지를 정하는 것이다. 문제기반학습에서는 학습자가 처한 역할과 상황을 통해 문제를 해결하기 때문에 단순히 주제가 있는 과제를 실행하는 프로젝트 학습과는 다르며, 프로젝트 학습보다 문제기반학습의 설계가 좀 더 어렵게 느껴질 수 있다.

역할과 상황을 설정할 때에는 다음의 절차에 따른다. ① 문제에 속한 다양한 역할을 고려한다. (상황에 따라 학습자들에게 교통 경찰관, 소방관, 은행원, 선생님 등 다양한 역할이 주어질 수 있다.) ② 학습자가 구체적으로 누구인지를 가장(pretend)하는 역할을 정한다. ③ 선정된 역할이 처한 상황을 만들어서 수업의 도입부에 이 내용을 교사의 설명이나 동영상 등을 통해 학습자에게 제시한다. 앞서 예를 들은 '피자 파티'의 예시에서의 가능한 역할을 생각한다면 〈표 8-1〉과 같다.

〈표 8-1〉 **문제기반학습을 위한 역할과 상황 설정 단계의 예시**

역할과 상황 설정 단계	'피자 파티' 학습주제의 역할/상황 설정
① 문제에 속한 다양한 역할의 가능성 고려하기	• 학급의 담임 선생님 • 담임 선생님에게 도움을 주는 역할을 하는 학급의 리더 • 원장 선생님 또는 행정실 선생님
② 학습자가 구체적으로 누구인지를 가장(pretend)하는 역할을 결정하기	• 담임 선생님에게 도움을 주는 역할을 하는 학급의 리더로 결정
③ 선정된 역할이 처한 상황을 만들기	• 피자 파티 상황

(3) 문제(시나리오) 작성하기

역할과 상황을 설정한 후에는 학습자들이 가장(pretend)하여 처하게 될 이야기(시나리오)를 만들어야 한다. 이 시나리오를 통해 학습자는 문제 상황에서 자신은 누구이며, 어떤 문제를 해결해야 하는지를 확인하게 된다.

시나리오를 제시하는 방법은 교사가 말로 설명하거나, 동영상 자료, 동극, 전문가 초청하여 이야기하기 등 여러 가지 방법을 활용할 수 있다. 다음의 예시는 앞서 개발한 상황을 시나리오로 개발한 예시이다.

OO유치원의 기린반은 토끼반과의 운동경기 시합에서 우승하여 피자를 주문할 수 있게 되었다. 피자는 두 종류의 피자만 주문할 수 있고, 원하는 조각 수만큼 먹을 수 있다면, 어떤 피자를 몇 판 주문해야 하는지를 어떻게 알아낼 수 있을까? 여러분이 선생님을 돕는 오늘의 반장이라면 어떻게 도울 수 있는지 팀별로 생각해 보자. 우리 반의 친구들은 20명이며, 피자 한 판은 8조각으로 이루어져 있다.

2. 문제기반학습을 위한 개발

개발 단계에서는 설계의 결과를 바탕으로 수업 장면에 직접 활용할 수 있는 구체적인 계획안을 개발(만들어 내는 작업)을 하게 된다. 일반적으로 교수설계 개발 단계의 최종 결과물은 ① 설계 결과를 단계별로 상세히 기술한 교수 · 학습 지도안, ② 수업에 활용할 교수 · 학습매체 두 가지이다(한정선 외, 2011).

이 장에서는 문제기반학습을 위한 개발로서 문제기반학습용 학습모듈 개발에 대하여 설명하겠다.

1) 문제기반학습을 위한 학습 모듈 개발

유아를 대상으로 하는 문제기반 팀별 학습 활동은 한 학급의 어린이 전체를 대상으로 수업하는 것보다 어렵고 복잡한 과정이다. 문제기반학습을 수업 시간에 실제로 하는 단계는 ① 문제 제시/확인, ② 문제해결을 위한 계획 세우기, ③ 계획의 실행, ④ 실행에 대한 평가의 네 단계로 이루어진다. 이 절에서는 각 단계에서의 교사와 학습자의 역할에 관하여 〈표 8-2〉에서 설명하겠다(Kilbane & Milman, 2014).

〈표 8-2〉 **문제기반학습의 단계에 기반한 학습 모듈**

문제 기반 학습 단계	교사의 역할	학습자의 역할
문제 제시/ 문제 확인하기	• 학습자에게 '좋은' 문제를 제시한다. • 학습자에게 문제가 무엇인지를 확인할 수 있도록 요청한다. • 학습자에게 팀 구성에 관해 알려 준다. • 문제해결을 언제까지 해야 하며, 문제해결을 위한 과제들의 큰 틀(outline of the tasks) 정도는 제시할 수도 있다.	• 교사가 제시한 문제를 확인한다. • 문제해결을 위한 합리적인 계획을 팀 단위로 세운다.
문제해결 계획 세우기	• 문제해결을 위한 계획을 세우게 한다. • 학습자의 문제 분석과 해결 계획 수립을 돕기 위해 시나리오에서 주는 질문을 자세히 살필 수 있도록 독려한다. • 문제해결을 시작할 수 있도록 팀 구성원의 역할 분담과 같이 해야 하는 일을 정할 수 있도록 돕는다. • 학습자의 학습과 계획 수립에 도움이 될 수 있는 스캐폴딩을 제공한다.	• 문제해결을 위한 합리적인 계획을 팀별로 세운다.
계획 실행하기	• 학습자가 세운 계획을 실행하도록 요청한다. • 계획의 실행을 작은 단계로 나누도록 하다. • 실행 과정을 기록하고 문서화하도록 돕는다. 이 과정은 후에 평가 활동에 도움이 된다.	• 계획을 실행하기 위해 해야 할 일을 적어 본다. • 계획을 실행한다.
계획 실행에 대한 평가하기	• 문제해결 실행 과정과 결과물에 대하여 평가하고 성찰하도록 요청한다. • 개인적으로 한 일과 기여한 점을 평가표를 활용해서 성찰, 평가하게 한다. • 팀 수준에서 협동해서 한 일과 기여한 점을 평가표를 활용해서 성찰, 평가하게 한다. • 같은 문제해결을 위해 다른 방법으로 했다면 어떤 방법이 있으며 그 방법의 장점과 문제점은 어떤 것이 있는지 생각해 보게 한다.	• 팀별로 실행의 결과물을 평가하고 성찰한다. • 문제해결에 대한 개인의 기여와 그룹의 역할에 대하여 성찰한다. • 같은 문제에 대하여 다르게 접근하였다면 어떠했을지에 대하여 생각해 본다.

〈표 8-2〉를 기반으로 앞서 살펴본 구체적 예시(피자 파티)의 학습 모듈을 개발하면 〈표 8-3〉과 같다.

〈표 8-3〉 **학습 모듈 예시**

문제 기반 학습 단계		교사의 역할	학습자의 역할
[수업 이전 계획 단계]		• 문제 시나리오와 학습 모듈 개발 • 팀 구성: 16명의 어린이를 4명씩 4집단으로 구성한다.	팀별로 다른 테이블에 앉는다.
수업 시간	문제 제시/ 문제 확인 하기	• ○○유치원의 기린반은 토끼반과의 공차기 시합에서 우승하여 상품으로 피자 주문용 쿠폰을 받았다. 만약 여러분이 기린반 담임 선생님이라면 피자 몇 판을 주문해야 할까? 기린반 어린이는 16명이며, 피자는 두 종류만 정할 수 있고, 어린이들은 피자를 원하는 조각 수만큼 먹을 수 있다.	• 교사의 시나리오를 듣고 팀별로 문제를 파악한다. (문제는 어린이들이 가장 좋아하는 피자 두 종류 확인하기, 두 종류의 피자는 각각 몇 판씩 필요한지 확인하기이다.)
	문제해결 계획 세우기	• 피자를 주문하기 위해서 알아내야 하는 것이 무엇인지를 생각하도록, 즉 시나리오에서 주는 질문을 자세히 살필 수 있도록 독려한다. • 문제해결을 시작할 수 있도록 팀 구성원의 역할 분담과 같이 해야 하는 일을 정할 수 있도록 돕는다. • 학습자의 학습과 계획 수립에 도움이 될 수 있는 스캐폴딩으로서 원하는 피자를 표시할 수 있는 표를 만들어 보도록 한다([그림 8-3] 참조).	• 조사해야 하는 것이 무엇이며 어떤 방법으로 할 수 있는지 의논한다. • 팀원의 역할 분담을 의논한다. • 좋아하는 피자 두 종류를 조사한다. • 팀원 개인적으로 좋아하는 피자 조각의 수를 알아내는 방법과 누가 할 것인지를 정한다. • 종이에 표를 만들어 그려 본다. • 만약 담임 선생님이라면 학급 전체 어린이를 위한 피자 주문을 위한 팀별 결과를 합하는 방법을 계획한다.

	계획 실행하기	• 원하는 피자 표시판에 학습자 개인이 표시한다. • 담임 선생님이라면, 4팀의 결과를 어떻게 합할 수 있는지를 생각해 보고 실행할 수 있도록 안내한다.	• 4팀의 결과 표를 합한 표를 만드는 결과를 도출한다. • 피자 종류와 피자의 숫자가 나오면 실제로 피자를 주문한다.
	계획 실행에 대한 평가하기	• 개인적으로 한 일과 기여한 점을 평가표를 활용해서 성찰, 평가하게 한다. • 팀 수준에서 협동해서 한 일과 기여한 점을 평가표를 활용해서 성찰, 평가하게 한다.	• 개인적으로 원하는 피자와 조각 수를 표현했던 활동을 평가한다. • 팀별 결과 합산 활동을 평가한다.

무궁화팀	페페로니피자	불고기피자
김수민	1	1
이수현		2
정윤주	1	
한철민	1	2
총	3	5

채송화팀	페페로니피자	불고기피자
박지해	1	
김소희		1
김민기	2	
노진규	1	1
총	4	2

국화팀	페페로니피자	불고기피자
김도현		2
이철민		2
정은지	1	
김수정		1
총	1	5

들국화팀	페페로니피자	불고기피자
임예림	1	1
박수철		2
윤지선		1
김예진		1
총	1	5

[그림 8-3] **팀별 원하는 피자**

3. 전통적인 수업의 주간 교수 · 학습 지도안

지금까지 문제기반학습을 위한 교수설계의 개발 단계에 해야 할 일로써 구체적인 사례를 설정하여 학습 모듈 개발에 관하여 살펴보았다. 전통적인 교실 수업의 경우에는 학습 모듈보다는 주간 교수 · 학습 지도안과 활동 계획안을 개발한다. 이 절에서는 주간 교수 · 학습 지도안과 해당 주제 활동 중의 하나인 '달력 활동'의 활동 계획안의 예시를 소개한다.

주간 교수 · 학습 지도안은 설계 단계에서 구조화한 프로그램을 자유선택 활동과 대 · 소집단 활동으로 구분하여 요일별 활동으로 전환하는 것인데 유아교육기관의 환경을 고려하여 두 가지를 모두 개발할 수도 있고 두 가지 중 한 가지만 개발할 수도 있다. 앞서 개발한 프로그램 구조화 표를 주간 교수 · 학습 지도안으로 전환하면 〈표 8-4〉와 같다.

〈표 8-4〉 **주간 교수 · 학습 지도안 예시**[1]

<table>
<tr><td colspan="2">반 이름</td><td colspan="2">○○반</td><td>시기</td><td colspan="2">20○○년 ○월 ○주</td></tr>
<tr><td colspan="2">생활주제</td><td colspan="2">수와 연산의 기초 개념 형성하기</td><td>주제</td><td colspan="2">수</td></tr>
<tr><td colspan="2">목표</td><td colspan="5">• 생활 속에서 사용되는 여러 가지 수의 의미를 안다.
• 스무 개가량의 구체적 사물을 셀 수 있다.
• 수의 많고 적은 관계를 안다.
• 구체적 사물을 활용해 더하고 빼는 경험을 해 본다.</td></tr>
<tr><td colspan="2">활동</td><td>월</td><td>화</td><td>수</td><td>목</td><td>금</td></tr>
<tr><td colspan="2">소주제</td><td>생활 속에서 사용되는 수</td><td colspan="2">스무 개가량의 구체물 세기</td><td colspan="2">더하고 빼기</td></tr>
<tr><td rowspan="5">자유선택 활동</td><td>쌓기 놀이 영역</td><td colspan="2">아파트 만들기 블록</td><td colspan="3">숫자 도미노</td></tr>
<tr><td>역할놀이 영역</td><td colspan="2">시장 놀이</td><td colspan="3">'이씨네 돼지 박씨네 돼지' 역할놀이</td></tr>
<tr><td>쓰기 영역</td><td colspan="2">1부터 20까지 숫자 쓰기</td><td colspan="3">수를 한글로 읽을 때 나는 소리 쓰기</td></tr>
<tr><td>수 조작 놀이 영역</td><td colspan="3">여러 가지 크기의 계란판, 스티로폼 공</td><td colspan="2">꽃잎 수 세기 자료</td></tr>
<tr><td>컴퓨터 영역</td><td colspan="3">• 지니키즈
www.genikids.com</td><td colspan="2">• 깨비키즈
www.kebikids.com</td></tr>
</table>

1) 본 지도안은 가천대학교 유아교육과 학생들의 팀 프로젝트(2014) 결과물을 토대로 작성되었다.

	미술 영역			숫자 그림 그리기(시트 제공)		
	음률 영역	'새 달력' 노래 듣기		다섯 작은 꾀꼬리		
단 활동	이야기 나누기	달력 활동 생활 속에서 사용되는 숫자 의미	달력 활동	달력 활동	달력 활동 날씨 그래프	달력 활동
	동화 동시 동극	통통 하마 아줌마의 쇼핑	사탕 가게에 간 사랑이	꼬마 곰의 숫자 놀이	다섯 작은 꾀꼬리 동시	'이씨네 돼지 박씨네 돼지'
	음악 활동	새달력 노래 인디언 노래			다섯 작은 꾀꼬리 노래	
	신체 활동	인디언 노래 신체 표현			박수 놀이	
	게임			숫자대로 모여라		나와라 꾀꼬리
	미술 활동		사탕 꾸러미 만들기			
바깥놀이					봄꽃 씨앗 심기	

주간 교수 · 학습 지도안을 구성하고 있는 여러 가지 활동 중 새로운 활동이나 교사가 탐구할 필요가 있는 주요 활동은 활동 계획안을 개발하여 수업을 준비한다. 앞서 소개한 주간 교육계획안에서 매일 하는 활동으로 계획한 '달력 활동'의 활동 계획안을 〈표 8-5〉에서 예시한다.

〈표 8-5〉 **활동 계획안의 예시**

<table>
<tr><td>활동명</td><td colspan="4">달력 활동_하루에 숫자 하나</td><td>활동</td><td>대 · 소집단 활동</td></tr>
<tr><td>학습주제</td><td colspan="4">수와 연산의 기초 개념 형성하기</td><td>활동 유형</td><td>이야기 나누기</td></tr>
<tr><td>세부 주제</td><td colspan="4">생활 속에서 사용되는 수의 여러 가지 의미</td><td>대상 연령</td><td>만 5세</td></tr>
<tr><td>학습목표</td><td colspan="6">1. 달력의 개념을 알고 시간이 지나가는 것을 달력에 표현하는 방법을 안다.
2. 달력에 숫자를 표시하는 방법을 안다.
3. 숫자의 일대일 대응과 숫자의 순서를 안다.</td></tr>
<tr><td>5세 누리과정 관련 요소</td><td colspan="3"></td><td>창의 · 인성 관련</td><td colspan="2"></td></tr>
<tr><td>활동 자료</td><td colspan="2">1. 피아노, 또는 노래 반주용 카세트 플레이어</td><td>2. 달력 자료</td><td>3. 요일 학습 자료</td><td>4. 날씨 자료</td><td></td></tr>
<tr><td>활동 개요</td><td colspan="6">유아교육기관에서의 하루는 그날의 날짜, 요일, 날씨 이야기로 시작하는 것이 좋다. 오늘의 날짜, 숫자의 이름, 요일의 명칭을 학습함으로써 학습자는 숫자를 표현하는 수학적 방법을 알게 된다. 숫자를 표현하는 수학적 방법을 통해 생일, 자신이 속한 반의 친구는 몇 명인지를 숫자로 표현할 수 있다는 것을 알게 된다.</td></tr>
<tr><td>활동 방법</td><td>시간</td><td colspan="2">교사 활동</td><td colspan="2">학습자 활동</td><td>교수매체</td></tr>
<tr><td>도입</td><td>3분</td><td colspan="2">• (학습자의 주의 집중을 위해) "새 달력에 내 생일이 들어 있네~~" 노래를 한다.
"친구들 어제 일요일 잘 보냈어요?"</td><td colspan="2">"새 달력에 내 생일이~~" 노래를 한다.

"예, 잘 보냈어요~~"</td><td>노래 반주용 피아노, 또는 카세트 플레이어</td></tr>
<tr><td>전개</td><td>8분</td><td colspan="2">• (교사가 융판 이젤 앞으로 가서 미리 준비한 달력에 자료를 붙이며)
"오늘은 2014년 4월 7일 월요일입니다."
"어제는 일요일이었습니다."
"오늘은 월요일입니다."
"내일은 화요일입니다."</td><td colspan="2"></td><td></td></tr>
</table>

전개		"자, 이제 친구들과 다 같이 해 보세요."(이때 교사는 달력의 날짜와 융판 자료의 요일을 가리킨다.)	(다 같이) "오늘은 2014년 4월 7일 월요일입니다." "어제는 일요일이었습니다." "오늘은 월요일입니다." "내일은 화요일입니다."	
		"이번에는 앞에 나와서 오늘의 날짜를 친구들 앞에서 발표하고 싶은 친구 손들어 보세요." (손드는 학습자에게 기회를 준다.)	• (1명의 학습자가 나와서 똑같은 문장을 반복한다.) "오늘은 2014년 4월 7일 월요일입니다." "어제는 일요일이었습니다." "오늘은 월요일입니다." "내일은 화요일입니다."	
		"○○이는 참 잘했어요." • "자, 이제 오늘의 날씨를 알아봅시다. ○○친구가 창문에 가서 오늘의 날씨를 알아보고 오세요."	• (○○는 창가에서 날씨를 보고 온다.)	
		• "○○야, 오늘 날씨가 어떠니?" "그래, 오늘은 해가 나고 바람이 부는구나, 그러면 (날씨판에 맑음과 바람의 그림 자료를 붙이면서) 오늘의 날씨는 맑고 바람이 붑니다."	"예, 오늘은 해가 나고 바람이 불어요."	
		"오늘은 선생님과 함께 오늘의 날짜를 달력에 표시하는 방법을 알아보았어요. 선생님이 날짜 표시하는 자료를 '말하기 영역'에 둘 테니까 연습하고 싶은 친구는 자유놀이 시간에 연습할 수 있어요."		

<table>
<tr><td>정리</td><td>5분</td><td>"자, 지금부터는 자유 놀이 시간이에요. 블록 코너에 갈 친구 손드세요."
"○○, ◇◇, □□는 블록 코너로 가세요."</td><td>(각자 선택한 코너로 가서 자유 놀이를 한다).</td><td></td></tr>
<tr><td>확장 활동</td><td colspan="4">달력 활동이 익숙해지면 '수 개념 학습'이 학습주제가 아닌 주에도 이야기 나누기 시작 부분에 매일 규칙적으로 달력 활동을 통해 하루에 숫자 하나씩 배우기를 할 수 있으며, 익숙해진 후에는 매일 발표할 학습자를 1명씩 정해 나와서 발표할 기회를 줄 수 있다.
매일의 날씨 당번을 정해 창문을 열거나 잠깐 현관까지만 나가서 날씨를 확인해 보고 오도록 하여 '오늘의 날씨 발표'를 매일 하도록 하는 것도 좋다.
학습자의 숫자 개념이 확장되면,
"지난 달은 3월이었습니다."
"이번 달은 4월입니다."
"다음 달은 5월입니다."도 할 수가 있다.</td></tr>
</table>

주요 용어

학습목표 명세화, ABCD 규칙, 문제개발, 시나리오, 학습모듈, 교수 · 학습 지도안

생각해 볼 문제

1. 유치원 어린이들이 현실에서 접할 수 있는 문제는 어떤 것일까?
2. 비구조화된 문제와 구조화된 문제의 차이점은 무엇일까?
3. 문제를 어린이에게 가장 실감나게 전달하는 방법은 어떤 것일까?
4. 문제기반학습을 위한 시나리오를 접하고도 학습자가 문제가 무엇인지를 찾지 못한다면 어떻게 해야 할까?

실행 및 평가

학습목표

- 유아교사의 핵심 역량을 설명할 수 있다.
- 효과적 수업을 위한 핵심 행동과 보조 행동을 설명할 수 있다.
- 수업 참관 평가표에 따라 자신과 동료의 수업을 평가하고, 개선점을 나열할 수 있다.
- 진단평가, 형성평가, 총괄평가, 규준참조평가, 준거참조평가의 개념과 특징을 설명할 수 있다.
- 유아 평가 방법인 관찰법, 면접법, 포트폴리오 평가법, 검사법의 특징에 대해 설명할 수 있다.
- CIPP 평가 모형의 특징을 설명할 수 있다.
- Kirkpatrick의 4수준 평가 모형의 특징을 서술할 수 있다.

분석과 설계를 통해 개발해야 할 교육 프로그램의 목표가 설정되고 이에 대한 교수・학습 지도안과 매체들이 개발되었다면, 이젠 교육 프로그램을 실제 수업에서 적용해 보고 그 효과성을 판단해야 할 차례이다. 이는 각각 교수설계 단계에서의 실행과 평가 단계에 대응되는 활동으로, 각 단계에 맞는 교수자의 행동과 성찰을 요구한다. 이 장에서는 교육 프로그램을 운영하는 주체로서의 교수자가 실행 단계에서 염두에 두어야 할 사항에 대해 알아보고, 교수설계 단계에서 수행되는 평가의 종류 및 특성에 대해 살펴보기로 한다.

1. 실행

실행은 설계 및 개발된 교육 프로그램을 실제 교육 현장의 활동으로 변환시키는 과정을 의미한다. 이는 개발된 다양한 교수·학습 자료와 매체들을 현장에 적용해 보는 일회적 활동뿐만 아니라, 그 내용들이 현장에서 정착 및 유지되도록 관련 노력을 경주하는 과정까지를 포함하는 보다 폭넓은 개념이다.

유아교육과정에서 실행은 학습내용과 활동에 대한 본격적인 지도가 이루어지는 단계이기도 하지만, 수업과 관련된 각종 시설과 환경들을 관리하는 작업이 이루어져야 하는 복합적인 활동이기도 하다. 인력, 예산, 자료, 시간, 시설 등의 자원을 기획하고 감사 및 조정하는 것 등이 교육 프로그램의 실행을 위해 부가적으로 진행되어야 할 일들이다. 한편, 새롭게 개발된 자료와 매체가 현장에 채택되기 위해서는 자료와 매체 자체가 갖는 장점도 중요하게 고려되어야 하지만, 새로운 것에 대한 교사들의 수용 의지와 정서 또한 중요한 요인으로 작용되므로, 실행 단계에서는 이상의 요인들을 적절히 고려하여 원활한 수업이 이루어지도록 조정하는 작업이 병행되어야 한다(권성호, 2011; 홍기칠, 2012).

1) 유아교사의 핵심 역량

교사는 학습자, 교육내용, 교육환경과 더불어 교육의 4대 요소 중 하나로 간주되며, 자신에게 내재된 지식을 학습자에게 전수하는 존재로서 고대부터 매우 중요하게 언급되어 왔다(변영계, 2005). 교사는 학습자와의 인지적·사회적·감성적 상호작용을 통해 학습자의 가치관을 형성하는 데 중요한 역할을 수행하기 때문에, 특히 어린 학습자에게 많은 영향을 미치게 된다. "교육의 질은 교사의 질을 뛰어넘지 못한다."라는 오랜 격언은 이를 단편적으로 드러내 주는 말이다.

이에, 미국, 영국, 뉴질랜드 등 각국에서는 유아교사에게 필수적으로 요구되는 역량을 규명하고 이를 향상시키고자 노력하고 있다. 우리나라에서도 '유아교육선진화 기반조성사업'의 일환으로 유아교사의 핵심 역량을 도출하여 〈표 9-1〉과 같이 제시하고 있다. 교사는 수업의 실행을 위해서, 본인이 갖추고 있는 핵심 역량과 보완해야 할 역량을 점검하고 개선할 수 있어야 할 것이다.

〈표 9-1〉 **유아교사의 핵심 역량**

핵심 역량	요소	내용
교직 인성 및 전문성 개발	교직에 대한 열정	• 좋은 교육을 위한 헌신 • 교육 개선을 위한 지속적 탐구
	창의성	• 다양한 상황과 조건 수용 • 새로운 가치와 아이디어 창출
	반성적 자기 개발	• 반성적 사고 개발 • 전문적 발달을 위한 노력
	교직윤리	• 유치원 교사 윤리 강령 실천 • 유치원 교사로서 바른 근무자세 유지
학습자에 대한 이해	유아의 보편적 발달 특성 이해	• 유아 발달의 개념 및 발달이론 이해 • 유아의 신체, 언어, 인지, 사회, 정서 영역의 발달특성 이해
	유아의 개인적 · 사회 문화적 발달 특성 이해	• 유아의 발달에 관련된 개인적, 사회 문화적 요인 이해 • 유아의 개별적 발달 특성 이해
교육과정 운영	유아교육과정에 대한 이해 및 실행	• 유아교육과정에 대한 이론 이해 • 유아 핵심 역량에 대한 이해 • 국가수준 유치원 교육과정에 대한 이해
	교과내용지식 이해	• 유아 언어, 수학, 과학, 사회, 예술, 체육 교과 내용 지식 이해 • 유아 건강 및 안전 교과 내용 지식 이해 • 유아 놀이 교과 내용 지식 이해
	다학문적 지식 이해 및 활용	• 인문학, 과학기술, 사회학, 예술 등의 폭넓은 교양 지식 이해 및 탐구 • 다학문 지식의 교육과정 적용

	교수 · 학습 과정에 대한 이해 및 실행	• 유아 교수 · 학습방법에 대한 지식 • 개별화 교수 · 학습방법의 적용 • 효율적 교수 · 학습을 위한 환경 구성 • 적합한 교수자료의 발굴, 개발 및 활용
	평가의 이해	• 유아의 개인적 특성에 대한 평가 방법 이해 및 실행 • 교육과정 평가 이해 및 실행 • 평가 결과의 활용
대인관계 및 의사소통	공동체 의식 및 태도 형성	• 교육 공동체 필요성 이해 • 교육 공동체 존중 • 부모와의 협력
	공동체 형성 및 지원	• 동료 교사와의 협력 • 지역사회와의 협력 • 유아와 가족의 교육 복지 지원을 위한 정책 이해 및 전달
	의사소통 기술 형성	• 대상에 따른 의사소통 기술에 대한 관심 • 언어적/비언어적 의사소통 기술 형성
정보화 소양	정보화 기술 이해	• 새로운 정보화 기술에 대한 관심 • 교육, 행정, 재정 업무 처리를 위한 정보화 기술 이해
	정보화 기술 활용	• 폭넓은 정보 교류 • 유용한 정보의 조직 및 활용 • 교수매체로써 정보화 기술의 비판적 활용
학급 운영	교실문화 조성	• 유아와 긍정적인 관계 형성 • 교실 운영과 관리 • 유아 행동 지도
	문서 작성 및 관리	• 학급 운영 관련 문서 작성 및 관리 • 대외 관련 공문서 작성 및 관리

출처: 박은혜 외, 2010.

(1) 효과적 수업을 위한 교사의 행동

〈표 9-1〉에 제시된 유아교사의 핵심 역량 부분 중 주목해 보아야 할 것은 '학습자에 대한 이해'와 '교육과정의 운영' 등 수업의 운영과 관련된 활동이다. 유능한 교

사는 학습자와 수업에 대한 분석과 수업내용의 설계 및 개발 과정을 통해 수업에 대한 청사진을 계획하고, 실제적인 운영의 기술을 더하여 학습자를 수업에 몰입시킬 수 있어야 한다. 이때 〈표 9-2〉 및 〈표 9-3〉과 같은 핵심적, 촉진적 교수행동을 활용하면 학습자의 학업성취도를 향상시키는 데 도움을 얻을 수 있다.

〈표 9-2〉 **효과적 수업을 위한 핵심 행동**

구분	의미	관련 행동
수업의 명료성	교사가 명확하게 수업 내용을 설명하고 전달하는 능력	• 학습목표의 제시 • 선행조직자의 제공 • 선행학습 여부 점검 • 학습 활동에 대한 명확한 안내 • 학생의 능력에 따른 수업 진행 • 이해를 돕기 위한 자료의 제공(예: 주요 내용에 대한 시각자료) • 수업내용의 정리 및 요약
수업 방법의 다양성	수업 시 활용되는 전달방법의 다양성과 융통성	• 다양한 주의집중 방법 활용 • 목소리나 동작의 변화 제공 • 제시 방법(강의, 질문, 자습, 설명, 참여 등)의 다양화 • 보상과 강화를 적절히 배합하여 활용(예: 가산점, 칭찬) • 학생의 의견 활용 • 다양한 질문 제시
수업 활동에의 전념	실제 교과 내용을 가르치는 시간의 확보	• 치밀하고 충실한 수업지도안의 작성 • 수업 중 사무적인 일 지양 • 학습자의 학습 방해 행위 통제 • 학습목표에 적합한 수업 방법의 선택 • 주별/월별 성취 계획 명료화
학생의 적극적인 참여 유도	교과 학습을 위한 학습자의 몰입 증진 및 능동적 참여 유도	• 수업 후 즉각적인 연습 기회 제공 • 평가하지 않는 분위기 속에서의 피드백 제공 • 개별 활동과 팀 활동의 적절한 활용 • 수업 참여에 대한 격려와 칭찬 • 개별 활동 시 순회 지도 실시

학생의 학습 성공률 향상	학습자의 수업 내용 이해 및 연습의 성공 정도 향상	• 선행학습 내용을 고려하여 수업내용을 논리적으로 계열화 • 즉각적 피드백의 제공 • 학생의 능력에 맞춘 수업내용의 분할 • 수업내용의 통합 및 연결 • 수업내용의 제시 속도 및 분량 다양화

출처: Borich, 2011의 내용을 재구성.

〈표 9-3〉 **효과적 수업을 보조하기 위한 촉진 행동**

구분	의미	관련 행동
학생의 생각과 공헌 활용	수업 중 보이는 학생의 반응을 다루어, 학생의 이해도를 높이고 참여도를 향상하는 기법	• 인정: 학생의 의견 중 핵심 단어나 논리를 반복해 줌 • 수정: 학생의 의견을 수정하여 전달해 주거나, 다른 개념과 연결 지어 부연 설명을 제시해 줌 • 적용: 학생의 의견을 추론 및 문제 분석 등에 활용함 • 비교: 학생의 의견을 전에 제시하였던 의견 및 다른 학생의 의견/응답과 비교함 • 요약: 학생의 의견을 배운 개념에 대한 복습이나 강조에 활용함
체계적 요약 및 구조화된 정리 제시	향후 배울 내용에 대한 설명 및 현재까지 배운 내용에 대한 종합 정리를 위한 교사의 설명	• 수업의 방향이나 내용 변화의 암시: 수업의 도입부나 정리부에 활용하여 학습자의 주의 환기 • 강조: 중요 개념에 대한 언급으로 학습할 내용의 방향성 제공(예: 자, 이것은 중요합니다) • 선행조직자의 제공: 사전지식 및 경험의 회상, 신규 학습 내용과의 연계를 위해 도입부에 활용 • 활동 구조화: 수업내용을 난이도에 따라 분류하고 학생들이 자신의 수준에 맞는 내용을 스스로 통제하며 학습
질문 활용	발문 기법을 활용하여 수업내용 및 학습 과정에 대한 질문 제공	• 수업내용에 대한 질문: 수업내용의 이해와 복습에 관련된 질문(별도의 해석이나 추가 설명이 필요하지 않은 질문, 단편적 사실의 확인을 위한 질문, 동일한 대답이 도출되는 질문 등) • 학습 과정에 대한 질문: 문제해결, 안내, 호기심 유발, 종합, 판단 등 다양한 사고 과정을 촉진하는 데 활용하는 질문(정답에 대한 다양한 해석이 존재하는 질문, 고차원적 사고를 요구하는 질문, 정답이 다양하게 제시될 수 있는 질문, 요약이나 일반화 및 추론 등을 요구하는 질문 등)

학생의 깊은 사고 격려	자신 및 동료의 대답을 정교하게 부연 설명하게 하는 교사의 화법	• 이끌어 내기: 간단한 사실을 묻는 질문 이후 응답을 명확하게 표현하도록 자극함 • 추가 정보 요구하기: 학생의 이해 정도를 확인할 수 있는 새로운 정보를 요구함 • 방향 전환하기: 고차원적 사고의 자극을 위해 질문의 방향을 전환함
교사의 열정 활용	교사가 수업시간에 보여 주는 활력, 관심, 흥미 등	• 교사의 활력, 관심, 흥미, 자신감, 학생에 대한 기대감 등은 얼굴표정, 목소리 변화, 제스처, 전체적 움직임 등으로 나타남 • 학생들의 감정을 불러일으켜 높은 몰입도를 가져옴

출처: Borich, 2011의 내용을 재구성.

교사가 수업을 효과적으로 운영하였는지를 점검해 볼 수 있는 좋은 방법 중 하나는 〈표 9-4〉에 제시된 수업 참관 평가표를 활용하는 것이다. 본 평가표는 교수·학습의 계획, 수업 목표, 교수·학습 활동 과정, 매체, 자료의 관리에 이르는 수업의 전체적인 과정을 살펴볼 수 있도록 구성되어 있다. 유아교사는 본 표를 본인의 수업 성찰과 동교 교사의 수업 점검 등을 위해 활용할 수 있다.

〈표 9-4〉 **수업 참관 평가표 예시**

일시		장소		
대상	만 ○세 유아 ○○명	참관자		
영역	평가 내용	평가		
		우수	적합	개선 필요
교수·학습 계획	연령별 누리과정에 의한 주제를 선정하고 소주제와 일치된 수업내용을 계획하였는가?			
	다양한 형태로 창의성 있게 설계되었는가?			
	심도 있는 교수·학습 자료를 준비하였는가?			
수업 목표	학습목표는 구체적이고 명료하게 진술되었는가?			
	단위 시간에 달성될 수 있는 목표인가?			

교수 · 학습 활동 과정	교사의 발문 및 사용 언어는 적절한가?			
	유아의 학습의욕과 사고력을 유도하는 발문이 이루어졌는가?			
	그룹 배치는 수업목표 도달을 위한 형태로 하고 있는가?			
	학습 공간의 시설을 유용하게 활용하고 있는가?			
	유아 중심의 수업 모형인가?			
	유아들의 개인차를 고려하였는가?			
	유아들이 적극적으로 참여하는가?			
	평가 및 마무리는 잘 되었는가?			
수업 매체 활용 및 평가	적합한 매체를 적절한 시기에 효과적으로 활용하는가?			
	평가는 수업 목표 도달을 위하여 적절한가?			
학습 자료 관리	학습 결과물을 적절히 관리하고 있는가?			
종합평가	〈우수 점〉 〈보완 점〉			

출처: 서울특별시교육청 유아교육과, 2017.

수업의 실행에 활용할 수 있는 효과적인 질문 기법

수업 중 이루어지는 상호작용은 교사와 학생의 질문과 응답으로 이루어지는 경우가 많다. 다음의 사항에 유의하며 질문을 활용한다면, 보다 효과적인 수업이 이루어질 수 있다.

① 학생들에게 다양한 응답을 요구하는 확산형 질문을 실시한다.

② 학생들에게 단순히 "예", "아니요"의 응답을 요구하는 질문은 학생들의 사고를 촉진시킬 수 없으므로 제한적으로 사용한다.

③ 학습자로부터 특정한 응답을 요구하는 폐쇄형 질문(예: 『백설공주』에 나오는 계모는 나쁜 사람인가요?)은 효과적인 질문이 아니므로, 사용을 자제한다.

④ 질문이 너무 추상적이거나 어려울 경우(예: 아름다움이란 무엇인가?)에는 학생들의 반응이 나타나지 않을 수 있으므로, 질문의 난이도와 학습자의 수준, 표현의 구체성 등에 유의한다.

⑤ 교사의 질문 후에는 학습자들이 생각해 볼 수 있도록 5초 이상의 시간을 제공한다.

⑥ 수업활동에 전념하는 시간을 확보하기 위해 학습내용과 관련된 질문을 제시한다.

⑦ 정답을 맞히지 못한 학습자라 할지라도 적극적으로 응답하려 했던 용기에 대해 칭찬하고 격려한다.

⑧ 교사의 한 가지 질문에 다양한 생각과 참여가 유도될 수 있는 질문이 가장 적합한 질문이다. 수업을 준비하며 발문을 3~4개 정도 준비하려는 노력이 필요하다.

출처: 서미옥, 2015의 내용을 재구성.

수업의 실행에 활용할 수 있는 효과적인 프레젠테이션 기법

파워포인트 등 각종 매체를 활용하여 프레젠테이션을 실시할 때에는 다음의 사항에 유의해야 한다.

① 학습자와의 시선 맞춤에 유의하라.
 –항상 학습자가 교수자의 얼굴 표정을 볼 수 있도록 한다.
 –움직임과 제스처에 변화를 주어 학습자의 주의를 지속적으로 유지시킨다.

② 적절한 속도와 목소리 크기를 활용하여 말하라.
 –교실 안의 모든 학생이 교수자의 목소리를 들을 수 있도록 충분히 크고 분명하게 말해야 한다.
 –중요한 내용을 제시한 후에는 약간(약 3초)의 침묵 시간을 두어 강조할 수 있다.

③ 의외성을 활용하라.

-다음에 전개될 내용을 예측할 수 있는 자료보다는 의외의 이미지 등을 활용하여 학습자의 주의를 환기시킬 수 있다.

④ 학습자가 참여하여 프레젠테이션을 완성할 수 있도록 하라.

-학습자 자신의 작품이나 글을 직접 삽입하여 참여도를 이끌어 낼 수 있다.

⑤ 스토리텔링에 유의하라.

-효과적인 프레젠테이션에는 이야기의 기, 승, 전, 결이 나타나 있다. 교사는 훌륭한 이야기꾼이 되어야 한다.

출처: 강명희 외, 2017.

(2) 교육자원을 평가하고 관리하기 위한 교사의 행동

유아교사는 수업을 운영함과 동시에 교육자원을 평가하고 관리하는 역할을 수행해야 한다. 이는 유아교사의 중요한 세부 역량 중 하나인 '적합한 교수자료의 발굴, 개발 및 활용'과 밀접한 관련을 갖는다.

교육매체나 자원을 실제로 수업에 활용할 때에는 교수자가 사전 시사(previewing)를 통해 자료의 상태를 미리 점검해 보고, 자료가 대상자의 연령과 사용 목적에 부합하는 것인지를 점검해 보는 과정이 필요하다. 이때에는 교육자원에 대한 평가가 뒤따르게 되는데, 〈표 9-5〉의 기준을 참고하여 해당 매체가 학습목표와 얼마나 연관되는지, 학습자나 교수자의 특성에 얼마나 부합하는지, 매체 자체의 질은 얼마나 훌륭한지 등을 점검할 수 있다. 유아교사는 평가표를 활용하여 일정 점수 이상 획득한 자원을 선정하고 수업에 활용해야 할 것이다.

〈표 9-5〉 **교수매체 선정 및 평가 기준**

고려사항		평가요소
학습 내용	학습목표와의 적합성	• 교육과정의 목표 및 내용과 부합하는가?
	내용의 신빙성과 적합성	• 내용이 신뢰롭고 최신의 내용을 포함하는가? • 내용이 편향되거나 문화적으로 치우침 없이 구성되었는가?

<table>
<tr><td></td><td>학습동기 유발
가능성</td><td>• 학습자의 학습동기가 유발되는가?</td></tr>
<tr><td></td><td>내용 전개의
논리성 및 균형</td><td>• 내용은 논리적으로 연계되어 있으며, 내용 간 균형은 적절한가?</td></tr>
<tr><td rowspan="3">인적
요소</td><td>학습자 특성 부합도</td><td>• 학습자의 흥미와 관심을 끌 수 있는가?
• 학습자의 발달 수준에 적합한 것인가?
• 매체가 활용될 학습 집단의 크기는 어떠한가?</td></tr>
<tr><td>교수자 특성 부합도</td><td>• 교수자가 매체를 친숙하게 느끼는가?
• 교수자는 해당 매체를 잘 활용할 수 있는가?</td></tr>
<tr><td>매체 전문가 특성
부합도</td><td>• 본 매체의 활용을 위해 부가적인 매체 전문가가 필요한가?</td></tr>
<tr><td rowspan="8">매체의
속성</td><td>표상의 적절성</td><td>• 구체성(예: 실물, 사진, 그래픽)을 가져야 하는 매체는 충분히 구체적으로 제작되어 있는가?
• 추상성을 가져야 하는 매체는 그 성격에 부합하도록 구성되어 있는가?</td></tr>
<tr><td>제시방법의
편의성 및 적합성</td><td>• 투사장치 등 부가적 매체(자료)가 요구되는가?</td></tr>
<tr><td>색상의 적합성</td><td>• 흑백 또는 컬러를 지원하는가?</td></tr>
<tr><td>기술의 적합성</td><td>• 매체 자체의 화질(해상도), 음성, 영상 등의 품질은 적합한가?</td></tr>
<tr><td>가격의 적정성</td><td>• 제작이나 구입이 용이한가?
• 가격이 적절한가?</td></tr>
<tr><td>안전성[1)]</td><td>• 표면이 안전하고 위생적이어서 유아가 만지기에 적합한가?
• 유아가 삼킬 염려는 없는가?
• 크거나 무겁지 않은가?</td></tr>
<tr><td>매체의 내구성 및
관리의 용이성</td><td>• 견고한가?
• 습기나 열 등에 의해 변형되지 않는가?
• 품질보증 및 수리 기간은 적절한가?</td></tr>
</table>

출처: 강명희 외, 2017의 내용을 참조 및 보완.

1) 특히, 유아들이 직접 만질 수 있는 교구의 경우 반드시 갖추어야 하는 요소이다.

매체에 대한 평가가 완료되었다면, 본 자료의 활용에 대한 사전 연습(practice)을 실시해야 한다. 수업 실행 단계에서 해당 매체들을 자연스럽게 활용하기 위해서는 교사 자신이 충분한 기술과 능력을 보유하고 있어야 하므로, 교사는 사전에 이에 대한 리터러시(literacy)를 함양할 필요가 있다. 특히, 최근 그 활용도가 증가하고 있는 디지털 매체와 로봇 등의 활용 정도는 교사의 능력에 크게 좌우되기 때문에, 교수자는 테크놀로지 활용 능력을 최신의 상태로 유지할 수 있어야 한다.

다음으로, 매체나 자료를 사용할 환경을 준비(prepare)해야 한다. 매체에 따라 모바일 인터넷 연결이나 암막 커튼 등의 특정한 환경이 요구될 수 있으므로, 이를 사전에 준비하고, 학습자를 준비시킨 후 실제 수업에 임해야 한다.

교육자원을 선택하는 것만큼이나 중요한 것이 여러 비품과 자료들을 효과적으로 보관 및 관리하는 일이다. 교구나 교재를 배치할 때에는 충분한 양을 구비하여 지정된 위치에 보관해야 하며, 서로 관련 있는 자료를 인접한 곳에 배치하여 쉽게 찾을 수 있도록 해야 한다. 이 밖에도 유아교사는 여러 가지 사항을 고려하여 효과적인 교육자료의 관리가 이루어질 수 있도록 유의해야 한다(〈표 9-6〉, 〈표 9-7〉 참조).

〈표 9-6〉 **교육자료의 보관 및 관리**

구분	내용
보관실	• 독립적이고 서늘한 공간 마련 • 해충의 침입 방지, 적절한 습도 유지
교구장 및 선반	• 이동성이 있는 교구장 및 선반 마련 • 분류 영역별 공간을 마련하여 보관
교구의 수납	• 내부를 볼 수 있도록 투명한 보관상자, 비닐 지퍼백, 바구니 등에 보관 • 교재 및 교구 사용설명서 동봉 • 기관별 분류 기준을 마련하여 분류 카드를 제작하면 효과적인 관리가 가능

출처: 정연희, 2011.

〈표 9-7〉 교육자료의 보관을 위한 관리표

주제			
활동명		자료 유형	
교육과정 관련 요소			
기대되는 효과			
교재 및 교구			
활용 방법			
비고			

출처: 김은심 외, 2010.

2) 물리적 환경의 구성

인간은 환경과의 상호작용을 통해 지식을 능동적으로 구성해 가는 존재이므로(Piaget, 1977), 유아를 둘러싼 물리적 환경은 지식을 구성하기 위한 보조적 수단일 뿐 아니라 교육의 질 자체를 예견해 줄 수 있는 중요한 지표가 된다. 따라서 적절한 시설 및 설비가 갖추어진 물리적 환경을 조성하는 것은 유능한 교사를 투입하는 인적 요인과 더불어 아동발달과 유아교육의 질을 결정짓는 핵심 변인이라 할 수 있다(Johnson, 2001).

유아는 주변 환경에 대해 끊임없는 흥미와 호기심을 보이며, 감각운동적 경험으로 세계를 이해하고, 에너지를 발산시킬 장소, 활동, 사물들을 필요로 한다. 따라서 유치원의 물리적 환경을 구성하고자 할 때에는 교육 프로그램의 목적 및 교육기관의 철학, 유아의 발달수준과 행동 특성, 유아의 흥미 등을 고려하여 유의미한 학습이 이루어질 수 있도록 설계해야 한다. 또한 유아교육기관이라 할지라도 유아가 그곳의 유일한 사용자는 아니므로, 부모나 교사, 다른 성인들의 요구사항을 참고할 필요가 있으며, 유아교육과정을 둘러싼 법적 · 사회적 · 문화적 요인 역시 고려되어야 한다.

(1) 물리적 환경을 구성하기 위한 기본 원리

유아기 학습자를 위한 교육환경이 가져야 할 요소들에 대해서는 학자들마다 여러 의견이 있지만, 학습자의 발달과 성장을 돕기 위해 효과적으로 구성되어야 한다는 점에 대해서는 의견의 일치를 보인다. 여러 연구자들이 공통적으로 언급하고 있는 환경 구성 원리를 정리해 보면 다음과 같다(이기숙, 2000; Decker & Decker, 2005).

① 독립성: 유아교육기관은 다른 기관이나 건물과 독립하여 되도록 단층으로 구성하고, 활동하기에 충분한 실내외 공간을 갖추어야 한다.
② 발달의 적절성: 물리적 환경은 유아의 성장 및 발달 원리에 맞도록 계획되어야 하고, 유아의 발달적 특성, 성숙도, 흥미, 요구, 개인차 등을 고려해야 한다.
③ 안전성: 유아교육 환경과 시설은 기관 내・외부의 위험으로부터 유아들을 보호하고, 관련자(유아, 부모, 교직원)의 건강과 안전 요구를 충족시킬 수 있어야 한다.
④ 융통성: 물리적 환경을 구성하고 있는 공간들은 유아가 다양한 경험을 할 수 있도록 충분한 공간, 창의적인 공간, 심미적인 공간이 되어야 하며 교육의 내용과 활동에 따라서 개인적 활동과 집단 활동이 모두 가능하도록 구성되어야 한다.

이 밖에도 유아교육기관의 물리적 환경은 교육 프로그램의 목표를 성취하는 데 타당한 것이어야 하며, 장애유아, 영재유아 등 모든 유아들의 통합교육이 가능하도록 조성되어야 한다.

(2) 실내환경의 구성

유아를 위한 실내환경을 구성할 때에는 넓이, 채광, 환기, 실내 바닥의 재질 등을 고루 고려해야 한다. 먼저, 넓이 측면에서 살펴보면, 교실은 유아가 놀이를 하고 관련 과업을 수행하는 데 불편함을 느끼지 않도록 충분히 넓게(교실 총 면적은 유아 1인당 2.2m^2 이상) 조성할 필요가 있다. 또한 채광이나 환기, 위생 등에 문제가 없도록 실내공간을 지상에 마련하는 것이 바람직하다. 실제로, 「유아교육법 시행규칙」의 [별표] 규정에 따르면, 유치원은 1층과 2층을 사용할 수 있으며, 건물 전체를 유아교육기관으로 사용할 경우에는 3층까지 활용할 수 있도록 규정하고 있다.

유치원 실내환경의 재질은 나무나 카펫 등 탄력성이 있는 재질로 구성하여, 아동이 넘어져도 다치지 않도록 배려하는 것이 좋다. 또한 안전성을 위해 기둥 등이 포함된 벽면보다는 단순한 평면의 벽으로 구성하고, 아동에게 친근감을 줄 수 있도록 아동의 키가 닿을 수 있는 높이까지를 연성 재료 등으로 구성하는 방식 등을 고려해야 한다(이영자, 신동주, 2012; 한임순, 1995).

실내환경을 구성할 때 가장 유의해야 할 점은 전체 환경이 아동의 흥미 영역(interest center)별로 구성되어 있어야 한다는 점이다. 흥미 영역이란 칸막이나 이

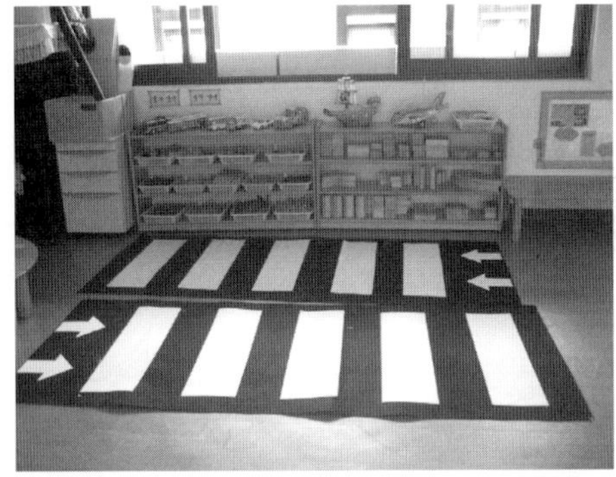

[그림 9-1] **각종 실내 흥미 영역**

동식 가구 등을 적절히 배치하여 각 영역에서 유아들이 소집단 활동을 하며 스스로 배울 수 있도록 마련된 독립적이며 상호 통합적인 작업 영역을 의미한다. 흥미 영역은 학습 영역(learning area) 또는 활동 영역(activity center)으로 불리기도 하는데, 유아들의 집중력을 증진시키고, 심리적 안정감을 주며, 의사결정 능력, 자율성, 독립심 등을 증진하는 데 크게 기여하는 것으로 알려져 있다(교육과학기술부, 2009). 교사는 실내환경을 쌓기 놀이 영역, 역할놀이 영역, 언어 영역, 조작놀이 영역, 과학 영역, 수학 영역, 조형 영역, 음률 영역, 컴퓨터 영역 및 개별 공간 영역 등으로 효과적으로 구분하여 구성해야 하며, 각각에 어울리는 교재와 교구를 마련해 두어야 한다.

(3) 실외환경의 구성

실외환경이란 유치원 전체 공간에서 건물을 제외한 나머지 대지가 차지하는 부분을 의미하며, 실내에서는 할 수 없는 다양한 학습 경험을 제공함으로써 유아의 운동 기능 및 사회성 등의 발달에 영향을 주는 환경적 요소를 뜻한다. 최근 개정된 2019 개정 누리과정에서는 '심신의 건강과 조화로운 발달'이라는 유아교육의 목표를 달성하기 위한 주요 요건으로 '놀이'를 제시하며, 유아가 다양한 놀이와 활동을 경험할 수 있도록 실내외 환경을 구성할 것을 제안하고 있다(교육부, 2019).

이를 뒷받침하듯, 「고등학교 이하 각급 학교 설립 · 운영 규정」의 [별표] 규정에서는 정원 40명 이하의 경우에는 160m^2, 41명 이상은 120+N(인원수)m^{2}의 외부 놀이 공간(체육장)을 구성하도록 규정하고 있다. 실외 활동은 유아의 신체와 운동 발달을 위해 다양한 기회를 제공해 줌으로써 유아들이 건강하고 안전한 삶을 살 수 있도록 해 주고, 학습과 발달을 증진시키며, 정서적 안정감을 제공해 주고, 자연과 학습자가 만날 수 있게 해 주는 등 다양한 이점을 갖고 있기 때문이다(이숙재, 2004). 따라서 실외환경에는 유아들이 자신들의 흥미와 욕구를 적절히 충족시켜 고른 발달을 이룰 수 있도록 다양한 활동 영역이 제공되어야 하며, 유아의 발달을 촉진할 수 있는 놀이기구가 배치되어 있어야 한다.

일반적으로 각 유아교육기관에서 구비하고 있는 실외 흥미 영역의 종류와 비치되는 교구 및 자료는 〈표 9-8〉에 나열되어 있다.

〈표 9-8〉 실외 흥미 영역의 구성

영역 명	영역 설명	비치되는 교구 및 자료
신체놀이 영역	다양한 대근육을 사용할 수 있도록 도와주는 영역	• 타이어 그네, 회전 그네, 시소 • 미끄럼틀 • 철봉, 정글짐, 망오름, 구름다리 • 이동식 농구대 등
물 · 모래 놀이 영역	물과 모래를 이용하여 마음껏 구성해 볼 수 있도록 하는 영역	• 플라스틱 자동차(트럭), 사람과 동물 인형, 소꿉놀이 기구 • 삽, 갈고리, 체, 깔때기, 계량스푼, 플라스틱 컵 • 물놀이용 비닐 옷, 스프레이, 수도, 페인트 붓 등
동식물 기르기 영역	다양한 환경에서 식물, 동물을 재배 및 사육할 수 있도록 하는 영역	• 동물 기르기 영역: 동물 사육장 및 여러 종류의 동물들 • 식물 기르기 영역: 꽃과 꽃씨, 꽃삽, 팻말, 모종삽, 호미 • 곤충 및 벌레: 개미, 나비, 달팽이, 거미, 귀뚜라미 등
목공놀이 영역	물건을 직접 만들어 볼 수 있도록 하는 영역	• 목공 작업대 • 망치, 드라이버, 대패, 펜치 등의 연장 • 가위, 끈, 못, 철사, 풀(아교), 종이집게 • 나무 및 나뭇조각 등
조용한 놀이 영역	책 보기, 휴식 등 유아의 정적인 활동을 지원하는 영역	• 텐트, 나무 그루터기, 돗자리 등

출처: 우수경 외, 2019.

[그림 9-2] **각종 실외환경**

2. 평가

평가(evaluation)는 교육의 전체 과정이나 활동에서 각 절차의 적절성, 효율성, 타당성을 확보하고, 보다 개선된 교육과정을 설계하기 위하여 다양한 자료와 정보를 수집 및 분석하고 이에 의하여 질적인 판단을 내리는 과정이다(권건일, 1996). 평가는 의미상 검사(test), 측정(measurement), 사정(assessment)과 혼동되어 사용되기도 하는데, 측정은 일정한 법칙에 의해 사물 등에 수치를 할당하는 것을 의미하며, 검사는 측정의 특수한 방법으로서 시험 등 사물에 대한 직접적인 측정이 불가능할 경우 활용하는 도구를 의미한다. 마지막으로, 사정(총평)은 인간의 행동 특성을 전체적인 입장에서 파악하여 특정한 환경, 과업, 준거 상황에서의 의사결정을 위해 사용되는 총체적인 개념이다(강명희 외, 2017).

교육의 과정에서 평가는 최종적인 가치 판단을 수행하는 총괄적 기능 외에, 학습자들의 학습 성과나 교육의 전체 과정을 개선하는 형성적 자료로 활용되기도 한다. 따라서 평가는 교수설계의 절차상 가장 마지막에 위치하고 있으나, 교수설계의 전

과정에 걸쳐 끊임없이 지속되는 활동이기도 하다. 이 절에서는 교수설계 과정에서 진행되는 평가의 종류 및 특성에 대해 살펴보기로 한다.

1) 평가의 종류

교육평가는 목적, 내용, 영역, 기능 등에 따라 다양한 유형으로 구분될 수 있지만, 이 절에서는 평가의 목적과 시기, 준거, 대상에 따른 구분법을 중심으로 살펴보기로 한다.

[그림 9-3] **평가의 다양한 구분**

(1) 평가의 목적 및 시기에 따른 구분

① 진단평가

진단평가(diagnostic evaluation)는 본격적인 교수 · 학습 실시 이전 학습자들의 사전 준비도를 알아보기 위해 실시하는 것으로, 학생이 소유하고 있는 특성들을 파악하여 교수 · 학습의 투입 및 실행 요소들을 결정하기 위해 실시한다. 진단평가가 학생들을 특성에 따라 구분하기 위해 실시될 경우에는 정치(定置, placement)평가라는 이름으로 불리기도 한다. 진단평가를 통해서는 학생들의 사전지식, 흥미, 적성, 동기 등을 측정할 수 있다.

② 형성평가

형성평가(formative evaluation)는 교육 프로그램 또는 교수 · 학습 과정 중에 전체 교육 체제의 질적 개선 및 의도된 목표의 달성을 위해 실시되는 평가를 의미한다. 따라서 형성평가의 궁극적 과제는 문제가 되고 있는 부분들을 찾아내어 이를 수정 및 개선하는 것이다. 형성평가를 위해서는 프로그램 참여자 1인의 의견을 들어 보는 일대일 평가, 소규모의 대상에게 의견을 들어 보는 소집단 평가, 실제 상황과 유사한 상황에서 참여자의 의견을 들어 보는 현장평가의 세 가지 단계를 거치는 것이 좋다. 형성평가는 외부 전문가들에 의해 실시되기보다는 프로그램에 직접적으로 관여하고 있는 설계자, 개발자, 학습자 등에 의해 진행되는 것이 일반적이다.

③ 총괄평가

총괄평가(summative evaluation)는 교육 프로그램 또는 교수 · 학습이 완료된 이후, 최종적인 효과성 판단을 위해 실시되는 평가를 의미한다. 목표에 비추어 해당 결과가 얼마나 타당하고 유효한지를 판단하고, 가치를 부여하여 다음에도 이 프로그램을 계속적으로 실시할지를 결정하는 것이 이 단계에서 해야 할 일이다. 총괄평가 단계에서는 평가의 신뢰성을 확보하기 위하여 외부 전문가를 초빙해서 평가를 진행하기도 한다.

〈표 9-9〉 형성평가와 총괄평가

구분	형성평가	총괄평가
평가 시기	교육 프로그램 또는 교수 · 학습 과정 중	교육 프로그램 또는 교수 · 학습 완료 이후
평가 목적	프로그램의 수정 및 개선을 통한 교육목표의 달성	프로그램의 타당성 및 효과성 판단
평가 대상	교육 프로그램, 교수 · 학습 과정, 학습자	교육 프로그램, 교수 · 학습 결과물, 학습자
평가 주체 및 방법	내부 관련자	외부 전문가 포함

형성평가와 총괄평가의 차이에 대해 Robert E. Stake는 형성평가는 요리를 준비하는 사람이 요리가 진행되는 도중 음식의 상태를 확인하기 위해 맛을 보는 행위로, 총괄평가는 최종 손님이 요리의 맛을 평가하는 행위로 빗대어 이야기한 바 있다(강명희 외, 2017). 이는 형성평가와 총괄평가가 진행되는 목적과 시기, 평가의 주체에 대한 훌륭한 비유로 널리 활용되고 있다.

(2) 평가의 준거에 따른 구분

① 규준참조평가

규준참조평가(norm-referenced evaluation)는 한 개인이 비교가 되는 집단 내에서 다른 사람보다 얼마나 더 성취했느냐 하는 상대적인 비교를 통해서 성적을 결정하는 평가 체제이다. 규준참조평가하에서 한 학생의 성취 정도는 주어진 집단의 점수 분포인 규준에 의해서 결정되기 때문에 '개인이 얼마나 잘했는가'보다는 '한 학생이 다른 학생에 비해 얼마나 잘했는가'에 의해 개인의 성적이 좌우된다.

규준참조평가는 학생들의 상대적 서열을 지정하여 선발을 용이하게 할 수 있다는 장점이 있으나, 학생의 실제 목표 달성 정도에 관한 정보를 주지 못하여 교육목표와 평가 사이에 관련성을 맺기 어렵다는 점, 학생들 사이에 지나친 경쟁이 유발된다는 점, 지적 성취에 있어서 계급의식이 강조된다는 점 등에서 단점을 보이기도 한다. 이 용어는 규준지향평가, 상대평가 등의 용어와 혼용되기도 한다(한국교육평가학회, 2004).

② 준거참조평가

준거참조평가(criterion-referenced evaluation)는 학습자가 사전에 결정된 어떠한 성취 기준이나 교육목표를 달성하였는가를 중심으로 하여 성적을 결정하는 평가 체제를 말한다. 준거참조평가에서는 규준참조평가에서와는 달리, 개인의 성취 수준을 다른 사람들이나 규준 집단의 성취 정도와의 상대적 비교에서 찾지 않으며,

'개개인의 학생이 무엇을 얼마나 성취했는가'에 초점을 두어 절대적으로 평가하게 된다.

규준참조평가가 원칙적으로 개인차를 인정하며 이를 드러내는 데 관심을 보이는 반면, 준거참조평가는 교육과정에서 발생하는 개인차가 교육의 실패에서 오는 결과이며, 이를 교육적 노력에 의해 감소시킬 수 있다는 긍정적 신념에서 출발한다. 따라서 교육학적으로는 준거참조평가가 보다 바람직한 것으로 여겨지고 있으며, 평가가 보유한 진단적 기능 및 형성적 기능을 중시하게 된다. 이 용어는 준거지향평가, 절대평가, 목표지향평가 등의 유사 용어와 함께 사용되고 있다(한국교육평가학회, 2004).

(3) 평가의 대상에 따른 구분

① 학습자 평가

학습자 평가는 학생의 학업성취도를 평가하고, 개인 및 집단 차원에서 학습상의 어려운 점을 파악하여 학습을 촉진할 뿐 아니라 교육과정, 수업자료, 수업 과정 등의 교육적 효과성을 점검 및 개선하며 교육정책의 결정 및 생활지도와 상담을 위한

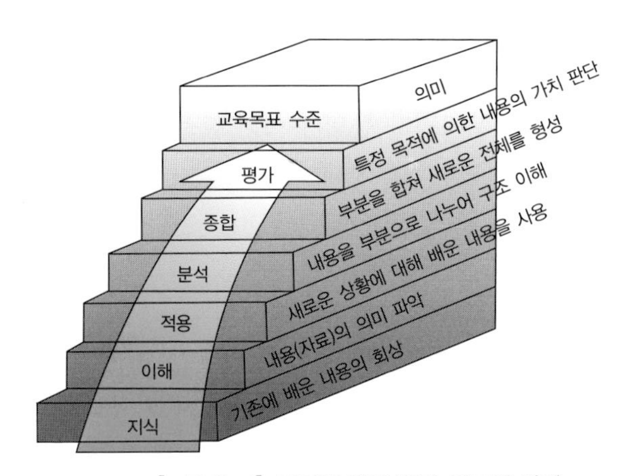

[그림 9-4] **인지적 영역 평가 목표의 위계**

출처: Bloom, 1956.

자료를 제공하는 기능 등을 수행한다(권건일, 1996). 학습자 평가는 학생들에게 학습동기의 강화, 학습방법의 평가, 학습상태의 점검, 진로선택의 목적에서 실시될 수 있기 때문에, 학습자 평가는 의도된 학습목표를 분명히 하는 일, 학습 과정과 관련된 보상을 알려 주는 일, 향후 학습자들에게 무엇을 가르쳐야 할 것인지 등에 대한 정보를 얻을 수 있는 수단(Gronlund, 1985)으로 기능해야 한다.

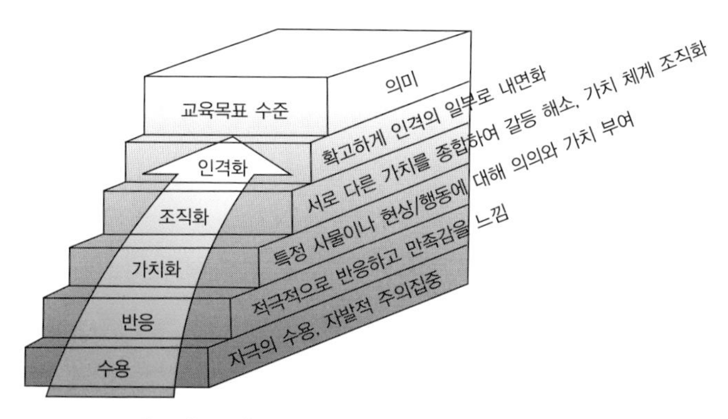

[그림 9-5] **정의적 영역 평가 목표의 위계**

출처: Krathwohl et al., 1973.

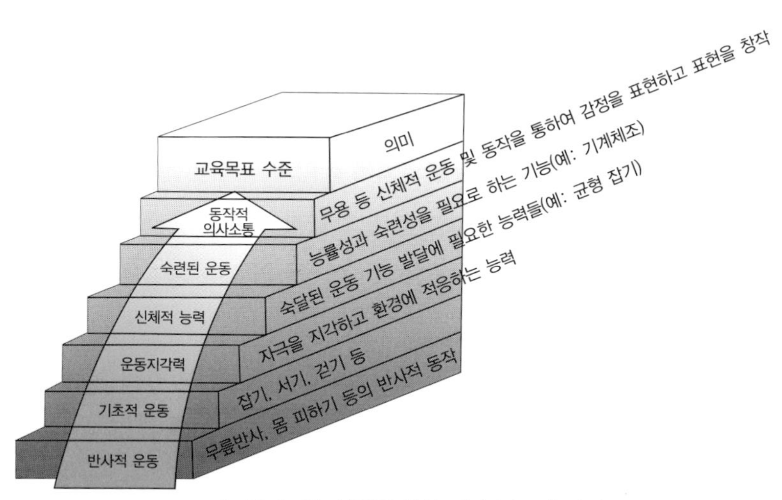

[그림 9-6] **심체적 영역 평가 목표의 위계**

출처: Harrow, 1972.

학습자 평가는 인지적 영역, 정의적 영역, 심체적 영역을 측정하는 역할을 수행한다. [그림 9-4]~[그림 9-6]은 각 영역에서 평가되어야 할 내용들을 위계적으로 분류하여 제시한 것이다(강명희 외, 2017; Bloom, 1956; Harrow, 1972; Krathwohl, Bloom, & Masia, 1973).

② 프로그램 평가

교육 프로그램(educational program)이란 지속적인 서비스를 제공하는 일련의 정형화된 교육활동을 의미한다. 교육 프로그램에 대한 평가는 프로그램의 질적 수준과 효과성을 평가하기 위한 것으로, 프로그램을 선정하고 실행한 결과를 다음 교육활동 계획 수립에 활용하여 프로그램의 질을 개선하고 효율성을 높이기 위한 목적에서 실시된다(김애자, 2007). 특히 유아교육 프로그램은 유아의 전인적 발달과 성장을 돕기 위한 목적에서 실시되기 때문에, 교육과정이나 프로그램 계획에 대한 적절성, 실제 교육과정에의 반영 정도, 목표 달성 정도 등을 중요한 요소로 포함해야 한다(황해익, 2009).

2) 유아 평가 방법

유아기 학습자에 대한 평가는 개별 유아에 대한 이해를 높이고 유아의 발달과 학습 수준을 평가하여 이를 교육에 반영함으로써 유아가 최적의 발달을 할 수 있도록 도와주는 과정이라 할 수 있다. 따라서 유아기 학습자 평가는 유아의 전인적 성장과 발달 변화에 적합한 경험의 질을 향상시키고 유아를 올바르게 이해하려는 토대 위에서 실시되어야 한다.

교육과학기술부와 보건복지부(2012)에서는 유아기 학습자 평가의 원칙을 제시하였는데, 그 핵심적 내용을 나열하면 다음과 같다.

① 유아를 평가할 때에는 누리과정의 목표와 내용을 준거로 하되, 성취 중심의 결

과 평가보다는 변화 과정을 진술하는 평가가 이루어지는 것이 바람직하다.

② 전인적 발달 과정을 평가하기 위하여 유아의 지식, 기능, 태도를 모두 포함하여 평가한다.

③ 평가는 특정 활동이나 영역에 초점을 맞춘 것이 아니라 일과 전반에 걸쳐 모든 유아에 대한 평가가 이루어져야 한다.

④ 관찰, 활동 결과물 분석, 부모 면담 등 다양한 방법을 사용하여 종합적으로 평가하고 이를 기록해야 한다.

⑤ 유아 평가의 결과는 유아에 대한 이해와 누리과정 운영 개선 및 부모 면담 자료로 활용되어야 한다.

유아에 대한 평가는 다양한 방법으로 실시되고 있으나, 수업과 활동의 맥락을 모두 고려한 참다운(authentic) 교수·학습 환경에서 학습자를 평가하려는 수행평가(performance evaluation)의 관점에서 이루어지는 것이 일반적이다. 따라서 유아교육 현장에서는 학습자의 수행을 평가하기 위한 관찰이 가장 활발히 활용되고, 그 외 포트폴리오 평가법, 면접법, 검사법도 함께 활용되고 있다.

(1) 관찰법

유아기는 언어적 의사소통에 어려움이 있는 시기이므로, 검사지를 활용하여 발달에 대한 정보를 수집하는 것보다 자연스러운 상황에서 언어나 행동을 관찰함으로써 유아에 대한 보다 풍부하고 정확한 자료를 수집할 수 있다. 유아에 대한 관찰을 실시할 때에는 최초의 관찰 목적에 따라 관찰이 이루어져야 하며, 주관적인 편견이나 선입견이 배제될 수 있도록 객관적인 사실을 기록해야 한다(정옥분 외, 2016). 관찰 방법으로는 일화 기록법, 시간 표집법, 사건 표집법, 평정 척도법 등이 흔히 활용되고 있으며, 각 평가에 대한 사례는 다음에 기술되어 있다.

〈표 9-10〉 **관찰법의 여러 종류들**

구분	의미	특징
일화 기록법	예기치 못한 행동이나 사건을 몇 초 또는 몇 분 정도 관찰하여 누가, 언제, 어디서, 무엇을 하였는지를 자세히 기록한다.	기록 시간이 적게 걸리고 특별한 형식을 요구하지 않는다. 그러나 관찰자의 주관이 개입될 가능성이 높고, 사건의 원인에 대한 정보를 제공하기 어렵다.
시간 표집법	정해진 시간 동안 관찰의 목적이 되는 행동이 일어난 빈도수를 관찰하는 기법이다. 이때 일정한 시간 간격을 두고 반복하여 기록한다.	관찰이 용이하고 자주 일어나는 행동에 한하여 사용하는 것이 좋다.
사건 표집법	관찰자가 목표로 하는 행동이나 사건이 발생하기를 기다렸다가, 그 일이 발생하면 내용을 상세하게 기록한다.	사건이나 행동이 일어난 후의 결과를 시간 순서대로 기록하거나 행동의 빈도를 표시한다.
평정 척도법	연구 대상의 행동을 관찰한 후, 질적 특성을 범주나 연속선상의 점수로 나타내는 방법을 의미한다.	평정을 위한 정확하고 객관적인 항목의 개발이 어렵고, 평정자의 편견이 개입되기 쉽다.
행동 목록법	특정 시점에 관찰 대상자에게 특정 행동이나 기술이 나타나는지 여부를 표시하는 기법이다.	시간과 노력이 절약되고, 시간을 두어 관찰하면 발달적 연속성을 관찰할 수 있다. 그러나 행동 목록표를 만들기가 어렵고, 행동 발생 원인 등을 파악하기 어렵다.

출처: 박미옥, 2012; 우수경 외, 2019.

**** 여러 가지 관찰법 사례 ****

유아명/성별	○○○(남)	생년월일	20××년 ○월 ○일	연령(만)	4년 6개월
관찰일	201×. 5. 2.	기록자	○○○		
관찰 내용			교사 의견		
등원 시간 (09:20 ~ 09:30)	지난 시간에 배웠던 내용 중 외국인의 생김새와 다른 점이 인상에 남았는지, 등원을 하자마자 "선생님, 나 지난주에 엄마랑 놀이공원에 갔는데 TT(이야기에 등장하였던 흑인 남자 아이)랑 똑같이 생긴 사람 봤어요." 라며 교사에게 말하였다.		평소에 관찰력이 뛰어난 ○○○이는 동화를 듣고 흑인 TT의 생김새에 흥미를 느끼고 있었으며, 우연히 만난 흑인을 통해 관심사가 증가된 것으로 보인다. 문화적으로 올바른 다문화교육을 위해 관련 도서를 소개하여 편견이 생기지 않도록 도와주어야겠다.		
정리정돈 시간 (11:30 ~ 11:40)	이제 정리하자는 교사의 이야기를 듣지 않고, 계속 놀이를 하고 있어 교사가 다시 정리하자고 이야기를 하니, 싫다면서 떼를 쓰기 시작하였다.		자기중심성이 강하고 만족지연능력이 많이 부족한 ○○○이의 특성을 이해할 필요가 있지만, 공동의 약속을 위해서는 자신의 욕구를 조금씩 양보하고 참을 필요가 있음을 지도해야겠다.		

[그림 9-7] **일화 기록법 예제**

출처: 서울특별시교육청 유아교육과, 2017 참조.

유아명/성별	○○○ (여)	생년월일	20××년 ○월 ○일	연령(만)	4년 2개월
관찰일	201×. 3. 4.	관찰시간	10:00 ~ 10:15 (15분간)		
관찰장면/행동	블록 쌓기 놀이 시 ○○○의 긍정적 상호작용 관찰				
※ 기록 시 유의사항 1분 단위로 관찰하고 기록한다. 동일한 행동이 여러 번 나타나더라도 한 번만 표시한다.					
시간간격 / 관찰행동	1분(1회)	1분(2회)	1분(3회)	1분(4회)	……
무엇을 만들지 친구와 함께 이야기 나눈다.	✓				
친구에게 필요한 블록을 전해 준다.				✓	
자신이 필요한 블록을 친구에게 얻는다.			✓		
친구가 만든 작품을 칭찬한다.	✓				

[그림 9-8] **시간 표집법 예제**

출처: 우수경 외, 2019 참조.

<table>
<tr><td>유아명/성별</td><td>○○○ (남)</td><td>생년월일</td><td>20××년 ○월 ○일</td><td>연령(만)</td><td>3년 8개월</td></tr>
<tr><td>관찰일</td><td>201×. 3. 11.</td><td>관찰시간</td><td colspan="3">11:00 ~ 11:15 (15분간)</td></tr>
<tr><td>관찰행동</td><td colspan="5">간식 시간에 보이는 공격적 행동</td></tr>
<tr><td colspan="6">※ 기록 시 유의사항
사건 발생 전, 사건 발생, 사건 발생 후로 나누어 상세히 기록한다.</td></tr>
</table>

시간	사건 발생 전	사건 발생	사건 발생 후
11:00	○○이가 간식을 먹기 위해 자리에 앉는다.	옆에 앉은 △△이의 간식을 동의 없이 빼앗아 먹는다.	△△가 울음을 터뜨린다.
11:10	○○이가 간식 후에 보조교사에게 우유를 요구한다.	다른 아이를 돌보느라 교사의 반응이 늦자, 플라스틱 우유 잔을 집어던진다.	교사의 질책을 듣자 넘어져서 팔다리를 마구 흔들며 떼를 쓴다.
⋮	⋮	⋮	⋮

[그림 9-9] **사건 표집법 예제**

출처: 우수경 외, 2019 참조.

<table>
<tr><td>유아명/성별</td><td>○○○ (여)</td><td>생년월일</td><td>20××년 ○월 ○일</td><td>연령(만)</td><td>3년 2개월</td></tr>
<tr><td>관찰일</td><td>201×. 3. 18.</td><td>관찰시간</td><td colspan="3">11:00 ~ 11:15 (15분간)</td></tr>
<tr><td>관찰행동</td><td colspan="5">모래놀이 후 위생 관련 행동</td></tr>
<tr><td colspan="6">※ 유아의 전체적인 행동에 대해 매우 못함(1점) ~ 매우 잘함(5점) 사이로 평정한다.</td></tr>
</table>

	매우 못함	못함	보통	잘함	매우 잘함
1. 모래놀이 도구를 제자리에 정리한다.				✓	
2. 수돗가로 가서 손을 씻는다.					✓
3. 손을 씻은 후 수건으로 손을 닦는다.		✓			

[그림 9-10] **평정 척도법 예제**

출처: 우수경 외, 2019 참조.

유아명/성별	○○○ (남)	생년월일	20××년 ○월 ○일	연령(만)	4년 1개월
관찰일	201×. 3. 25.	관찰시간	10:30 ~ 10:45 (15분간)		
관찰행동	퍼즐 맞추기 시				
※ 다음의 행동이 관찰되면 '예', 관찰되지 않으면 '아니요'에 표시한다.					
			예	아니요	
1. 필요한 퍼즐 조각을 찾아낼 수 있다.			✓		
2. 손가락 근육을 자유롭게 활용하여 원하는 퍼즐 조각을 집을 수 있다.			✓		
3. 집은 퍼즐 조각을 올바른 위치에 끼워 넣을 수 있다.				✓	

[그림 9-11] **행동 목록법 예제**

출처: 우수경 외, 2019 참조.

(2) 포트폴리오 평가법

유아교육에서의 포트폴리오 평가란 유아의 활동과 활동에 대해 증명해 줄 수 있는 자료들을 장기간 수집하여 유아의 계속적인 발달과 학습을 기록하고, 이렇게 수집된 해당 자료들을 바탕으로 교사와 유아가 협력하여 정해진 준거에 따라 평가 및 활용하는 방식을 뜻한다(황해익, 2009; McAfee & Leong, 2007). 즉, 포트폴리오 평가란 단편적, 일회적 평가 방식을 지양하고 유아 개개인의 변화 및 발달 과정을 종합적으로 평가하기 위해 전체적이며 지속적으로 평가하는 방식이라고 볼 수 있다.

포트폴리오에는 유아의 활동이나 과정에서 산출된 작업들의 표본, 유아의 결과물에 포함될 날짜, 유아를 관찰한 다양한 유형의 교사 관찰 기록 등이 포함되어야 한다. 교사는 포트폴리오가 단순한 자료 모음집 이상의 가치를 지닐 수 있도록 어떠한 측면에 초점을 맞추어 평가할 것인지, 어떠한 자료를 수집할 것인지 등을 면밀히 기획해야 한다. 잘 계획되고 실행된 포트폴리오는 유아의 발달 자료로 가치가 있을 뿐만 아니라, 부모와의 면담 자료로도 활용될 수 있다.

최근에는 학습자의 작품을 디지털 형식으로 저장 및 보관하는 전자 포트폴리오

(electronic portfolio)를 활용하는 사례도 증가하고 있다. 포트폴리오를 디지털화하는 것은 동료 교사 및 학부모와의 상담을 위한 기초 자료의 공유를 위해서도 용이한 방법이다.

(3) 면접법

면접법은 교사가 유아와 직접 대화를 나누면서 발달에 대한 정보를 수집하는 방법이다. 유아의 응답이 충분하지 못하다고 판단될 때에도 비언어적 행동이나 주변 환경 등을 통해 추가적 응답을 이끌어 낼 수 있으며, 질문을 통해 심층적 정보를 수집할 수 있다는 장점이 있다. 보다 일상적인 학생들의 반응을 수집하기 위하여 사진이나 그림 자료를 부가적으로 활용하여 실시하기도 한다(최연철, 신설아, 2013).

면접법은 풍부한 내용을 전달해 줄 수 있다는 장점이 있지만, 대상 유아가 평가자와 충분한 신뢰를 형성하고 있어야 정확한 응답이 도출될 수 있다는 점, 충분한 언어적 표현을 할 수 없는 유아에게는 활용하기 어렵다는 점, 오랜 시간이 소요될 수 있다는 점 등에서 단점을 갖는 평가법이기도 하다(정옥분 외, 2016).

(4) 검사법

유아교육 현장에서 활용되는 검사법에는 표준화 과정을 거친 검사(표준화 검사)

[그림 9-12] 유아 종합 창의성 검사 도구

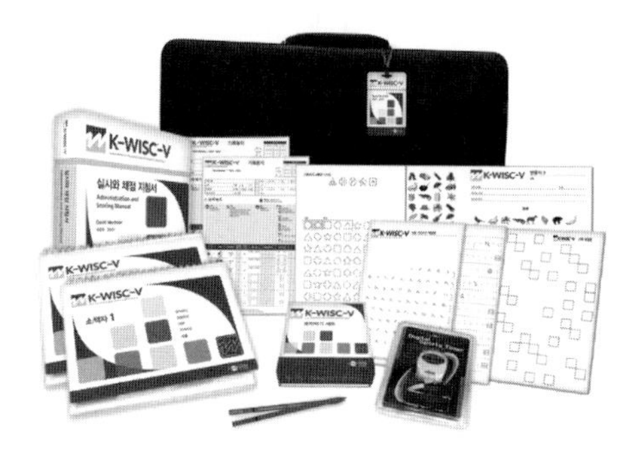

[그림 9-13] K-WISC-V 한국판 웩슬러 아동 지능검사 5판 검사 도구

와 교사가 스스로 제작하여 활용하는 검사 두 가지 방법이 혼용된다. 이 중 표준화 검사는 목적, 내용, 대상, 실시 절차, 채점 및 결과 해석 등이 표준화되어 있기 때문에 객관적 자료의 수집에 유용한 방법이다. 유아교육 현장에서는 전체 유아의 평균과 개별 유아의 행동 및 성취도 등을 비교 분석하기 위해 유아지능 검사, 학습준비도 검사, 사회 성숙도 검사, 자아 개념 및 성격 검사 등 다양한 유형의 표준화 검사가 활용되고 있다(황해익, 2009; 정옥분 외, 2016).

(5) 평가 방법의 선택

유아를 평가할 때 관찰을 기반으로 한 수행평가와 포트폴리오 평가 중 어느 것을 활용할 것인가는 교육목표와 평가의 목적에 따라 다르지만, 평가 방법의 선택에 〈표 9-11〉의 내용이 도움을 줄 수 있다. 교수자는 각 평가의 장점과 단점에 대해 숙지하고 있어야 하며 가장 효과적인 평가 방법을 계획하여 실행해야 할 것이다.

〈표 9-11〉 수행평가와 포트폴리오 평가 비교

	수행평가	포트폴리오 평가
장점	• 체크리스트를 사용하여 수행이나 산출물을 객관적으로 평가할 수 있다. • 학습자가 바람직한 수행을 실제적으로 드러낸다. • 수행 체크리스트를 사용하여 학습자는 시험 전에 수행을 연습하고, 교사, 학부모, 동료 학습자에게 피드백을 받을 수 있다.	• 학습자가 무엇을 알고 할 수 있는지에 대한 큰 그림을 제공한다. • 학습자의 성장과 더불어 학습자의 작업 과정과 산출물을 나타낸다. • 학습자가 자신의 학습평가에 적극적으로 관여하고 자신의 작업과 능력에 대해서 적극적으로 성찰한다.
한계점	• 보통 한 사람씩 평가하기 때문에 시행에 시간이 많이 소요된다. • 수행자의 능력을 평가하는 여러 사람들이 필요하다. • 특별한 장소에 특별한 장비를 설치하는데 시간이 소요된다.	• 포트폴리오에 있는 작업은 학습자가 알고 할 수 있는 것을 전적으로 대표하는 것이 아닐 수 있다. • 산출물 비판에 사용된 준거가 과제의 가장 적절하고 유용한 차원을 반영한 것이 아닐 수 있다. • 포트폴리오에서 나온 결론은 평가자의 영향을 심하게 받을 수 있다.

사용 지침	• 학습자가 무엇을 보여주고 무슨 장비와 자료가 필요한지, 어떻게 수행이 평가되는지를 정확하게 구체화한다. • 수용 가능한 수행기준에 기반을 둔 체크리스트를 개발하여 사용한다. • 체크리스트에 관찰될 모든 주요 행동들을 포함한다. 별도의 체크리스트에는 관찰되어서는 안 될 행동들을 열거한다. • 행동의 순서가 중요하다면, 이를 강조한다. • 채점 방법을 되도록 단순하게 한다. • 기능을 연습하기 전에 학습자에게 체크리스트와 채점 방법을 알려 준다. • 수행을 기록하기 위해 녹음/녹화 장비를 사용한다.	• 효과적인 포트폴리오를 제작하는 데는 다양한 기능과 기법이 필요하다. • 학습자는 자신의 포트폴리오에 포함될 작품들을 선택해야 한다. • 포트폴리오는 취지와 목적, 실제 전시될 내용, 준거, 판단 내용을 포함한다. • 포트폴리오는 성장을 보여 주는 사례들을 포함해야 한다. • 질문을 통하여 학습자의 자기성찰과 자기평가를 촉진할 수 있다(예: 이것이 왜 마음에 드는 작품이지? 이것을 만드는 데 얼마나 애썼지?) • 진보를 알 수 있도록 모든 작품은 날짜를 표시한다. • 학습자에게 포트폴리오 평가 기준을 알린다.

출처: 강명희 외, 2017, **교육방법 및 교육공학(3판)**, pp. 311-312.

3) 유아교육 프로그램 평가 모형

유아교육 프로그램에 대한 평가는 기관에서 정한 교육목표의 달성 여부를 확인하고 교육과정상의 수정 및 보완점을 파악하기 위한 목적에서 실시된다(강은진 외, 2013). 국내외 많은 연구자들이 유아교육 프로그램의 질적 수준을 평가하기 위한 평가 기준과 모형을 제시하고 있으나, 이 절에서는 교육 프로그램의 평가 기준으로 활발히 활용되는 스터플빔(Stufflebeam, 1971)의 CIPP 평가 모형과 커크패트릭(Kirkpatrick, 1994)의 4수준 평가 모형에 대해 알아보기로 한다.

(1) CIPP 평가 모형

CIPP 평가 모형은 의사결정촉진 평가 모형으로도 불리며, 교사나 기관 등의 의사결정권자에게 필요한 정보와 자료를 제공하기 위한 목적에서 평가를 실시한다고 가정한다. 즉, 평가는 교육활동 전반의 개선과 발전을 위해 실시되어야 하며, 그 결과는 기관의 합리적인 의사결정을 위해 활용되어야 한다는 주장이다(김애자, 2007; 강명희 외, 2017).

CIPP 평가 모형은 상황(context), 투입(input), 과정(process), 산출(product)을 평가의 대상으로 한다. 즉, 교육이 발생하는 상황에 대한 요소, 교육에 어떠한 자원과 시간을 얼마나 투입했는가 하는 요소, 교육의 과정이 원활히 이루어졌는지에 대한 요소, 최종 결과인 산출물이 어떠한가에 대한 요소를 평가하여 기관의 의사결정에 활용한다는 것이다. 먼저, 교육이 진행되는 상황에 대한 평가는 교육의 목적을 결정하는 데(프로그램을 기획하는 데) 도움을 준다. 예를 들어, 융합형 인재, 창의적 인재가 강조되는 교육환경에 처해 있다면, 기관에서는 해당 능력을 길러 줄 수 있는 교육프로그램을 기획해야 할 것이다. 다음으로, 교육의 투입 요소에 대한 평가는 프로그램의 구체적인 구조를 개발하는 데 도움을 줄 수 있다. 해당 교육을 실시하기 위해

평가	내용	의사결정
Context evaluation 상황평가	○ 프로그램 목적 선정에 기여 ○ 교육목표, 문제, 요구 등의 자료 수집 ○ (예: 창의적 인재 육성 교육을 실시해야 하는가?)	기획
Input evaluation 투입평가	○ 프로그램 목표 도달을 위한 최적의 전략과 절차 설계에 기여 ○ 인적 자원, 시간, 비용 등의 투입요소 관련 자료 수집 ○ (예: 누가 몇 시간을 어떠한 교육방법으로 가르쳐야 하는가?)	구조
Process evaluation 과정평가	○ 선정된 설계, 방법, 전략 실행과 개선 수단 제공 ○ 관찰, 설문, 면접 등을 통한 실제 실행 자료 수집 ○ (예: 계획한 대로 수업이 이루어지고 있는가?)	실행
Product evaluation 산출평가	○ 프로그램의 종료와 지속 활용 여부를 결정하는 데 기여 ○ 성취도, 태도 변화 등 목표 달성 정도를 평가할 수 있는 자료 수집 ○ (예: 실제 이 교육이 효과가 있는가?)	순환

[그림 9-14] CIPP 평가 모형과 의사결정

어떠한 요소들을 투입할 수 있는지를 점검해 본다면, 교육에 얼마만큼의 시간과 어떠한 매체 및 인적 · 물적 자원을 활용할 것인지 등을 결정할 수 있을 것이다. 또한 과정에 대한 평가는 프로그램의 실제 활용에 도움을 줄 수 있다. 프로그램이 실제로 계획한 대로 진행되고 있는지, 학습자들의 반응은 어떠한지 등을 면밀히 기록하여 자료화함으로써, 교육 프로그램의 효과적인 운영 방향을 결정할 수 있다. 마지막으로, 산출물에 대한 평가는 프로그램의 실제적인 효용성을 점검함으로써, 해당 프로그램을 재사용할 것인지 폐기할 것인지에 대한 의사결정에 도움을 주게 된다.

(2) 4수준 평가 모형

CIPP 평가 모형이 교육의 전 과정에 걸쳐 진행되는 데 비해, 커크패트릭(1994)이 제안한 4수준 평가 모형은 모든 교육과정이 실시된 이후에 진행된다는 차이점이 있다. 본 모형은 프로그램의 효과를 네 개의 수준으로 나누어 평가해야 한다고 주장한다.

첫 번째 수준은 학습자의 반응(reaction)이다. 학습자가 교육 프로그램을 이수한 후에 교수자, 교재, 시설, 내용, 방법 등에 만족하는지를 객관적인 지표로 측정하여 그것을 교육 프로그램의 성과로 판단하는 것이다. 두 번째 수준은 학습(learning)이다. 학습자들이 실제로 해당 교육 프로그램을 마친 이후 지식, 기술, 태도에 변화가 일어났는지를 측정하여 평가의 준거로 삼는 것을 의미한다. 이를 위해 사전-사후 이해도 비교, 관찰, 추후 조사 등의 방법이 활용된다. 세 번째 수준은 행동(behavior)이다. 교육 프로그램을 통해 배운 내용이 학습자의 실제 생활에서도 적용되고 있는지를 측정하는 것이다. 예를 들어, 유아교육 프로그램을 통해 질서와 정리 정돈의 중요성에 대해 배웠다면, 유아의 실제 가정생활에서도 그와 같은 행동이 나타나는지를 판단하여 교육 프로그램의 효과로 가늠하는 것이다. 마지막 수준은 결과(outcome)이다. 이는 다른 세 가지 수준의 평가와는 다르게, 교육기관의 효과를 평가한다. 즉, 해당 교육 프로그램을 활용하여 교육기관이 얻게 되는 유무형상의 이득을 평가하는 것이다. 결과 평가에는 투자회수효과(return on investment: ROI)라는 지표가 흔히 활용되는데, 실제의 이익에서 투자 비용을 뺀 값을 투자되었던 비용으로 나누어 수치화하게 된다.

수준	내용
수준 1: 반응 평가	교육 프로그램에 대한 참가자들의 느낌이나 만족도 (예: 학습내용에 대한 만족도 평가)
수준 2: 학습 평가	교육 훈련의 결과, 참가자의 지식/기능/태도가 향상된 정도 (예: 실제 성취도 평가 및 관찰 평가)
수준 3: 행동 평가	실제 상황에서의 행동의 변화, 학습한 기능이 전이되는 정도 (예: 다양한 상황에서 실제 행동에 대한 관찰 평가)
수준 4: 결과 평가 [조직 차원]	교육 참가로 인하여 발생한 최종 조직 또는 경영의 성과 프로그램을 활용한 교육 훈련이 조직, 기업에 어떠한 공헌을 하였는가에 대한 총체적 평가 (예: 교육 투자회수효과[ROI] 평가)

[그림 9-15] **4수준 평가 모형 및 활용 예시**

주요 용어

실행, 유아교사의 핵심 역량, 효과적 수업을 위한 핵심 행동, 효과적 수업을 위한 촉진 행동, 실내환경의 구성, 실외환경의 구성, 평가, 진단평가, 형성평가, 총괄평가, 규준참조평가, 준거참조평가, 관찰법, 면접법, 포트폴리오 평가법, 검사법, 수행평가, CIPP 모형, 4수준 평가 모형

생각해 볼 문제

1. 유아교사의 역량 중 가장 중요한 역량은 무엇이라고 생각하는지 그 이유를 말해 보자.
2. 유아를 대상으로 하는 수업에서 가장 활발하게 사용될 수 있는 수업 핵심 행동과 촉진 행동을 고르고 그 이유를 말해 보자.
3. 모의수업을 실행하고 수업 참관 평가표에 따라 평가해 보자.
4. 유아교육기관을 한 곳 선정하여 유아를 위해 마련된 실내외 환경을 조사해 보자.
5. 교육내용의 영역(인지, 정의, 심체)별로 적합한 유아 평가 방법이 무엇일지 논의해 보고, 그렇게 생각하는 이유는 무엇인지 의견을 나누어 보자.
6. 여러분이 개발한 교수 · 학습 지도안을 실제 실행해 보고 CIPP 모형 또는 Kirkpatrick의 4수준 평가 모형에 따라 평가해 보자.

제4부

교수매체와 디지털 학습환경

제4부에서는 교수매체의 개념, 역할과 분류에 대해 살펴보고, 실제적인 교수 · 학습 상황에서 교수 · 학습매체를 선정하고 활용할 수 있는 대표적 모형인 ASSURE 모형에 대해 알아본다. 또한 아날로그 매체와 디지털 매체의 종류와 다양한 활용 방법을 알아보고 이러닝과 교육공학의 미래를 조망해 본다.

제10장

교수 매체

학습목표

- 교수매체의 개념을 말할 수 있다.
- 교수 · 학습 과정에서 교수매체의 역할을 설명할 수 있다.
- 교수매체의 선정 원리와 기준을 기술할 수 있다.
- 매체 활용 모형으로서 ASSURE 모형을 설명하고 수업에 적용할 수 있다.

1. 교수매체의 개념

'매체'란 라틴어 'medius'에서 유래한 말로 무엇과 무엇의 '사이(be-tween)'의 의미를 가지고 있다. 매체라는 용어는 의사소통 과정에서 송신자 사이에 정보를 전달하는 모든 수단을 의미하여 널리 활용되고 있는데, 매체가 교수 · 학습 과정에서 교수목적으로 교육내용을 전달하기 위해 활용될 때, 이를 '교수매체(敎授媒體, instructional media)'라고 한다.

교수매체는 교수목표를 달성하기 위해 교수 · 학습 활동을 계획하고, 실행하고, 평가하는 과정에서 인적 · 물적 자원을 체계적으로 활용하는 것으로(Seels & Richey, 1995), 교수 · 학습 상황에서 매체는 의사소통과 학습의 촉진을 목적으로 활용된다.

전통적으로 교수매체는 교재나 자료 등의 교수활동을 하는 데 필요한 보조 자료를 의미하는 것이었으나, 오늘날에 와서는 테크놀로지의 확산과 더불어 교수·학습목표를 달성하기 위해 교육에 활용되는 모든 하드웨어와 소프트웨어, 유무형의 모든 자원과 수단을 포함하는 개념으로 변화되고 있다.

2. 교수매체의 기능과 분류

1) 교수매체의 기능

1980년대 들어서 컴퓨터와 같은 새로운 매체가 속속 등장함에 따라 교수매체의 기능과 역할에 대한 논의도 새로운 전기를 맞게 된다. 1983년 클라크(Clark)는 「Reconsidering research on learning from media」라는 논문에서 매체를 식료품을 배달하는 트럭에 비유하여 트럭이 식료품의 영양에 직접적인 영향을 주지 못함을 주장하였다. 클라크는 매체는 내용을 전달하는 수단일 뿐이므로 교수방법에 의해 영향을 받을 수밖에 없으며, 컴퓨터 활용 수업의 효과는 연구설계상의 오류에 의해 생겨난 것이라 하였다.

이에 반해 코즈머(Kozma)는 매체는 공학적 기술, 상징 체계, 처리 능력이 조합되어 학습 과정에 영향을 주는 것으로 매체와 방법은 통합적이므로 분리해서 생각할 수 없다고 주장하였다. 매체 자체의 학습 효과를 부정하는 클라크와 매체가 학습에 영향을 준다는 코즈머의 논쟁은 교수매체의 효과성 연구 방향에 대한 근원적인 관심을 촉발시켰다. 그럼에도 불구하고 클라크와 코즈머가 서로 동의하지 못하는 부분은 그 효과성이 어디에서 기인하는 것인가에 대한 부분이지, 전통적 수업 방법에 비해 컴퓨터를 활용한 수업이 효과적이라는 부분에 대해서는 서로 동의하고 있다. 이러한 측면에서 교수매체의 기능은 다음과 같이 정리해 볼 수 있다.

첫째, 교수매체는 인간의 감각 기관을 통해 간접적인 경험을 제공함으로써 직접적인 경험을 대신하게 해 준다.

둘째, 언어로는 설명이 어려운 추상적 개념을 구체적인 형태로 제시하여 학생의 이해와 파지를 돕는다.

셋째, 학생의 오감을 자극함으로써 동기 유발을 촉진한다.

넷째, 학습내용을 시청각적인 방법으로 제시함으로써 학습 효과를 높일 수 있다.

한편, 매클루언(McLuhan)은 "모든 매체와 기술은 인간 능력 확장"이며 "매체는 곧 메시지"임을 주장하였는데, 이는 발전된 교수매체의 활용이 교수자의 수업 능력과 교육방법의 지평을 지속적으로 확장하는 데 기여하고 있으며, 더 이상 교수 메시지가 매체의 성격과 분리될 수 없음을 시사하고 있다. 현대의 교수매체는 디지털화, 네트워크화되고 있으며 이동성과 편재성이 높아짐에 따라 매체에 대한 접근성이 급격히 향상되고 있다. 교수매체의 보조적 역할은 상대적으로 줄어드는 반면, 매체 자체가 곧 학습환경으로 융합되는 미래교육에 있어 교수매체의 역할은 더욱 필수불가결해질 것으로 예측된다.

2) 교수매체의 분류

교수매체를 분류하는 방식은 학자에 따라 매우 다양하다. 사실성과 추상성을 기준으로 교수매체를 분류하는 호반 등(Hoban et al., 1937)과 데일(Dale, 1946)의 분류에서 상징 체계에 따른 분류, 데이터 속성에 따른 분류까지 다양한데 각각의 관점을 살펴보면 다음과 같다.

(1) 호반의 시각 자료 분류

호반은 교육의 목적은 지적 경험을 일반화하는 데 있으며, 이를 위해 교재의 시각화가 필요하다고 주장하였다. 호반은 여러 종류의 시각 자료를 구체성-추상성을

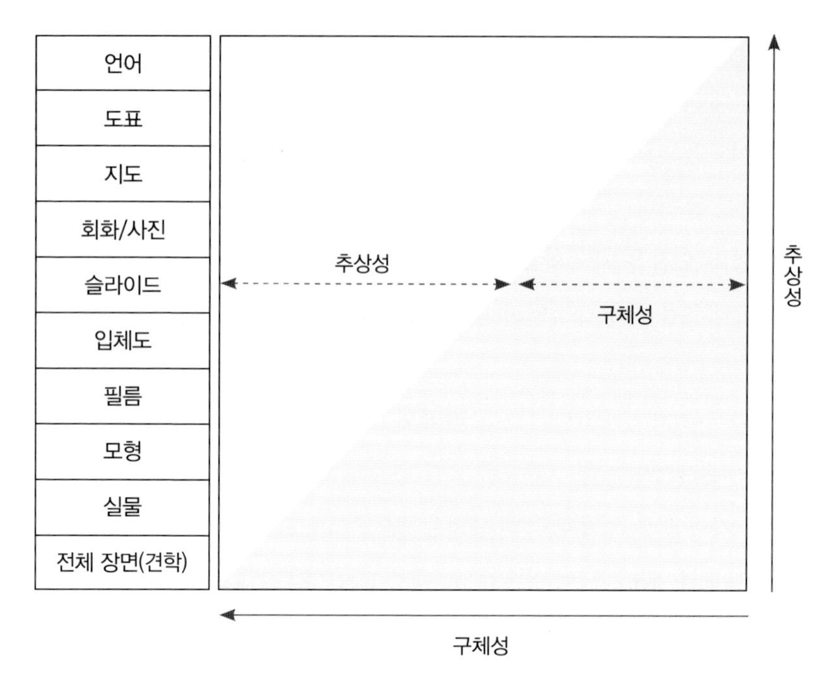

[그림 10-1] **호반의 시각 자료 분류 체계**

기준으로 분류하고, 이들 자료를 교육과정상에서 활용할 때 학습자에게 제공할 수 있는 학습 경험과 효과를 분석하고자 하였다. 호반은 견학과 같이 실제적 현상을 총체적으로 직접 관찰하는 경우를 가장 구체적인 교수 형태로 제시한 반면, 언어에 전적으로 의존하는 교수 형태를 가장 추상적인 경우로 분류했다. [그림 10-1]에서 아래쪽에 위치한 실물, 모형과 같이 구체성이 높은 자료일수록 메시지를 더 직관적으로 전달하기 쉽고, 언어와 도표와 같이 위로 갈수록 추상성이 높아지며 구체성이 낮은 자료가 된다.

(2) 데일의 경험의 원추

호반의 분류 체계가 시각 자료의 분류에만 초점을 두었다면 데일은 청각 자료를 포함해 원추 모양으로 학습자의 경험을 구체적인 직접 경험에서 추상적인 경험으로 분류하고자 하였다. 데일의 경험의 원추 모형은 행위에 의한 학습, 영상을 통한 학

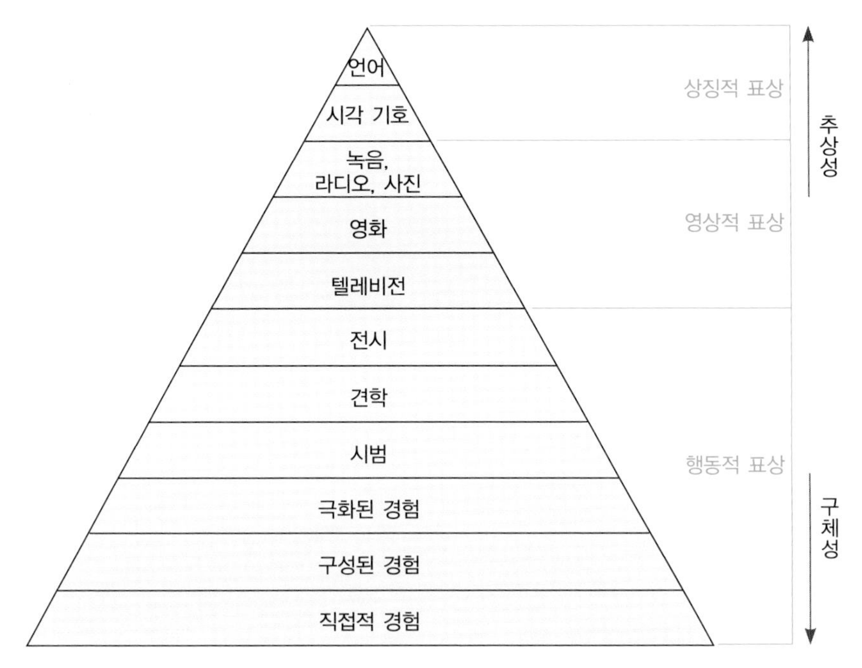

[그림 10-2] **데일의 경험의 원추와 브루너의 인지적 표상 단계**

습, 추상적 · 상징적 개념에 의한 학습으로 구분될 수 있는데 이는 브루너가 분류한 세 가지 학습 경험, 즉 직접적인 목적적 경험, 영상을 통한 경험, 상징적 경험의 단계와 부합되는 성격을 띠고 있다. 데일의 경험의 원추 모형에서는 시청각 교재가 제공하는 구체적 경험의 정도에 따라 교재를 분류하여 원추의 하부에서 상부로 올라갈수록 추상성이 높아지고, 상부에서 하부로 내려올수록 구체성이 높아지는 방법을 택하고 있다. 여기서 매체는 학습자의 지적 능력이나 경험에 맞추어 선택하는 것이 바람직하며 반드시 원추의 맨 아래 단계인 직접적 경험부터 시작할 필요는 없다.

(3) 상징 체계에 의한 분류

매체를 상징 체계에 따라 어떤 감각 양식을 활용하느냐에 초점을 두어 분류한 방식도 있다. 시각매체, 청각매체, 시청각매체, 상호작용 매체가 바로 그것으로, 각각의 매체의 정의와 종류는 다음과 같다.

〈표 10-1〉 상징 체계에 의한 교수매체의 분류

분류		개념	종류
시각매체	비투사매체	내용을 시각적인 방법에 의존하여 제시하는 매체	실물, 모형, 사진, 그림 등
	투사매체		OHP, 슬라이드, 영사기, 프로젝터 등
청각매체		청각적 상징체계(소리)를 사용하여 정보를 전달하는 매체	라디오, 녹음기 등
시청각매체		시각과 청각을 동시에 자극하여 정보를 전달하는 매체	VTR, DVD, TV, 영사기 등
상호작용 매체		사용자와의 상호작용이 가능한 매체	컴퓨터, 쌍방향 TV

(4) 데이터 속성에 의한 분류

매체가 전달하는 메시지가 기록되는 방식, 즉 데이터의 속성에 따라 매체는 아날로그 매체와 디지털 매체로 분류할 수도 있다. 아날로그 매체와 디지털 매체의 개념 및 예는 다음과 같다.

〈표 10-2〉 데이터 속성에 의한 교수매체의 분류

분류	개념	종류
아날로그 매체	매체가 전달하는 메시지가 전류, 전파와 같이 연속적으로 변하는 물리적 양으로 기록된 형태	오디오, 라디오, VTR 등
디지털 매체	매체가 전달하는 메시지가 0, 1의 이진법 형태와 같은 숫자로 기록된 형태. 컴퓨터에 의해 다루어지는 모든 자료는 디지털로 저장됨	컴퓨터

3. 교수매체의 선정과 활용

1) ASSURE 모형의 개요

ASSURE 모형은 교수매체를 선정하고 활용하기 위한 가장 대표적인 교수 · 학습 모형이다. 하인니히와 동료들이 개발한 ASSURE 모형은 교수매체 선정 단계에 대한 알파벳 머리글자를 따서 만든 것인데, 순서대로 학습자 분석(analyze learners), 목표 진술(state objectives), 교수 · 학습방법, 매체 및 자료 선정(select methods, media and materials), 매체와 자료의 활용(utilize media and materials), 학습자 참여 유도(require learners' participation), 평가와 수정(evaluated and revise)의 6단계에 거쳐 교수매체를 어떻게 선정하고 활용할 수 있는지에 대한 절차와 방법을 제시하고 있다.

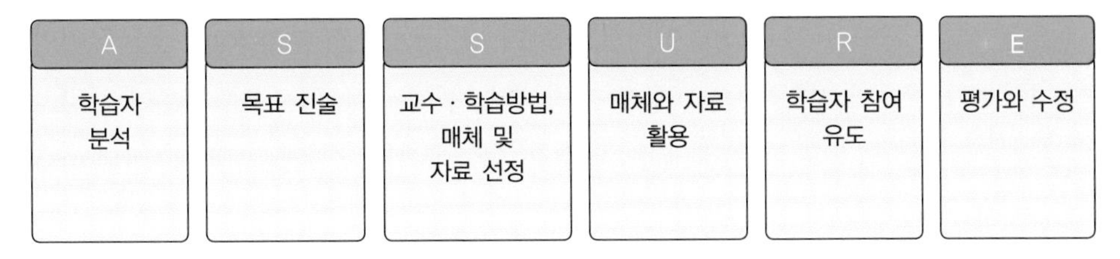

[그림 10-3] ASSURE 모형의 개요

2) 단계별 절차

(1) A: 학습자 분석

교수매체를 활용하고자 할 때, 첫 번째로 해야 할 학습자 분석은 학습자의 특성을 다양한 각도에서 분석하는 일이다. 학습자 특성은 교재의 내용 및 제시 방법, 교수매체의 효과에 영향을 미친다. 학습자 분석에 있어 고려할 요소는 학습자의 일반적인 특성이 어떠한지, 특별한 출발점 능력을 보유하고 있는지, 선호하는 학습 양식이 있는지 등이다. 학습자의 일반적 특징으로는 연령, 학력, 지위, 지적인 측면, 적성, 사회경제적 특성 등을 들 수 있다. 출발점 능력은 출발점 행동이라고 불리기도 하며, 이는 새로운 학습을 시작하기 전에 학생이 지니고 있는 지식과 기능, 태도를 의미한다. 마지막으로, 학습 양식은 개개 학습자가 어떻게 학습환경을 인지하고 적용하며 반응하느냐에 관한 심리학적인 특징을 말한다. 이러한 학습자 특성에 대한 고려는 매체를 선정할 때 가장 중요하게 고려해야 할 요인 중 하나이다.

(2) S: 목표 진술

교수매체의 체계적인 활용을 위한 두 번째 단계인 목표 진술은 학습자가 학습을 마친 후 무엇을 할 수 있는지를 가능한 한 자세하게 진술하는 것이다. 학습자들이 도달해야 하는 목표는 무엇이며, 교수 · 학습 활동 후 학습자들이 어떠한 새로운 능력을 발휘할 수 있어야 하는가를 구체적으로 서술해야 한다. 잘 진술된 목표는 누구를 위해 계획되는가에 대한 대상, 즉 학습자(audience), 학습자들이 수업 후에 갖게 될 새로운 수행 능력(behavior), 이러한 수행이 평가될 조건(condition), 숙달되어야 할 지식이나 기능의 정도(degree) 등을 포함한다. 구체적 목표는 교수자뿐만 아니라 학습자들에게도 무엇을 배워야 하는지 정확하게 인식하게 하고 그에 대한 준비와 점검을 할 수 있도록 돕는다.

(3) S: 교수 · 학습방법, 매체 및 자료 선정

세 번째 단계인 교수 · 학습방법, 매체 및 자료 선정은 수업의 시작점(학습자들의 현재 지식, 기능, 태도)과 종착점(학습목표)을 바탕으로 두 지점 간의 다리를 연결해 줄 수 있는 매체와 자료를 선정하는 단계이다. 기존의 매체와 자료를 활용할 수도 있고 수업의 목적과 상황에 맞게 가공하여 활용할 수도 있지만, 기본적으로 ① 주어진 학습과제를 위한 적당한 방법을 결정하고, ② 방법을 수행하는 데 알맞은 매체의 유형을 선택하며, ③ 선정된 매체 유형에서 가장 알맞은 특정 자료를 선택, 수정, 설계 또는 제작하는 절차를 거치게 된다. 교수매체와 교수자료를 선정할 때에는 교수목표와 학습 효과를 극대화시키는 측면에서 앞서 살펴본 ① 학습자의 특성이나 ② 교수자의 매체 활용 능력, ③ 매체의 특성이나 ④ 실제 수업 운영 환경에 잘 맞는지 등을 다각도에서 검토해야 한다.

〈표 10-3〉 **교수 · 학습방법, 매체 및 자료 선정 시 체크리스트**

- 교육과정과 일치하는가?
- 내용이 정확하고 최신의 것인가?
- 분명하고 정확한 언어를 사용하고 있는가?
- 학습자의 흥미를 유발하고 유지시키는가?
- 학습자의 참여를 유발하는가?
- 기술적인 안정성이 있는가?
- 효과성에 대한 증거가 있는가?
- 의도적인 편견이나 상업적인 성격은 없는가?
- 사용자 안내문이 제공되는가?

(4) U: 매체와 자료의 활용

네 번째 단계인 매체와 자료의 활용은 앞서 설정된 교육목표를 성공적으로 달성하기 위해 어떤 방식으로 매체를 활용하여 교육내용을 학습자에게 효과적으로 잘 전달할 수 있을지 교수전략을 수립하는 단계이다. 역시 학습목표와의 적절성을 판단하고 학습자 특성을 반영해야 하며, 실제 수업 시에 문제점이 없을지에 대한 사전 점검이 필요하다. 이를 위한 구체적인 방법으로는 ① 테크놀로지와 매체, 자료를 사전에 검토하고(preview), ② 테크놀로지와 매체, 자료를 준비해 활용에 대한 연습을 하며(prepare), ③ 환경을 준비하고(prepare), ④ 학습자를 준비시키고(prepare), ⑤ 학습 경험을 제공하는(provide) 이른바 5P 과정을 참고해 볼 수 있다.

(5) R: 학습자 참여 유도

다섯 번째 단계인 학습자 참여 유도는 구체적인 학습 활동을 구상하는 단계이다. 학습은 내용을 일방적으로 학습자에게 전달하는 것이 아니라 학습자가 학습 과정에 능동적으로 참여할 때 보다 큰 효과를 낼 수 있다. 매체 활용을 통해 보다 적극적인 학습자의 수업 활동 참여를 유도할 수 있도록 학습자 참여와 연습 활동 등에 대한 즉각적이고 정확한 피드백을 제공하는 것이 중요하다.

(6) E: 평가와 수정

마지막 단계인 평가와 수정은 교수활동이 끝나고 이에 대한 효과를 평가하고 수정하는 단계이다. 평가는 크게 학습자의 학습목표 달성에 대한 평가, 교수매체와 교수방법의 활용이 적절했는지에 대한 평가, 교수 · 학습 과정에 대한 평가로 나누어 생각할 수 있다. 평가 후 이를 다음 수업에 적용할 수 있도록 수정하고 보완하는 작업 또한 놓쳐서는 안 될 중요한 작업이다.

주요 용어

교수매체, 매체 효과성 논쟁, ASSURE 모형, 학습자 분석, 목표 진술, 매체와 자료의 선정, 매체와 자료의 활용, 학습자 참여 유도, 평가와 수정

생각해 볼 문제

1. 광의의 개념에서 교수매체에는 어떤 것이 포함될 수 있는지 이야기해 보자.
2. 효과적인 교수매체를 선정하기 위한 기준을 루브릭으로 만들어 보자.
3. 효과적인 교수매체가 활용된 수업 사례를 찾아 ASSURE 모형의 단계에 따라 분석해 보자.
4. 매체를 이용한 효과적 학습 사례를 매체의 기능과 연계해 설명해 보자.

제11장 아날로그 매체

학습목표

- 아날로그 매체를 시각 자료, 입체 자료, 전기 작동 자료, 기타 자료로 나누어 구분하고 각각의 개념과 특징에 대해 설명할 수 있다.
- 아날로그 매체의 특성을 이해하여 실제 교수 · 학습 상황에 효과적으로 활용할 수 있다.

제1장에서 살펴본 바와 마찬가지로, 교육공학은 시(청)각교육에 그 뿌리를 두고 있다. 이에 그림, 사진, 융판, 인형, 모형, 오디오 테이프(녹음기), 비디오, 오버헤드 프로젝터(OHP) 등 다양한 교수매체들이 오래전부터 유아교육 현장에서 사용되어 왔다. 이와 같은 매체들은 디지털 신호를 통하지 않고 학습자들에게 직접적으로 메시지가 전달되는 매체라 하여 아날로그 매체라고 불린다. 아날로그 매체는 그림, 사진, 융판, 게시판 등 시각을 자극하는 매체, 오디오 테이프 등 청각을 자극하는 매체, 영화, VTR 등 시각과 청각을 동시에 자극하는 매체들로 구분할 수 있으며, 실물이나 시각 자료를 투사하여 제시하는 전기 작동 매체를 또 하나의 중요한 영역으로 구분할 수 있다. 한편, 1990년대 이후로 급속도로 보급되기 시작한 컴퓨터 및 디지털 테크놀로지는 많은 전통적 교수매체들을 디지털화시켰으며, 그 결과 오디오 테

이프, 비디오 등의 시청각매체는 상당 부분 컴퓨터에 그 기능을 양보하게 되었다. 이와 더불어 디지털카메라의 도입으로 그림 자료의 보관과 제시가 보다 용이해졌으며, 실물화상기 및 오버헤드프로젝터 등의 전기 작동 매체 역시 디지털 기능을 기본적으로 탑재하게 됨으로써 컴퓨터나 주변기기와의 자유로운 호환을 통해 보다 효과적이며 효율적으로 교수 · 학습 자료를 제시할 수 있게 되었다. 이 장에서는 이상에서 언급된 여러 아날로그 매체 중 유아교육 현장에서 자주 활용되는 매체들을 시각 자료, 입체 자료, 전기 작동 자료로 나누어 살펴보고, 이를 효과적으로 활용할 수 있는 방안에 대해 고찰해 보고자 한다.

1. 시각 자료

1) 그림

(1) 개념

그림은 2차원인 종이 또는 평면에 색이 있는 도구를 활용하여 형상(形象, shape)을 나타낸 매체로, 인류의 역사와 더불어 존재한 가장 오래된 교육매체라 할 수 있다. 유아는 발달 특성상 추상성이 강한 언어만을 활용하여 정보를 전달하였을 때보다는 구체적인 형상이 포함된 그림 자료를 제시하였을 때 보다 효과적으로 의미를 이해할 수 있으므로, 유아를 대상으로 한 교수 · 학습 과정에서 그림 자료는 가장 기본적인 교수매체로서 높은 활용도를 보이고 있다. 교사 및 유아가 직접 제작한 그림과 사진, 잡지나 책에서 발췌한 포스터나 그래픽, 만화 등 다양한 유형의 그림 자료가 유아 교수 · 학습 과정에 널리 활용되고 있다.

〈사진〉 〈그림 및 그래픽〉

〈포스터〉 〈만화〉

[그림 11-1] **그림 자료의 유형**

스말디노, 로더와 러셀(Smaldino, Lowther, & Russell, 2011)에 의하면 그림을 포함한 시각 자료는 제시되는 형상이 얼마나 구체적이냐에 따라 사진, 삽화(揷畵, illustration), 이미지 관련 그래픽, 개념 관련 그래픽, 자의적 그래픽, 언어 자료로 구분할 수 있다고 한다. 이 중 사진은 실물을 있는 그대로 전달해 주기 때문에 가장 구체성이 강한 자료이며, 언어는 형상 없이 의미만 전달하는 것으로 가장 추상적인 자료가 된다. 삽화는 묘사성이 강한 그림을 의미하는 것으로, 사진보다는 추상적이지만 그래픽보다는 구체적인 성격을 띤다. 다음으로, 이미지 관련 그래픽은 사물의 실루엣이나 윤곽을 중심으로 나타내는 그림이며, 개념 관련 그래픽은 사물을 개념 중심으로 간략화하여 제시하는 그림을 의미하고, 자의적 그래픽은 대상물을 추상화하여 제시한 그림을 의미한다. 매체의 효과성을 연구한 드와이어(Dwyer, 1978)에 의하면 지나치게 추상적이거나 지나치게 현실적인 자료를 활용하게 되면 학습의 효과를 저해할 수 있으므로, 교수자는 학습자의 연령과 학업 준비도 등을 고려하여 적절한 정도의 구체성을 띤 최적의 매체를 활용할 수 있어야 한다.

〈표 11-1〉 구체성과 추상성에 따른 시각 자료의 구분

자료 유형	특징	예시	비고
사진	인물, 장소, 사물 등을 사실적으로 묘사		구체적 ↑
삽화	실물을 실제적으로 표현		
이미지 관련 그래픽	대상의 실루엣이나 윤곽의 특징을 표현		
개념 관련 그래픽	실물을 형태화한 그림	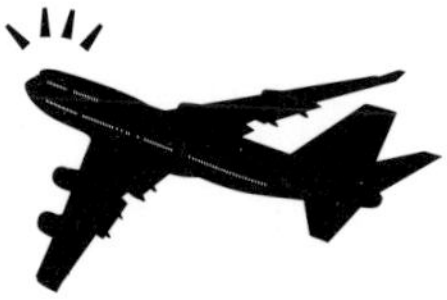	
자의적인 그래픽	기하학적 도형을 활용하여 대상을 추상적으로 표현	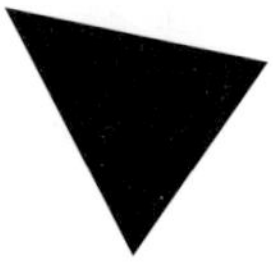	↓ 추상적
언어	대상물의 정의 또는 분류	비행기	

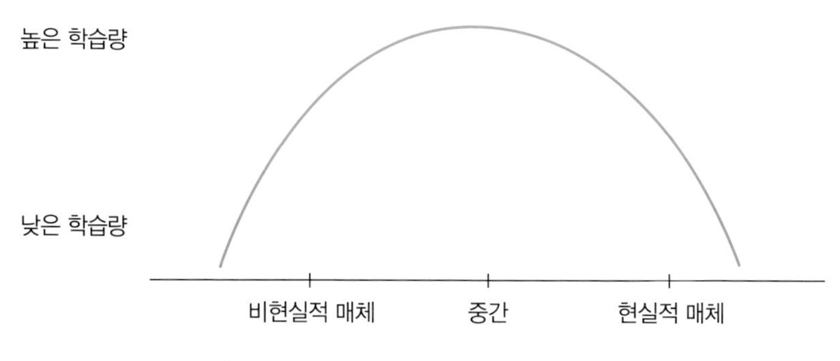

[그림 11-2] **학습 효과에 따른 매체 선정**

출처: Smaldino et al., 2011.

(2) 그림 자료의 장단점

그림 자료는 자료의 제작이 비교적 용이하고, 자료를 제시하는 상황에서 특별한 기자재가 필요 없기 때문에 어디에서나 활용할 수 있다는 장점이 있는 반면, 원근감이나 심도를 자각하기 어렵고, 제시가 정적으로 이루어진다는 단점을 포함하고 있다. 이 밖에도 일반적으로 제시되는 그림 자료의 장단점은 다음과 같다(김은심 외, 2010; Smaldino et al., 2011; 유혜령, 강은희, 박지영, 2009).

① 그림 자료의 장점

- 신문, 책, 잡지 등 각종 인쇄물에서 필요한 자료를 찾아 활용할 수 있어 자료의 수집이 용이하다.
- 제작이 용이해 교사가 직접 제작할 수 있다.
- 그림 자료를 제시할 때 특별한 기자재의 도움을 필요로 하지 않는다.
- 동적인 장면을 정지된 상태에서 관찰할 수 있으므로, 상세한 관찰이 가능하다.
- 복잡한 아이디어를 단순화할 수 있도록 도와준다.
- 드라이 마운팅, 라미네이팅 등으로 반영구적으로 활용할 수 있다.
- 언제든지 교사가 개입하여 필요한 설명을 할 수 있다.

② 그림 자료의 단점

- 동작의 움직임을 볼 수 없으므로, 동적 장면을 학습해야 하는 상황에 적합하지 않다.
- 한 장씩 제시되는 매체이므로, 전체적인 크기나 깊이를 지각하기 어려울 수 있다. 예를 들어, 큰 빌딩과 어린아이를 학습하는 경우, 둘의 크기가 비슷하게 제시되면 학생들의 인지에 혼란을 가져올 수 있다.
- 하나의 그림에 너무 많은 정보가 담기면 무엇에 집중해야 할지 혼돈을 줄 수 있다.

(3) 그림 자료의 활용

그림 자료는 여러 자료를 묶어 이야기 동화 형식으로 학습자에게 제공될 수 있으며, 자석이나 할핀, 낚싯줄, 고무줄, 칼집 내기 등을 활용하여 부분적으로 움직이는 그림 자료를 제작하여 역동적인 방식으로 제공할 수도 있다.

한편, 그림 자료를 선택할 때에는 교수목적에 맞는 것으로, 불필요한 주변 내용이 많이 포함되지 않는 것을 선택해야 하며, 학습자가 흥미를 느낄 수 있도록 대비나 명확도가 뚜렷한 것을 선택해야 한다. 또한, 비교의 목적으로 제시될 경우를 제외하고는 한 번에 한 가지의 자료만 보이도록 해야 하며, 가시성을 고려하여 충분히 큰 그림이 보일 수 있도록 주의해야 한다.

[그림 11-3] 고무줄(좌)과 칼집 내기(우)를 활용한 움직이는 그림 자료

2) 융판

(1) 개념 및 특성

융판은 얇은 나무판이나 두꺼운 보드지에 융 또는 펠트(felt), 플란넬(flannel)을 덧씌워 판을 만들고, 그 위에 그림, 글자, 숫자 등의 교재물을 부착시켜 가며 활용하는 교수매체이다. 보통 융판 자료라 하면, 게시물이 제시되는 판 자체와 그 위에 부착하는 각종 교재물을 통칭하여 말한다. 융판은 보풀이 있는 천을 활용하기 때문에 그 위에 제시될 교재물의 뒤편에 벨크로테이프 혹은 샌드페이퍼를 부착하여 떼었다 붙였다 할 수 있도록 만드는 것이 보편적이다. 최근에는 보다 흥미로운 자료의 제시

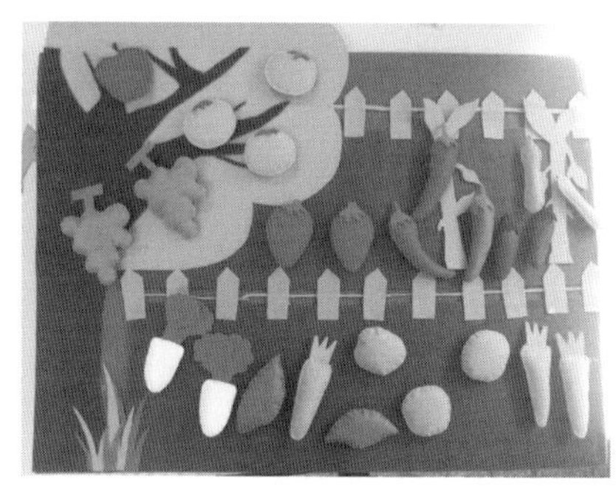

〈평면융판〉

〈가방융판〉

〈앞치마융판〉

〈자석판〉

[그림 11-4] **다양한 융판 자료**

를 위해 융판을 앞치마의 형태로 제작하여 교육에 활용하거나, 부착물의 뒤편에 자석을 붙이고 철판을 활용하여 자료를 제시하는 변형된 형태의 융판도 널리 활용되고 있다. 이와 같은 다양한 활용을 고려하여 융판 자료는 게시 자료, 자석판 자료 등의 다양한 이름으로 불리기도 한다(주영주, 최성희, 2005).

(2) 융판 자료의 장단점

융판은 교재물을 자유롭게 붙였다 떼었다 할 수 있기 때문에 자료를 융통성 있게 제시할 수 있으며, 복잡한 이야기를 시간의 순서에 따라 제시하여 학습자가 필요한 부분에 주의를 집중하도록 할 수 있다는 장점이 있다. 그러나 부착물을 중심으로 교수·학습 활동이 이루어지는 매체이기 때문에 배경의 변환이나 색의 변화 등을 나타내기에는 적합하지 않은 매체이기도 하다. 일반적으로 제시되는 융판 자료의 장단점은 다음과 같다(김은심 외, 2010).

① 융판 자료의 장점

- 자료의 제작과 사용이 용이하다.
- 다양한 주제에 대해 활용할 수 있다.
- 교수자가 학생들의 반응을 고려하여 융통성 있게 학습의 속도를 조절할 수 있다.
- 학습자들이 자료 위에 부착될 교재물을 조작 및 재구성함으로써 창의력을 길러 줄 수 있다.
- 자석으로 만든 자료의 경우에는 자료를 겹쳐서 제시하는 활동이나 부착물이 서서히 이동되는 모습을 보여 주는 등의 응용 활동이 가능하다.

② 융판 자료의 단점

- 평면에 제시되는 매체이므로, 입체적 관계 속에서 사물들의 위치를 파악하는 교수·학습 활동에는 적합하지 않다.
- 부착물의 손상과 분실이 발생하기 쉬우므로 보관에 유의해야 한다.

(3) 융판 자료의 활용

융판은 일과표나 게시판 등 실내나 실외에 부착하는 벽면의 게시물에 활용할 수 있으며, 다양한 부착물을 자유롭게 부착 및 구성할 수 있다는 특성을 활용하여 유아와 더불어 창의적인 이야기 만들기 활동을 수행하는 데에도 도움이 된다. 또한 그림 동화 대신 융판을 활용한 융판동화를 제시하면, 새로운 등장인물의 제시나 변화 과정을 함께 보여 줄 수 있어 유아의 흥미를 이끌어 낼 수 있다. 이 밖에도 동시의 맥락을 학습할 때 활용하거나, 융판에 부착된 물고기 잡아 오기, 융판에 조각 그림(퍼즐) 맞추기 등의 게임 활동을 진행하는 데에도 유용하다.

이때 융판에 부착될 자료를 윤곽선의 모양대로 오려서 제작하게 되면, 보다 동적이고 입체적인 느낌을 줄 수 있다. 예를 들어, 동물 모양 부착물이 필요하다면, 동물 모양의 그림 자료를 마련한 다음, 동물의 윤곽선을 따라 오려 내어 벨크로테이프를 붙여 제시하는 것이다. 이러한 활동은 유아에게 학습에 대한 흥미와 몰입을 이끌어 낼 수 있다. 이 밖에도 부직포와 솜 등을 활용하여 입체 모형을 만들고, 융판에 이를 부착하며 교수 · 학습 활동을 진행할 수도 있다(권옥자 외, 2012).

3) 게시판

(1) 개념 및 특성

게시판은 정보의 제공을 목적으로 기관의 실내외 벽면 및 빈 공간을 활용하여 다양한 내용을 부착하거나 내걸어 관련자가 두루 관람할 수 있도록 고안된 매체이다. 그림, 융판, 인형 등의 여타 매체와는 달리, 게시판은 관람자가 적극적으로 정보를 탐색하고자 하는 의지와 동기가 없으면 내용이 의미 있게 전달되기 어려우므로, 유아교육기관에서 활용하는 게시판은 전달하고자 하는 핵심 내용을 흥미로운 방식으로 제시하여 유아 및 학부모들의 관심을 끌 수 있어야 한다.

게시판은 행사 및 기관에 대한 정보 등을 알려 주려는 목적 외에도 학습 자료 및 결과물의 게시, 생활 교육자료의 제공 등을 위한 목적으로도 널리 활용되곤 한다.

이와 같은 교육적 목적으로 활용되는 게시판은 주제에 대한 흥미를 유발시키며, 관련 내용에 대한 지식과 정보를 풍부하게 해 줄 수 있다. 게시판을 구성할 때에는 교사가 일방적으로 필요한 정보를 제공하여 전시하는 것보다는 유아와 함께 내용의 구성과 배치를 고려하여 제작함으로써, 양방향적 소통 매체가 될 수 있도록 고안하는 것이 바람직하다(김은심 외, 2010).

〈학습 결과물 제시용 게시판〉

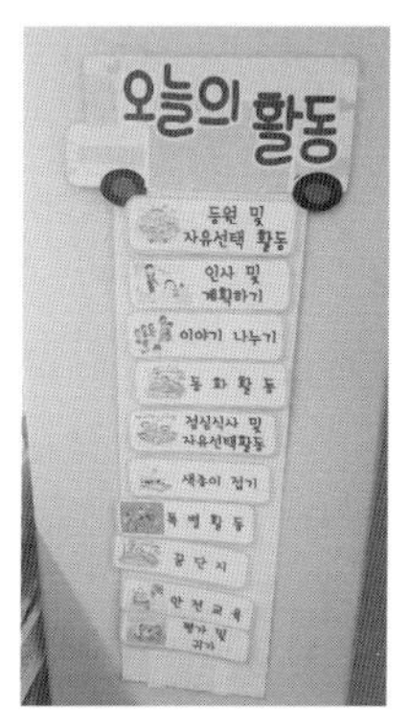

〈일과 운영 게시판〉

〈생활주제 학습용 게시판〉

〈학부모용 게시판〉

[그림 11-5] **다양한 게시판**

(2) 게시판의 장단점

게시판은 다수의 사람들을 대상으로 동일한 메시지를 일정 기간 동안 반복하여 전달하는 매체이므로, 많은 유아에게 같은 정보를 지속적으로 제공할 수 있어, 중요 개념이나 내용의 학습에 유용하게 활용할 수 있다. 반면, 게시물이 눈에 잘 띄지 않거나, 오랜 기간 동일한 내용으로 고정되어 있을 경우에는 유아의 관심과 흥미를 유도해 내기 어렵다는 단점도 지니고 있다. 이 밖에도 게시판은 다음과 같은 특성을 지니고 있다(심성경 외, 2007).

① 게시판의 장점

- 모든 유아에게 동일한 정보를 제공한다.
- 특정 주제의 정보나 개념에 대해 유아의 관심과 주의를 집중시킬 수 있다.
- 특정 주제에 대해 오랜 기간 전시함으로써, 학습의 개별적 탐색과 강화에 도움을 준다.
- 게시 자료 및 내용에 따라 다양하게 구성할 수 있다.

② 게시판의 단점

- 위치에 따라 게시판의 주목도가 달라질 수 있다.
- 일정 기간이 경과한 후에 게시 내용에 변화를 주어야 한다.
- 너무 많은 내용이 게시되면 혼란스럽고 시각적 효과가 줄어들 수 있다.

(3) 게시판의 활용

① 게시판의 구성

게시판을 활용하고자 할 경우에는 다음의 순서를 고려하여 제작해야 한다(권옥자 외, 2012; 심성경 외, 2007).

- 주제 및 내용의 설정: 진행 중인 교육과정의 내용, 계절적 특성, 기본 생활 습관 해당 내용, 부모교육 내용, 기관 행사 및 운영 정보 등
- 자료의 수집: 유아가 직접 제작한 자료, 신문/잡지 자료, 교사가 직접 제작한 그림 및 입체 자료 등
- 자료 게시 공간과 방법의 계획: 수집된 자료를 주제별로 유목화하여 게시할 공간을 구상
- 게시물의 배치: 통일성, 균형감, 색상의 조화, 글자 크기 등에 유의, 배치도를 스케치하여 구성
- 게시 및 부착: 전체적 조화와 통일감, 주제의 명확성을 고려하여 배열, 배열 시에는 부착 면의 특성을 고려하여 벨크로테이프, 셀로판테이프, 고무자석 등을 활용

② 게시판의 활용 영역

게시판은 활용 대상에 따라 유아를 위한 게시판과 학부모를 위한 게시판으로 나누어 활용할 수 있다. 유아를 위한 게시판은 유아의 교육활동을 위한 보조 자료 및 일과 운영을 위한 자료를 제시하거나, 유아들이 직접 만든 조형물 및 완성 자료를 제시하는 용도로 활용할 수 있다. 학부모를 위한 게시판은 교육기관의 교육활동이나 유아의 개인 정보를 알리는 용도로 활용되며, 주로 출입구나 복도, 상담실 등에 게시하게 된다(권옥자 외, 2012).

〈표 11-2〉 활용 대상에 따른 게시판 활용

대상	유아	학부모
내용	• 생활주제의 학습을 위한 게시물(예: 교통 안전 등) • 일과 운영을 위한 게시물(예: 시간표 등) • 유아의 과제물 • 유아의 작품 전시 등	• 월별/주별 교육활동 및 행사 계획 • 교육 보조용 책자 • 생활지도 관련 기사 • 개별 아동에 대한 알림장 게시 등

시각 자료 제작의 원리

그림 및 사진, 융판 자료, 게시판 등은 인간의 감각 중 시각을 자극하는 자료이며, 유아교육 현장에서는 교사에 의해 제작되는 경우가 많다. 효과적인 시각 자료의 제작을 위해 유아교사가 디자인의 전문가가 될 필요는 없지만, 학습의 효과를 향상하기 위해서는 몇 가지 사항을 고려할 필요가 있다.

시각 자료의 제작 시 가장 명심해야 할 원리는 '교육용 시각 자료는 심미성과 기능성을 동시에 갖추어야 한다'는 것이다. 아무리 아름다운 색채와 글자로 이루어진 자료라 할지라도, 학습자에게 의미 있는 내용이 전달되지 못한다면 효과적인 시각 자료라고 이야기할 수 없다.

다음은 권옥자 외(2012), 강명희 외(2017), 로어(Lohr, 2008), 스말디노 등(2011) 등이 제시한 효과적인 시각 자료 제작의 원리를 알기 쉽게 나열한 것이다.

1) 강조하고자 하는 내용에 시선이 집중될 수 있도록 배경을 과감하게 생략하거나, 쉽게 대조되는 자료로 제작한다.

〈잘못된 예시〉

〈바람직한 예시〉

그림 출처: Lohr, 2008.

2) 시각적 위계를 확립할 수 있도록 학습자들이 가장 중요하게 판단하기를 원하는 자료를 좌측 또는 상단에 배치하고, 그다음으로 중요한 자료들은 우측 또는 하단에 배치한다.

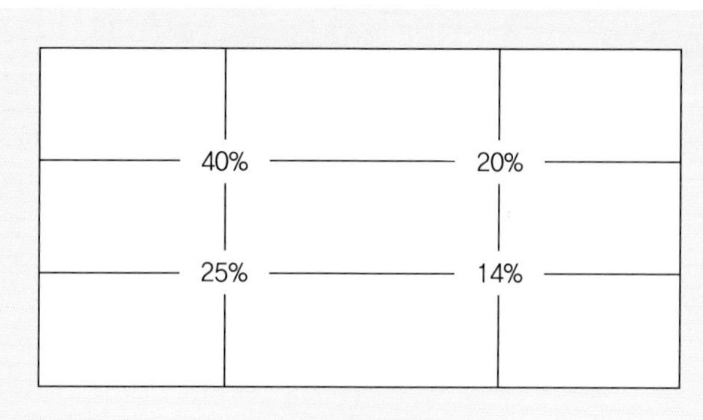

〈시선이 집중되는 위치〉

그림 출처: 권옥자 외, 2012.

3) 상단의 자료, 큰 글자로 이루어진 자료는 보다 상위의 개념을, 하단의 자료, 작은 글자로 이루어진 자료는 하위의 개념을 정리하는 데 활용할 수 있다. 이러한 위계가 확립되지 않으면, 하단의 예시처럼 잘못된 정보를 전달해 줄 수 있다.

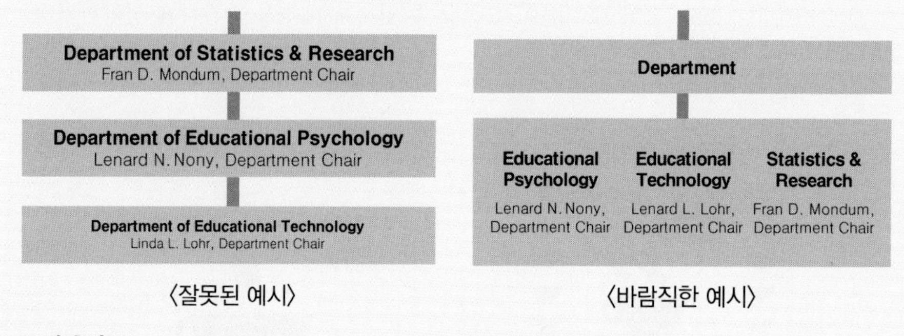

〈잘못된 예시〉 〈바람직한 예시〉

그림 출처: Lohr, 2008.

4) 여러 자료가 배열되어 있을 때에는 중요도에 따라 전체적으로 'Z' 형태의 모양을 띠도록 나열한다. 하단 그림의 좌측이 잘못된 예시인 이유는 우리의 시선은 좌측에서 우측으로 움직이는데, 자료는 우측에서 좌측으로 이해되도록 정렬되었기 때문이다. 이밖에도 시각 자료의 제시에 알파벳 O, C, S형의 배열을 활용할 수 있다.

〈잘못된 예시〉

〈바람직한 예시〉

그림 출처: Lohr, 2008.

5) 여러 자료를 제시하고자 할 때에는 유사한 것들은 가까운 곳에, 대조할 것은 먼 곳에 배치시키고, 전체적인 균형을 고려한다. 대조할 자료들은 대비가 명확히 되도록 과감한 색과 크기를 활용하는 것이 좋다.

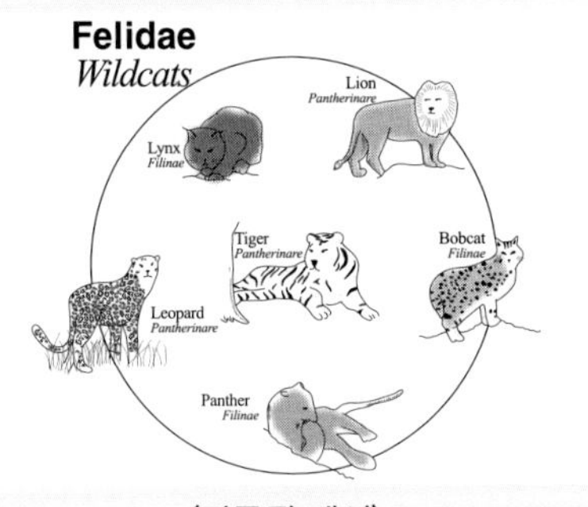

〈잘못된 예시〉

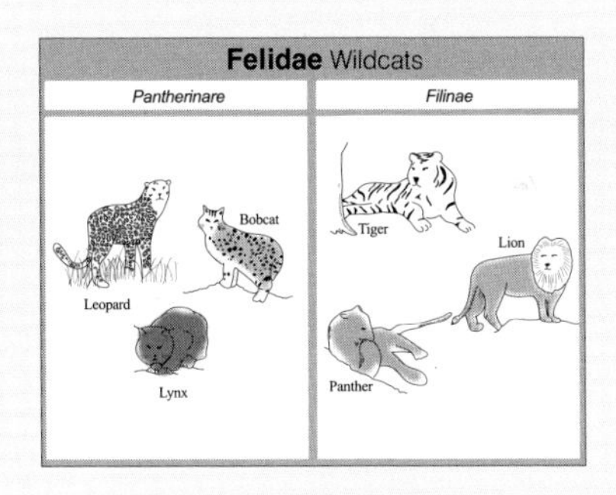

〈바람직한 예시〉

그림 출처: Lohr, 2008.

6) 그림 또는 글자를 배열할 때에는 정렬에 유의한다. 가운데 정렬은 제목 등에 한정적으로 활용하는 것이 좋으며 3줄 이상 되는 길이에는 가운데 정렬을 활용하지 않는 것이 좋다.

Stephanie는 Jackson보다 키가 크다. Jackson은 Nick보다 키가 크다. Nick은 Stephanie와 Jackson보다 키가 작다.

〈잘못된 예시〉

Stephanie는 Jackson보다 키가 크다.

Jackson은 Nick보다 키가 크다.

Nick은 Stephanie와 Jackson보다 키가 작다.

〈바람직한 예시〉

그림 출처: Lohr, 2008.

7) 글자가 사용되는 시각 자료의 경우, 한 번에 보여질 메시지의 분량은 7±2의 원칙을 따르는 것이 좋다. 또한, 컴퓨터 자료를 활용할 때에는 배경색과 그림 또는 문자의 색을 대조되는 것으로 하여 눈에 잘 띄게 구성하면 효과적이다(강명희 외, 2017).

한 줄에 일곱 단어 (7±2)

페

이

지

에

일

곱

줄

〈효과적인 화면 구성〉

배경색	그림 혹은 문자색
하얀색	진한 파란색
연한 회색	파란색, 초록색, 검은색
파란색	연한 노란색, 하얀색
연한 파란색	진한 파란색, 진한 초록색
연한 노란색	보라색, 갈색

〈화면색과 대비되는 색상〉

8) 동일한 위계를 갖는 요소에는 동일한 디자인적 요소를 반복하여 활용한다.

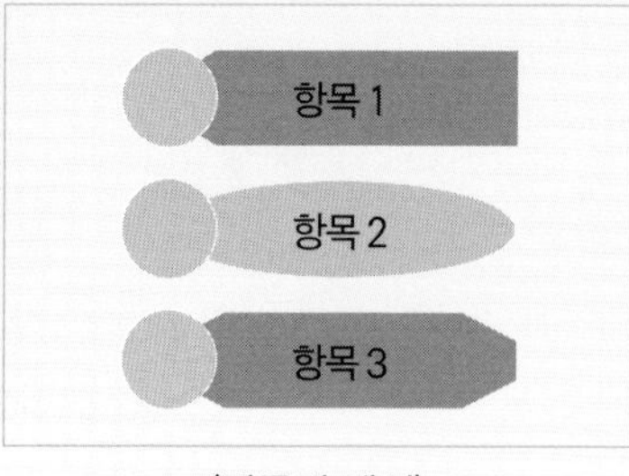

〈잘못된 예시〉

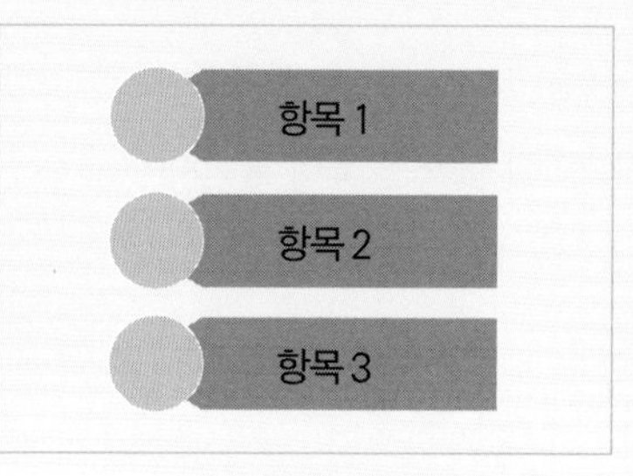

〈바람직한 예시〉

9) 글자를 활용할 때에는 서체, 굵기, 글자들이 눈에 쉽게 들어오도록 가독성(legibility) 있게 제작되어야 하며, 문장 역시 쉽게 읽을 수 있도록 이독성(readability)에 유의해야 한다.

〈잘못된 예시–가독성〉

〈바람직한 예시–가독성〉

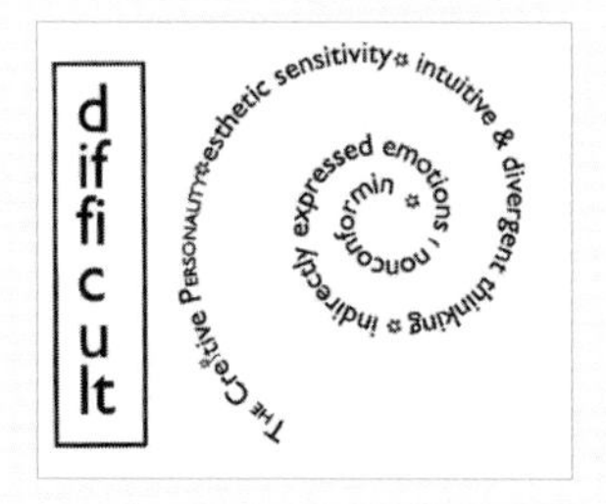

〈잘못된 예시–이독성〉

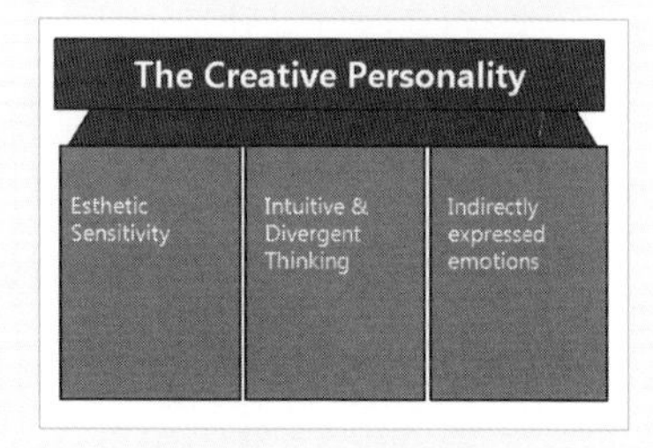

〈바람직한 예시–이독성〉

그림 출처: Lohr, 2008.

예시에서는 가독성을 향상시키기 위해 장식이 포함된 글자체를 없애고, 명암을 대비시켜 글자가 더 눈에 띄도록 하였다. 또한, 이독성을 향상시키기 위해서 윤곽을 따라 둥글게 썼던 글자의 정렬을 바꾸고, 내용에 따라 상하로 시각적인 위계를 만들어 읽기 좋게 수정하였다.

10) 이 밖에도 다음과 같은 원리를 활용할 수 있다(Smaldino et al., 2011).

- 연속된 시각 자료를 제시할 때에는 배열을 같게 유지한다.
- 시각적인 균형과 색채를 고려한다.
- 질감, 글자와 그림의 비율, 상호작용성 등을 고려하여 호소력이 있는 자료를 제작한다.

시각 자료의 효과적 배치 사례

흥미 영역	시각 자료
쌓기 놀이 영역	중세 성, 공원, 은행 등 구성 활동이 활발히 일어날 수 있도록 도와주는 그림 및 사진 자료 제공
	유아들이 직접 제작한 그림 및 사진 자료의 게시
역할놀이 영역	병원 놀이, 우체국 놀이 등에 관한 역할을 이해하기 쉽도록 각 과정들이 소개된 그림 자료 제공
	인형극 및 동극 등을 위한 배경 자료로 그림 활용
	역할용 그림 자료를 융으로 제작한 머리띠에 붙일 수 있도록 자료 제공
언어 영역	개념에 도움이 되는 도서, 동화, 어휘력 향상 카드, 이야기 그림 꾸미기 자료 등의 그림 자료 활용
	꾸미기 자료 및 동화의 배경으로 활용
	한글의 자음과 모음을 융판 자료로 제작하여 활용
조작놀이 영역	퍼즐 및 입체 그림 조립 자료, 조립 방법이 제시된 그림이나 사진 자료를 함께 제시
수 놀이 영역	일대일 대응하기, 수 세기, 분류, 비교 등을 위한 그림 제공
	사건의 논리적 순서를 설명하거나 예측하기 위한 그림 자료 제시
	공간 개념의 이해를 위해 떼었다 붙였다 할 수 있는 융판 자료 제시
	고차원적 수의 개념을 이해하기 위한 자료 제시
과학 영역	기초 개념 파악을 위한 사진 및 그림 자료 활용(자연 현상을 설명하기 위한 자료, 동식물에 대한 자료 등)
	실험이나 요리 활동의 순서 제시를 위한 그림 자료 제시
음률 영역	노랫말을 그림으로 나타내거나 악기의 종류 및 사용법에 대한 자료를 그림으로 제공

출처: 유혜령, 강은희, 박지영, 2009.

2. 입체 자료

1) 모형 및 표본

(1) 개념 및 특성

호반과 데일의 매체 이론에서도 확인할 수 있듯이, 실물(현장)에 가까운 자료일수록 풍부한 맥락적 정보를 포함하고 있기 때문에, 사물에 대한 지각과 이해를 명료하게 하기 위해서는 보다 직접적인 경험을 제공하는 입체 자료를 활용하는 것이 좋다. 입체 자료 중, 실물(realia)은 가장 구체성을 띤 자료로, 들풀, 개구리, 골동품 등 주변 환경에서 접하게 되는 모든 실제적인 사물과 상황들을 의미한다. 실물은 실제 교실로 물건을 가져오거나 현장 학습을 통해 교수・학습 과정에 활용할 수 있으나, 실물의 크기가 너무 크거나 작은 경우, 또는 교육 현장으로부터 멀리 떨어진 곳에 있는 실물을 활용해야 하는 경우 등에는 적합하지 못하다. 또한 맹수 및 유독성 물질 등과 같이 너무 위험하여 직접적으로 관찰하기 어려운 사물 등도 교수・학습내용에 포함될 수 있는데, 이를 실물로 확인하기에는 어려움이 따른다. 모형(model)은 이와 같은 상황에서 실물을 대용하여 활용할 수 있는 입체적 교수매체로, 실물을 변화시키거나 간소화하여 핵심 내용을 학습하도록 구안된 자료를 의미한다. 한편, 표본(specimens)은 식물표본, 동물표본, 광물표본 등과 같이 실물의 모습을 그대로 유지한 채 가공한 교수매체이며, 오랫동안 그 모습이 유지되기 때문에, 장기적 보관과 학습이 용이하다는 장점이 있다(주영주, 최성희, 2005).

모형의 특별한 형태로 컷어웨이(cut-away)가 있다. 컷어웨이는 '지구 단면 모형'이나 '인체 내부 모형' 등과 같이 외부 내용의 일부를 생략하고 내부를 함께 보여 주는 모형이다. 컷어웨이를 활용할 때에는 자료의 외양을 먼저 제시하고, 내부가 어떠한 모양으로 생겼을지를 상상해 보게 한 다음 제시하는 것이 효과적이다(하수연, 박원혁, 2017).

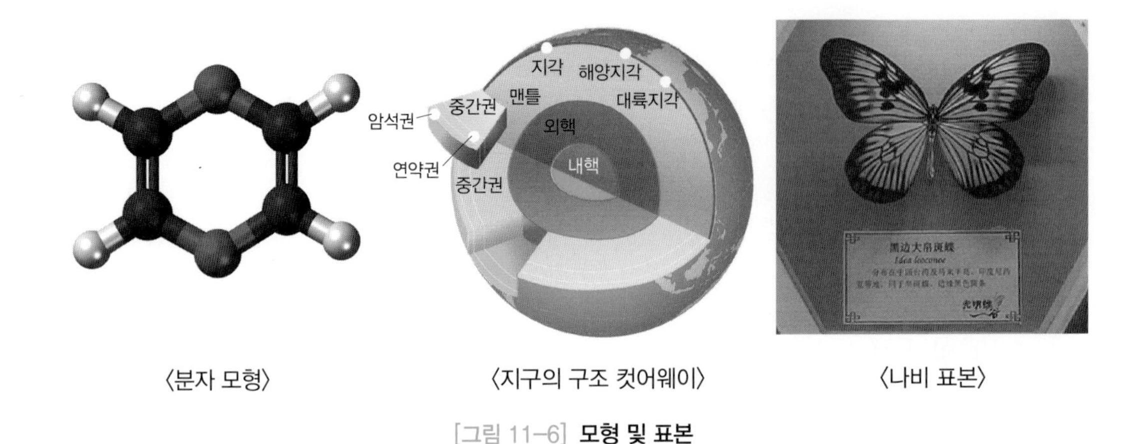

〈분자 모형〉 〈지구의 구조 컷어웨이〉 〈나비 표본〉

[그림 11-6] **모형 및 표본**

(2) 모형 및 표본의 장단점

모형과 표본은 모두 실물을 가공하여 제작하는 것이기 때문에 그림이나 사진 자료보다 구체적이며, 부피감과 입체감을 지각할 수 있다. 그러나 모형과 표본은 실물 그 자체는 아니므로, 현실감이 떨어지거나 학습자들이 사물에 대한 정확한 개념을 형성하는 데 어려움을 느낄 수도 있다. 보다 구체적인 모형과 표본의 장단점은 다음과 같다(권옥자 외, 2012; 유혜령 외, 2009).

① 모형의 장단점

• 장점

-복잡한 물체를 단순화하거나, 중요한 부분을 강조하여 제작하므로, 목적으로 하는 정보의 전달에 실물보다 효과적일 수 있다.

-커다란 선박에서부터 작은 원자에 이르기까지 실물의 크기에 관계없이 제작할 수 있으므로 현장 활용도가 높다.

-인체의 구조 등 눈에 보이지 않는 부분도 학습할 수 있다.

-공룡 등과 같은 과거의 자료, 우주 모형과 같이 멀리 떨어진 곳에 있는 자료도 매체로 활용할 수 있다.

• 단점

–모형을 실물과 같은 비율로 제작하는 것에 어려움이 있다.

–실제 모습을 지나치게 간략화하여 제작한 모형의 경우에는 실제적인 개념 형성에 적합하지 않을 수 있다.

② 표본의 장단점

• 장점

–현장학습을 활용하지 않더라도 세밀히 관찰할 수 있다.

–실물의 모습이 오래 유지되므로, 장기간 관찰할 수 있다.

–유사한 사물 간의 공통점과 차이점을 발견하는 학습에 응용할 수 있다.

• 단점

–실물과 같은 생생함을 전달해 주기에는 부족하다.

–대체로 제작이 어려워 상품화된 표본을 구매하여 활용하는 경우가 많다.

–유아들이 흥미를 쉽게 상실하여 전시용 자료에 그치는 경우가 있다.

(3) 모형 및 표본의 활용

모형과 표본은 다양한 교육적 목적을 바탕으로 활용할 수 있지만, 유의해야 할 점은 실물이 활용되는 것이 더욱 적합한 교수 · 학습 상황에서는 가능한 한 실물을 사용해야 한다는 것이다. 모형과 표본은 실물을 대체할 수 있는 자료이지만, 실물과 같은 풍부한 직접적 경험을 제공할 수 없다. 따라서 실물을 활용하는 것과 모형 및 표본을 활용하는 것 사이의 장단점을 고려하여 효과적 매체를 결정해야 한다. 또한 모형의 경우에는 묘사의 수준이 간략한 것에서부터 복잡한 것까지 다양하게 존재하므로, 학습자의 수준에 적합한 모형을 선택하여 활용해야 하며, 학습자가 자유로운 관찰과 조작이 용이하도록 활용할 수 있어야 한다. 한편, 표본을 활용하여 학습을 할 때에는 관련 학습내용과 연계되는 학습을 장려(예: 나비 표본과 나비의 일생 학습을 연계)하는 것이 효과적이며, 표본이 된 동식물을 언급하며 생명의 존귀함을 느낄 수 있도록 하거나 환경보호의 필요성을 함께 언급함으로써 보다 효과적인 학습이 이루어질 수 있다(권옥자 외, 2012).

2) 디오라마

(1) 개념 및 특성

디오라마는 제시하고자 하는 장면이나 상황, 사물 모형을 배경과 함께 입체적으로 전시해 놓은 교수매체를 의미한다. 대체로 밑면과 옆면, 뒷면으로 구성된 입체 틀 안에 그림 자료를 사용하여 배경을 채우고, 그 내부를 작은 인형이나 모형을 활용하여 전시하게 된다. 학습자들은 디오라마를 관람하거나 내부의 사물을 조작함으로써 학습할 수 있다. 디오라마는 직육면체의 일부를 자른 섀도박스형(shadowbox type) 및 톱뷰형(top view type) 디오라마와 네 방향을 모두 활용할 수 있도록 구성한 십자형(cross type) 디오라마가 주로 활용되며 활용 목적에 따라 두 면 혹은 세 면으로 된 회전식 디오라마를 구성할 수도 있다.

(2) 디오라마의 장단점

디오라마는 배경과 내용물을 함께 제시함으로써, 입체감과 실재감을 제공할 수 있고, 여러 배경을 함께 제시할 수 있는 십자형 디오라마를 활용하면 배경과 내용물을 극명하게 대비시킴으로써 교육적 효과를 배가시킬 수 있다. 그러나 제작에 많은 시간과 노력이 소요되며, 제시 면적이 그리 충분하지 못하다는 점은 단점으로 지적될 수 있다.

〈톱뷰(top view)형 디오라마〉

〈십자형 디오라마〉

[그림 11-7] **여러 유형의 디오라마**

(3) 디오라마의 활용

디오라마는 유아들에게 동화를 제시하거나, 교사와 유아가 함께 제작한 조형물을 전시하거나 구성하는 용도로 다양하게 활용할 수 있다. 디오라마를 이용하여 동화를 구성하면 배경과 내용을 함께 이해할 수 있어서 학습자의 흥미와 몰입도가 향상된다. 특히, 장면의 전환을 극적으로 표현할 수 있으므로, 역동적인 내용 제시가 가능해진다. 한편, 집안 꾸미기 등의 내용을 디오라마로 제작하면, 학습자들이 소품들을 직접 제작하거나 재배치하는 활동을 통해 유아의 상상력을 자극시키며 창의력을 향상하도록 도와줄 수 있다(심성경 외, 2007).

3) 인형

(1) 개념 및 특성

인형(dolls)은 흙이나 나무, 헝겊 등의 재료로 인간을 비롯한 동물의 형상을 제작하여 만든 입체적 교수매체를 의미한다. 여러 교육용 매체 중, 인형은 유아에게 가장 매혹감과 친밀감을 줄 수 있는 매체이며, 그 교육적 효과 또한 커서 교육 현장에서 활발히 활용되고 있다. 일반적으로 인형은 아동의 언어, 인지, 사회성, 정서발달 등 거의 전 영역의 학습을 촉진시킬 수 있다고 알려져 있다(심성경 외, 2007). 유아들은 인형을 활용한 놀이를 하며, 상상력을 키울 수 있고 심리적 안정감과 정서적 편안함을 느끼게 된다. 또한 교사는 수업을 실시하기 전 인형을 활용하여 학습의 몰입도를 향상시킬 수 있으며, 집중도가 저하되었을 때에도 인형을 활용하여 주의를 집중시킬 수 있다(권옥자 외, 2012). 평면적·입체적 막대 인형, 손 및 손가락 인형, 줄인형(마리오네트), 테이블 인형, 그림자 인형, 발도르프 인형(형태만 존재하고 얼굴 표정이 없는 인형, 헝겊으로 제작함) 등 다양한 인형이 유아교육 현장에 활용되고 있다.

(2) 인형의 활용

인형은 유아의 학습동기를 향상시켜 적극적인 학습이 이루어지도록 하므로, 인형극 공연, 주의 집중, 전이활동, 귀가 지도 등 다양한 교수·학습 활동에 적용될 수 있다. 또한 다양한 주제별 학습에 주요 자료로 활용되어, 직업을 인형으로 표현하거나 가족들의 모형을 인형으로 표현할 수 있으며, 인형극이나 역할놀이 등을 통해 유아의 상상력과 창의력을 향상시켜 줄 수 있다. 다양한 인형 자료와 이를 보조할 수 있는 녹음 자료를 흥미 영역에 함께 제공해 둔다면, 학습자들이 놀이를 통하여 보다 창의적인 활동을 수행할 수 있을 것이다(권옥자 외, 2012; 심성경 외, 2007).

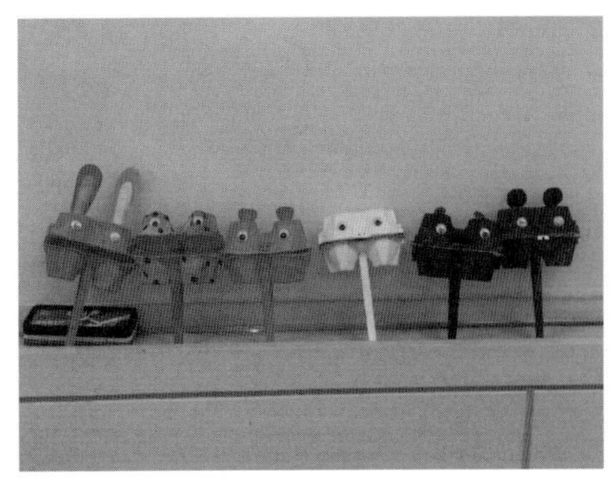

〈막대 인형〉

〈손 인형〉

〈테이블 인형〉

〈그림자 인형〉

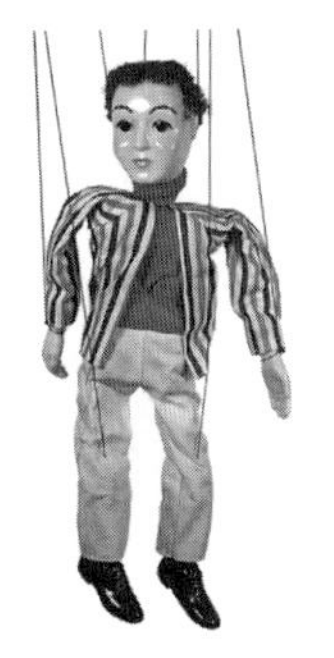

〈줄 인형〉

〈발도르프 인형〉

사진 출처: https://pixabay.com/ko/users/gregmcmahan-3853/

[그림 11-8] **다양한 인형**

3. 전기 작동 자료

1) 실물화상기

(1) 개념 및 특성

실물화상기(video presenter)는 책, 동전, 나뭇잎, 실물 등의 각종 불투명한 실제 자료와 필름 등의 투명한 자료를 자료 제시대 위에 올려놓고, TV나 스크린에 이를

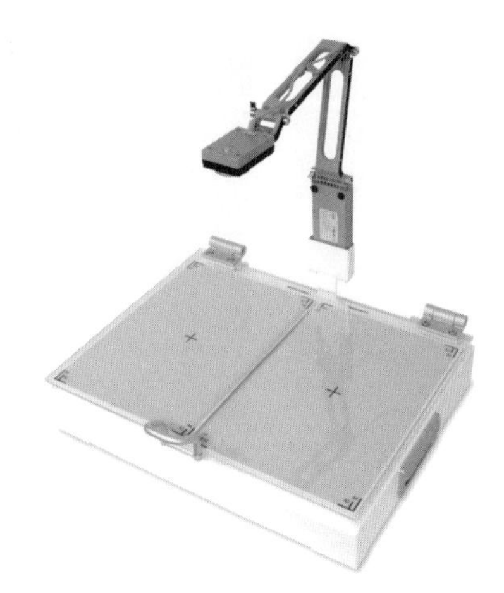

[그림 11-9] **실물화상기**

사진 출처: (주)에스티렌탈 http://www.seoulrental.co.kr/

투사하여 활용하는 전기 작동 매체이다. 과거에는 불투명한 실물을 투사하는 장치로 실물환등기(opaque projector)를 유아 교수 · 학습 상황에 많이 활용하였는데, 활용을 위해 강력한 빛(1,000W 이상)이 필요하며 어두운 곳이 아니면 상이 흐리게 나타난다는 점, 부피와 무게가 많이 나간다는 점 등의 단점 때문에 최근에는 밝은 곳에서도 손쉽게 활용할 수 있는 실물화상기로 대체되고 있는 실정이다(김은심 외, 2010). 실물화상기는 학습자들에게 가장 친숙한 매체 중 하나인 TV, 모니터 등을 통해 제시할 수 있으며, 줌(zoom) 조절 나사를 활용하여 맺히는 상(像)의 크기를 조절할 수 있기 때문에 집단의 규모에 관계없이 활용할 수 있다는 장점이 있다.

(2) 실물화상기의 장단점

실물화상기는 실물을 그대로 보여 주므로 별도의 자료 제작이 필요치 않아 편리하고 작동법이 비교적 간단하며, 작은 물체도 쉽게 확대하여 보여 줄 수 있다. 또한 밝은 곳에서도 비교적 선명한 상을 얻을 수 있어, 특별한 암막 시설이 필요하지 않다는 장점이 있다. 그러나 맺히는 상이 커질수록 선명도가 떨어지므로, 활용에 유의하여야 하며, 출력기기가 잘 작동되는지 사용 전 미리 점검해 둘 필요가 있다(박숙희, 염명숙, 2013).

이 밖에도 상이 맺히는 곳의 위치와 자료의 크기를 고려하여 제시해야 하며, 여러 자료를 제시할 때에는 초점을 고정시켜 유아의 주의를 분산시키지 않도록 해야 한다는 점 등이 유의해야 할 사항으로 지적된다(김은심 외, 2010).

(3) 실물화상기의 활용

실물화상기는 유아와 마주 보는 환경에서 활용되므로, 자료를 제시하며 유아들을 관찰할 수 있기 때문에, 학습자의 몰입도를 고려해 가며 융통성 있게 수업을 운영할 수 있다. 최근에는 디지털 실물화상기의 보급으로 부피와 무게가 가벼워지고 휴대가 간편해지고 있으며, 오버헤드프로젝터의 기능도 일부 포함하고 있기 때문에 각종 교수·학습 상황에서 손쉽게 활용되고 있다.

2) 오버헤드프로젝터

(1) 개념 및 특성

오버헤드프로젝터(overhead projector: OHP)는 자료 게시대 위에 빛을 투과시킬 수 있는 투명한 자료(transparencies: TP)를 올려 두고, 하단에 강한 빛을 쬐어 해당 상을 벽면의 스크린에 투과시키는 장치로, 투시물 환등기라고도 불린다. 자료를 게시하는 교사의 머리 위로 상이 맺혀진다는 의미에서 오버헤드프로젝터라고 명명되었다. 오버헤드프로젝터는 별도의 암막 장치 없이 밝은 곳에서도 자유롭게 활용할 수 있으며, OHP 필름, 슬라이드 필름을 비롯한 기타 투명한 TP 자료를 활용할 수 있다는 점에서 유치원을 비롯한 교육 현장에서 높은 활용도를 나타낸다. 이 밖에도 겹치기(overlay: 기본이 되는 TP 자료 위에 문자나 그림 등을 더해 제시할 수 있는 TP를 추가적으로 보여 주는 것) 및 부분 가리기(mask: 기본이 되는 TP 자료를 제시할 때 중요한 부분을 불투명한 물체로 가렸다가 이를 제거하며 제시하는 것) 기법 등을 활용하여 순차적 제시를 가능하게 함으로써 교육 효과를 높일 수도 있다.

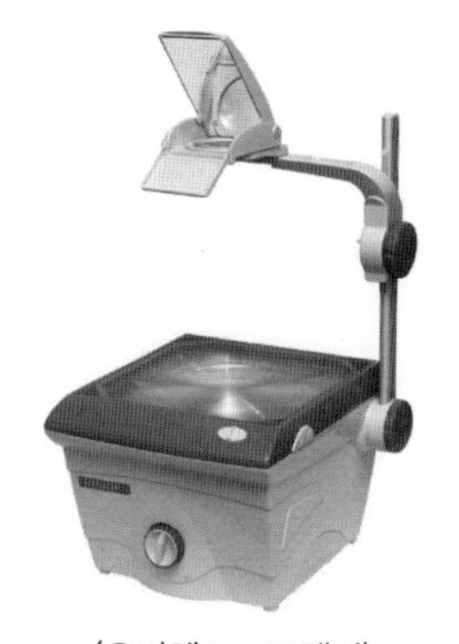

〈오버헤드프로젝터〉
사진 출처: PT. Taruna Jaya International
http://www.taruna-jaya.com/

〈TP 자료〉

[그림 11-10] **오버헤드프로젝터와 TP 자료**

(2) 오버헤드프로젝터의 장단점

오버헤드프로젝터는 비교적 작동이 간편하며, 조명을 끄지 않고도 선명한 상을 얻을 수 있다는 장점이 있다. 또한 오버헤드프로젝터 위에 얹어 활용하는 투시물 자료 역시 쉽게 제작할 수 있으며, 판서와는 다르게 자료의 반복 사용이 가능하다는 특징 역시 지니고 있다. 이 밖에도 오버헤드프로젝터는 다음과 같은 장점을 지닌다(권옥자 외, 2012; 김은심 외, 2010).

- 조작이 간편하다.
- 별도의 암막 장치 없이 선명한 상을 얻을 수 있다.
- 교사와 학생이 마주 보며 수업을 진행할 수 있어, 학생의 반응을 고려한 수업의 진행을 가능하게 한다.
- 투명한 자료나 액체(샬레 등에 담긴 투명 액체) 등을 제시할 수 있다.
- 겹치기 및 부분 가리기 기법 등을 통해 비교, 대조 등 다양한 효과를 얻을 수 있다.
- 직접 그리기, 복사기 활용하기 등 TP 자료의 제작에 많은 노력이 소요되지 않는다.

• TP 자료는 반영구적으로 재활용할 수 있다.

[그림 11-11] **오버헤드프로젝터의 겹치기 기법**

출처: 김은심 외, 2010.

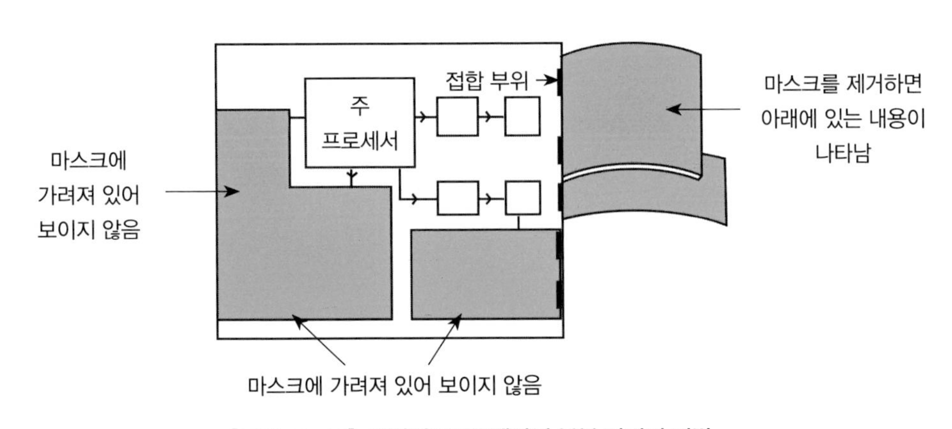

[그림 11-12] **오버헤드프로젝터의 부분 가리기 기법**

출처: Ellington, 1987.

반면에, 오버헤드프로젝터를 보다 효과적으로 사용하기 위해서는 많은 연습이 필요하다는 점, 교수자가 제시한 준비 자료를 일방적으로 제시하는 단조로운 수업이 될 수 있기 때문에 학습자 참여 유도를 위한 전략이 필요하다는 점 등은 단점으로 꼽힌다(박숙희, 염명숙, 2013).

(3) 오버헤드프로젝터 활용 시 주의사항

오버헤드프로젝터를 활용할 때에는 미리 준비된 자료를 제시하기 때문에 자료를 빠르게 제시하기 쉬우므로 수업의 속도를 적절히 조절해 가며 활용해야 한다. 또한 많은 내용이 한꺼번에 제시되지 않도록 겹치기 기법이나 부분 가리기 기법을 충분히 활용하여 제공해 주어야 한다. 이 밖에도 불필요한 자료가 함께 제시되지 않도록 제시대를 깨끗이 유지하고, 필요한 설명이 끝나면 오버헤드프로젝터를 껐다가 필요할 때 다시 활용하는 것도 주의해야 할 사항 중 하나이다(주영주, 최성희, 2005).

그러나 무엇보다 가장 주의해야 할 것은 키스톤 효과(keystone effect)를 방지하는 것이다. 키스톤 효과란 오버헤드프로젝터의 렌즈로부터 상이 맺히는 스크린의 하단 부분과 상단 부분까지의 거리가 같지 않아, 상이 왜곡되어 사다리꼴 모양의 상이 맺히는

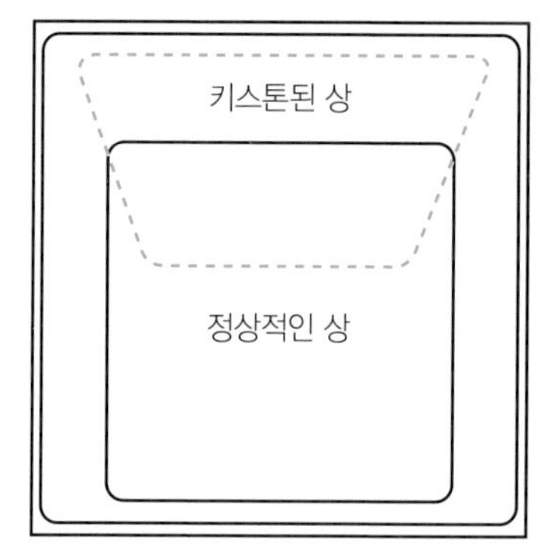

수직 방향으로 키스톤 현상이 발생한 예

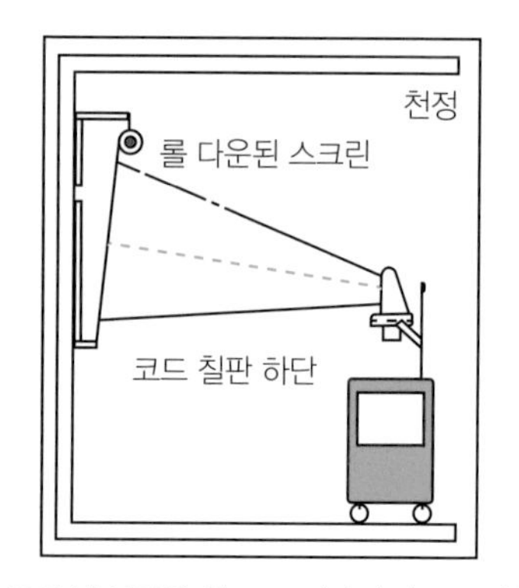

OHP의 반사경을 위로 조절하거나 스크린을 기울여 키스톤 현상을 해결한다.

[그림 11-13] **키스톤 현상과 해결법**

출처: 주영주, 최성희, 2005.

현상을 의미한다. 이때에는 상 · 하단부에 이르는 거리가 같도록 스크린 상단을 앞쪽으로 살짝 기울이거나 OHP의 반사경 위치를 조절하여 활용하면 해결할 수 있다.

4. 기타 자료

1) 녹음 자료

(1) 개념 및 특성

녹음 자료는 인간의 오감 중 청각을 자극하기 위한 매체로, 교사 및 학생의 음성, 동요, 배경음악, 클래식 등 다양한 녹음 자료가 유아교육 현장에서 활용되고 있다. 녹음 자료는 오디오 테이프(cassette tape)를 활용하던 것에서부터 점차 디지털 기술이 가미된 콤팩트디스크(compact disc: CD), 혹은 컴퓨터 음성 파일인 mp3, wav, wma, ogg, flac 형태의 매체로 변환되고 있는 추세이다. 녹음 자료는 현장의 음을 그대로 기록해 둘 수 있어 보존성과 기록성이 우수하며, 녹음이나 재생을 반복하여 활용할 수 있으므로 경제적인 매체이기도 하다. 또한, 그림, 사진, 융판 등의 시각 자료와 함께 사용하면 다양한 자극을 함께 제공할 수 있어 교육적 효과를 높일 수 있다(주영주, 최성희, 2005).

(2) 녹음 자료의 장단점

녹음 자료는 손쉬운 제작과 복제, 재사용이 가능하고, 단체 학습뿐 아니라 유아기 학습자의 개별 학습을 위해서도 활용할 수 있다는 장점이 있다. 또한, 현장감 있는 소리를 학습자에게 들려줄 수 있으며, 특히 언어학습에 탁월한 효과를 보일 수 있는 매체이기도 하다(김은심 외, 2010). 그러나 CD와 같이 고품질의 녹음 자료를 얻기 위해서는 별도의 장비가 필요하고, 효과적인 녹음 자료의 활용을 위한 철저한 사전 준비가 필요하다는 점 등은 단점으로 지적될 수 있다. 녹음자료의 일반적 특성은 다음과 같다(유혜령 외, 2009).

- 일회적 소리를 반영구적으로 보존할 수 있다.
- 소리의 편집과 복사가 가능하다.
- 기계 조작이 비교적 간단하다.
- 자료의 보관이 간편하다.

(3) 녹음 자료의 활용

유아 교수 · 학습 현장에서 녹음 자료는 다양하게 활용될 수 있다. 먼저, 오디오 테이프나 컴퓨터를 활용하여 유아 자신의 목소리를 녹음한 뒤 들어 보고, 친구들의 목소리와 비교해 보는 활동을 진행하는 데 활용할 수 있다. 다음으로, 새로운 동요를 배우거나 음악을 듣고 몸을 움직여 보는 음률 활동을 하는 데에도 적용할 수 있다. 이 밖에도, 간식이나 휴식 시간에 배경 음악으로 활용할 수도 있으며, 동화를 제시할 때 효과음으로도 활용해 볼 수 있다. 또한, 유아 학습자의 상상력과 창의력을 자극하기 위하여 음악을 듣고 생각나는 것을 그림으로 그려 보는 활동을 부가적으로 진행해 볼 수도 있다(권옥자 외, 2012; 김은심 외, 2010).

2) 영상 자료

(1) 개념 및 특성

영상 자료는 TV나 영화가 갖는 일회성과 동시성을 극복하기 위해 고안된 매체로, 반복적 재생과 속도의 조절을 통해 효과적인 학습을 진행할 수 있어, 유아 교수 · 학습 현장에서 활발히 활용되고 있다. 영상 자료는 시공을 초월하여 정보, 과정, 개념, 기술 등을 설명함으로써 유아 학습자에게 현장감을 강화할 수 있고, 미세한 사물과 같이 직접 관찰이 어려운 경우나 일식 등과 같은 직접 관찰이 위험한 경우에도 학습자에게 유용한 대리 경험을 제공해 줄 수 있다. 영상 자료는 거의 모든 영역에서 활용할 수 있으며, 유아 학습자의 인지적, 정의적, 신체적, 대인관계 영역의 발달을 고루 촉진시킬 수 있는 매체로 각광을 받고 있다(주영주, 최성희, 2005; Smaldino et al., 2011). 최근에는 가정용 캠코더(camcoder)의 보급으로 비교적 손쉬운 제작과 활용이 가능해졌으며, 컴퓨터를 통한 영상의 제작과 재생 또한 활발히 이루어지고 있다.

(2) 영상 자료의 장단점

영상 자료가 갖는 가장 매력적인 장점 중 하나는 사건이나 사실을 현장감 있게 제공할 수 있으며, 반복적인 활용이 가능하다는 점이다. 이 밖에도 개별 학습과 집단 학습 모두를 지원한다는 점, TV, 컴퓨터 등 여러 전자 매체들과 연결하여 다양한 용도로 사용할 수 있다는 점 등이 장점으로 꼽힌다(김은심 외, 2010). 그러나 다른 매체들에 비해 장비의 가격이 비교적 고가이며, 유용한 교수 · 학습 자료로 활용하기 위해서는 구체적인 스토리보드나 콘티, 촬영 기술이 필요하다는 점 등은 단점으로 지적될 수 있다.

(3) 영상 자료의 활용

영상 자료는 교재를 대신하여 특정 학습내용을 가르침으로써 아동의 흥미를 불러일으키는 용도로 활용할 수 있으며, 정적인 그림을 보완하기 위한 보조용 학습 자료로 활용할 수 있다. 또한, 아동의 활동 자체를 영상 자료로 제작하여 발달과 진보의 과정을 관찰하기 위한 매체로도 활용할 수 있다. 그러나 영상 자료의 효과성을 최대화하기 위해서는 전체 교수 · 학습 상황 중에서 최적의 영상 자료 활용 시기를 결정하고, 유아 학습자의 반응을 이끌어 내기 위해 발문이나 퀴즈, 후속 과제 등을 제공하는 것이 좋다. 이밖에도 유아 교수 · 학습 현장에서 영상 자료를 활용할 때에는 다음과 같은 점에 유의해야 한다(김은심 외, 2010).

- 영상 자료 선정 시 유의점
  - 사전 시사를 통해 유아 학습자에게 끼칠 영향을 고려한 뒤 선택해야 한다.

–학습할 단원과 프로그램의 주제에 부합하는 자료를 선택해야 한다.
–유아의 흥미 정도, 상영 시간을 고려하여 선택해야 한다.
–긴 영상의 경우에는 필요한 부분을 선택하고, 수업의 처음에 활용할 것인지, 끝 부분에 활용할 것인지 등 자료 활용 시기를 계획해야 한다.

• 영상 자료 제작 절차
–영상 자료의 제작 목적을 분명히 설정한다.
–영상에 포함될 내용과 구성 상황을 정리한다.
–콘티를 작성하고, 장비를 준비한다.
–준비한 대로 촬영, 녹음, 편집을 실시한다.

아날로그 매체의 활용 사례

대·소집단 활동	매체 활용 사례
개념 학습	사물의 명칭, 색깔, 직업의 기능 등 기본적 개념과 분류 학습 시 그림 자료 활용
	원리, 과정, 순서 등의 학습에 그림 자료 및 TP 활용
관찰 학습	빛이나 색의 변화, 자석에 따른 철가루의 움직임 등의 학습 시 실물화상기 및 OHP 활용
이야기 나누기 및 들려주기	그림이나 융판을 활용하여 토의 주제 제시
	'나비의 한 살이' 등과 같이 순서를 제시할 수 있도록 하는 학습에 융판 활용
	이야기의 도입 부분을 흥미롭게 설명하기 위해 인형 활용
	그림, 인형 자료의 구연 시 녹음 자료를 함께 활용
	유아가 개별적으로 동화를 감상하도록 하기 위해 그림책과 함께 녹음 자료 활용

동화 · 동시 · 동극	동화, 동시, 동극의 배경으로 그림 자료 활용
	역동적인 동화를 위해 앞치마 융판 등의 자료 활용
	동극 시 '과일 따기' 등과 같은 활동을 위해 융판 자료 활용
	동시 학습에 손가락 인형, 막대 인형 등의 자료 활용
	동극, 인형극 등의 해설이나 대사에 녹음 자료 활용
	그림동화, 인형극 등에 TP 자료 활용
음률 활동 및 음악 감상	새로운 노래의 학습, 동작 표현 활동 시 그림을 이용한 자료 활용
	융판 자료로 노랫말을 부분적으로 제시하거나 동물 그림 등을 제공
	주변 소리 변별하기, 다양한 소리 녹음하고 듣기 활동에 녹음 자료 활용
	동요, 손유희, 동작 표현 등에 녹음 자료 활용
게임	자료 붙이기 및 떼어 오기, 조각 맞추기, 주머니 던지기 등에 융판 활용
기타	유아의 활동 시작과 끝부분에 신호곡으로 녹음 자료 활용
	배경 음악으로 녹음 자료 활용

출처: 유혜령, 강은희, 박지영, 2009.

주요 용어

그림, 융판, 게시판, 모형, 표본, 디오라마, 인형, 실물화상기, 오버헤드프로젝터, 시각 자료, 입체 자료, 전기 작동 매체

생각해 볼 문제

1. 새로운 교수 · 학습매체들이 지속적으로 발달되는 가운데에서도 전통적인 아날로그 매체들이 유아 교수 · 학습 현장에서 꾸준히 활용되는 이유는 무엇일지 생각해 보자.
2. 제작한 교수 · 학습 지도안에 따라 구체적인 교수 · 학습 상황을 설정하고, 이때 활용할 수 있는 아날로그 매체들을 나열해 보자.
3. 시각 자료, 입체 자료, TP 자료, 녹음 및 영상 자료 중 하나를 실제로 제작해 보고, 동료들과 서로 평가해 보자.

디지털 매체

학습목표

- 컴퓨터를 비롯한 새로운 디지털 매체들의 개념과 특성을 설명할 수 있다.
- 디지털 매체의 특성을 이해하여 실제 교수 · 학습 상황에 효과적으로 활용할 수 있다.

디지털 학습매체는 학습자가 교수 · 학습 과정에서 활용하는 전자적인 매체로, 기술이 발전되면서 학습자의 학습경험의 폭을 넓히고 상호작용을 증진하는 더욱 다양한 매체가 활용되고 있다. 디지털 매체는 교실을 넘어서 다양한 정보와 자원의 교류, 사람들과의 의사소통 기회를 급속히 확장시키고 이를 통한 학습 기회와 폭을 넓히고 있다. 따라서 디지털 매체의 속성을 잘 이해하고 학습 효과를 극대화할 수 있는 방향으로 이를 잘 활용할 수 있는 능력을 키우는 것이 무엇보다 중요하다. 디지털 학습매체를 활용하는 학습자는 서로 다른 시간에 말하고, 자신이 편리한 시간에 대답할 수 있으며, 대화를 기록으로 보존할 수도 있다(이성흠, 이준, 2009). 이 장에서는 컴퓨터를 포함한 디지털 매체들의 개념 및 매체적 특성을 고찰하고, 그 활용 사례를 살펴봄으로써 급격히 확산되고 있는 뉴테크놀로지의 교수매체로서의 활용성과 가능성을 알아본다.

1. 컴퓨터

1) 컴퓨터의 개념 및 특성

컴퓨터는 정보를 입력하여 그 정보를 정해진 과정대로 처리하고 그 결과를 제공할 수 있는 기기로 입출력장치, 기억장치, 연산장치, 제어장치로 구성된다(한국정보통신기술협회, 2003). 1980년대 중반 개인용 컴퓨터(Personal Computer: PC)가 등장하면서 교육 현장에 있어서도 컴퓨터가 중요한 학습매체로 자리 잡게 되었으며, 컴퓨터가 어떻게 학교를 재조직하고, 교사의 수업 방식과 학생들의 학습 방식을 어떻게 변화시킬 것인지에 대한 예측과 논의들이 지속적으로 이어져 왔다(Cuban, 1997). 1990년대 컴퓨터의 상호작용성, 멀티미디어 제시, 즉각적인 피드백과 같은 특성을 학습에 활용해 학습자의 능력이나 속도에 다른 개인차를 고려하게 됨으로써 개별화 수업 원리를 실현할 수 있는 교수방법으로 컴퓨터 보조 수업(computer-assisted instruction: CAI)이 도입되기 시작한 이래, 교육에 컴퓨터를 활용하려는 노력은 끊임없이 진화해 왔다. 2000년대에는 인터넷이 등장하면서 월드와이드웹의 특성을 결합한 웹 기반 수업(web-based instruction: WBI)이 활성화되었으며, 이후 이러닝(e-Learning)의 확산과 보편화가 급속히 이루어졌다.

컴퓨터는 ① 학습자 스스로 학습에 대한 선택권과 통제권을 가질 수 있도록 하는 학습자 통제를 가능하게 하고, ② 멀티미디어 기능을 활용해 개별 학습자의 특성과 환경을 고려한 학습을 가능하게 하며, ③ 기록, 저장 능력을 갖춤으로써 학습 관리 시스템(learning management system)과 같이 개별화된 학습 관리를 가능하게 함과 동시에, ④ 교수 및 학습과 관련된 다양한 포맷의 자료와 정보의 보관, 관리를 용이하게 해 주는 특성을 지니고 있다.

2) 활용 사례

테일러(Taylor, 1980)는 컴퓨터의 역할을 수업의 도구(tool)로 활용하는 방식, 컴퓨터가 교사(tutor)의 역할을 하며 학습자를 가르치는 방식, 컴퓨터가 학습자(tutee) 역할을 하고 학습자가 교사가 되어 컴퓨터를 가르치는 방식의 세 가지로 분류하였다. 컴퓨터를 교수 · 학습에서 활용하는 유형은 학습 대상으로서의 컴퓨터, 교육 보조 도구로서의 컴퓨터, 수업 전용장치로서의 컴퓨터, 논리적 사고의 훈련 수단으로서 컴퓨터로도 구분할 수도 있다. 교수 · 학습 장면에서 컴퓨터 활용 사례는 어떤 소프트웨어를 활용하는지에 따라 결정되는데, 스말디노(Smaldino)는 개념처리, 반복연습, 개인교수법, 게임, 모의실험, 발견학습, 문제해결학습의 일곱 가지 유형으로 이를 분류하여 제시하였다(Smaldino et al., 2005). 이를 구체적으로 살펴보면 다음 〈표 12-1〉과 같다.

〈표 12-1〉 소프트웨어에 따른 컴퓨터 활용 사례

유형	핵심 내용	수업 과정에서의 역할		
		교수자	컴퓨터	학습자
개념처리 (concept processing)	• 관련 개념의 연결고리 찾기 • 연결고리를 통한 개념도 작성	• 학습 개념 선택 • 학습 자료 준비 • 진도 점검	• 개념도 작성 화면 제공 • 학습자의 학습 활동 기록 · 보관 · 관리 • 개념 평가 유도 • 입력 자료를 글의 개요로 변환	• 개념에 대한 자료 입력 • 개념을 연결해 전체 개념도로 작성 • 전체적인 도표로 결과 종합
반복연습 (drill-and-practice)	• 이전 수업의 학습내용(사실이나 용어 등) • 다양한 유형의 질문 • 필요에 따라 반복되는 질의응답을 통한 연습	• 연습할 학습내용의 계획과 준비 • 교수자료의 선택 • 연습 프로그램의 적절한 배열 • 진도 점검	• 질문 제시 • 학습자 반응 평가 • 즉각적인 피드백 제공 • 학습자 진도 기록	• 피드백 정보 제공 • 배운 내용의 연습 • 질문에 답하기 • 정답 확인과 오답에 대한 교정 • 교육내용과 난이도 수준 선택

개인교수법 (tutorials)	• 개념과 원리학습 • 교정수업을 제공	• 교수자료 선택 • 필요에 따른 적응적 수업(adaptive instruction) 실시 • 학습 상황 점검	• 정보 제시 • 질문 제기 • 응답 점검 • 교정을 위한 피드백 제공 • 주요 내용 요약 • 기록 관리	• 컴퓨터와 상호작용 • 학습 결과 인지 • 질문에 대한 응답 • 질문 제기
게임 (games)	• 경쟁과 보상을 통한 학습동기 부여와 반복연습 • 개별 혹은 모둠 활동	• 제한 사항 결정 • 학습 과정 관리 • 학습 결과 점검	• 경쟁 상대, 심판, 기록자의 역할	• 사실적 지식, 전략, 기술 등을 학습 • 선택지 평가 • 컴퓨터와 경쟁
모의실험 (simulation)	• 실제 상황과 유사한 상황에 기초한 학습 • 개별 혹은 모둠학습	• 학습내용 소개 • 배경 설명 • 전체적 학습내용 요약 발표 및 안내	• 역할 수행 • 학습자의 결정에 관한 결과 통보 • 모형과 자료 데이터베이스 관리	• 의사결정 과정에 대한 연습 • 선택하기 • 결정 사항에 대한 피드백 수용 • 결과에 대한 평가
발견학습 (discovery learning)	• 자료 데이터베이스를 통한 탐구 활동 • 귀납적 접근 방법 • 시행착오의 반복과 가설을 통한 검증	• 기본적 문제 제시 • 학습자 진도 점검	• 정보의 원천 제시 • 자료 저장 • 검색 활동 제공	• 가설 정립 • 추측 검증 • 원리나 법칙 개발
문제해결학습 (problem-solving learning)	• 문제 파악 • 가설 수립 • 자료 분석 • 해결책 제시	• 문제 배정 • 학습 지원 • 결과 점검	• 문제 제시 • 자료 처리 • 자료 데이터베이스 유지 · 관리	• 문제 파악 • 해결책 수립 • 변인 분석 및 처리 • 시행착오 반복 실시

출처: 이성흠, 이준, 2009의 내용을 일부 변형함.

2. 전자책

1) 전자책의 개념 및 특성

전자책(digital book) 또는 이북(e-book)은 서책의 내용을 디지털 정보로 가공하여 전달하는 출판물의 통칭이다. 전자책은 크게 내용 영역인 '디지털 책(digital book)'과 디지털 책을 읽을 수 있도록 해 주는 소프트웨어나 하드웨어인 '전자책 리더(reader)'로 나누어 생각할 수 있다. 또한 전자책 리더는 ① PC나 스마트 기기 등에서 디지털 책을 구동해 주는 소프트웨어 형식의 전자책 애플리케이션과 ② 다른 기능은 배제한 채 전자책 전용 리더로 개발된 하드웨어 단말기를 통해 전달되는 두 가지 방식으로 나뉘어 유통되고 있다.

전자책은 인쇄 기반의 종이 책과는 달리, 텍스트가 폐쇄적이 아니라 하이퍼링크를 통해 다른 텍스트와 연계가 가능함으로써 개방적인 성격을 갖는다. 또한 콘텐츠와 콘텐츠를 담는 매체가 통합되어 페이지 단위로 정보를 전달하는 종이 책과 달리, 전자책은 콘텐츠와 단말기가 분리되는 특성을 지님으로써 페이지가 아닌 스크린으로 내용을 전달하는 매체적 특성을 갖는다. 이러한 변화는 궁극적으로 이용자와 미디어 사이의 관계 변화를 가져와 '독서'에서 '관람'으로의 이용 행태의 전환을 가져오고 있다(Snyder, 1998).

전자책은 매체의 특성상 다중적 읽기, 소셜 읽기, 증강 읽기를 가능하게 하는데 이를 각각 살펴보면 다음과 같다.

첫째, 기존 종이 책이 선형적인 방식의 읽기만 가능했다면 전자책은 하이퍼링크 및 인터페이스 조작 등을 통해 더 관심이 있는 다른 텍스트로 이동하는 것이 용이하다. 이러한 전자책의 특성은 선형적 읽기에서 벗어나 다중적 읽기로의 전환을 가져온다.

둘째, 소셜 읽기는 다른 사람들이 책을 읽으며 어떤 문장에 밑줄을 쳤는지, 어떤 메모를 남겼는지 등에 대한 정보 교류를 가능하게 함으로써 책을 읽으면서 다른 사람의 생각을 자연스럽게 공유하게 되는 특성을 말한다. 책의 주석을 공유하는 소셜 어노테이션(social annotation) 등의 기능이 바로 그 예이다.

셋째, 증강 읽기는 눈동자의 움직임을 포착하는 아이트래킹(eye-tracking) 기술 등을 이용해 책을 읽는 사람이 어떤 단어에 집중하는지, 어떤 단어를 건너뛰는지, 혹은 어떤 구문에서 주저하는지 등에 대한 정보를 부가적으로 표시하여 알려 주는 방식으로, 원래의 텍스트에 더해 중첩적인 정보를 제공하는 것이다. 이러한 특성은 교수자에게 학습 상황에 있어서 학습자들이 어떤 부분에 어려움을 느꼈는지, 어떤 부분에 집중했는지 등에 대한 정보를 제공해 줌으로써, 이를 중요한 교수 정보로 활용할 수 있는 가능성을 열어 준다.

2) 전자책 활용 사례

현재 전자책은 인터넷 서점 아마존(Amazon)의 전자책 서비스 단말기인 킨들(Kindle)과 같은 전용 단말기 형태나, 애플(Apple)의 아이북스2(iBooks2)와 같은 소프트웨어 형식의 전자책 등이 유통되고 있으나, 개인 단말기의 발전과 확산에 따라 점차적으로 전용 단말기 형식의 전자책 비중은 줄어들고 있다. 전자책은 기본적으

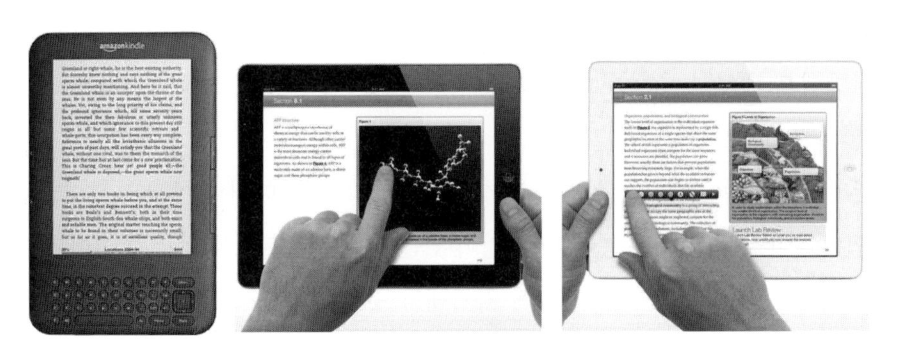

[그림 12-1] 아마존의 킨들(왼쪽)과 애플 아이북스의 3D 조작(중앙) 및 하이라이트 기능(오른쪽)

로 자체 메모리와 메모리카드를 이용해 단말기에 책을 여러 권 넣어 휴대할 수 있도록 지원하고, 음성지원 기능을 제공함으로써 책을 읽어 주거나 원어민의 음성을 들어 볼 수 있도록 하며, 다양한 멀티미디어 콘텐츠를 재생해 보여 주는 등의 기능을 제공하고 있다. 특히, 애플의 아이북스2는 학습에 특화하여 아이북스가 교과서로 사용될 수 있도록 노트 필기, 형광펜, 스터디 카드 등의 학습 보조 기능을 제공하고 있으며, 사용자가 직접 책의 내용을 손쉽게 넣고 편집할 수 있는 저작 도구인 아이북스 오서(iBooks Author) 기능도 함께 제공하고 있다.

한편, 전자책 시장의 발달에 따라 특정 대상을 목표로 한 전용 단말기도 개발되어 유통되고 있는데, 스토리패드는 유아 전용 단말기를 제공하는 하드웨어 방식의 전자책으로, 역시 다양한 멀티미디어 기능을 지원하며, 메모리카드나 파일 다운로드와 같은 방식으로 서점에 가지 않고 새 책을 실시간으로 구매할 수 있다. 유아의 특성을 고려해 전자책 활용 시간을 지정해 알려 주는 알람 기능을 보유하고 있다.

[그림 12-2] **유아 전용 단말 스토리패드의 주요 기능**

3. 교육용 로봇

1) 교육용 로봇의 개념

'로봇(robot)'이란 용어는 1921년 체코의 극작가 카렐 차페크(Karel Čapek)가 쓴 SF 희곡 『로숨의 유니버설 로봇(Rossum's Universal Robots)』에 처음 등장하였으며, 이것은 '강제된 노동(forced labor)'이라는 체코어인 '로보타(robota)'에서 유래되었다. 1981년 미국 로봇 협회(Robot Institute of America: RIA)는 로봇을 "다양한 작업의 성능 향상을 위해서 프로그램된 다양한 동작들로 재료나 부품, 공구, 특수 장치 등을 움직이도록 설계되고 재프로그래밍 가능한 다기능 조종기"라고 정의하였는데, 전통적인 개념에서의 로봇은 '생산성 및 효율성, 안전성을 높이기 위해 인간을 대신하여 작업을 반복적으로 수행하거나 정해진 프로그램에 따라 자동으로 일하는 기계'라고 할 수 있다. 전형적인 컴퓨터와 로봇의 차이를 간단히 요약하면 〈표 12-2〉와 같다.

〈표 12-2〉 전형적인 컴퓨터와 로봇의 구분

구분	전형적인 컴퓨어	로봇
외형	데스크톱 형태	인간과 유사한 외형
제어 방식	사람에 의한 코드 기반 제어	환경을 인식해 자율적으로 제어
인간과의 상호작용	다양한 이질적인 로봇들과의 상호작용	하나의 컴퓨터 시스템과의 상호작용
차원	2차원	3차원
이동성	고정 또는 휴대식	물리적으로 위치 이동
감각	시각, 음성	시각, 청각, 촉각
기타		면대면, 학습 및 의사결정 가능

출처: 이영준 외, 2007.

교육용 로봇은 1983년 미국에서 소개된 이동 가능한 소형 로봇이 시초이며 로봇의 이동성과 자율적 제어, 다양한 센서를 활용한 인간 및 환경과의 상호작용, 인간 행동의 특징 모방 등의 기능을 바탕으로 학습자가 원하는 위치에서 원하는 학습이 이루어지도록 도와주는 기능을 수행한다. 교육용으로 적합한 로봇은 친근한 외형, 쉬운 인터페이스, 다양한 교육 콘텐츠의 지원, 경제성, 이동성, 효과적인 상호작용과 디스플레이 등을 지원해야 한다(이영준 외, 2007).

2) 교육용 로봇의 분류 및 활용 사례

교육용 로봇은 크게 두 종류로 구분할 수 있다. 하나는 학생들이 직접 로봇을 조립함으로써 컴퓨터 과학의 원리를 이해하는 학습 교구로서의 로봇이고, 또 하나는 장착된 LCD와 음성 기능을 이용하여 학생들에게 학습 콘텐츠를 효과적으로 전달하는 교육 미디어로서의 로봇이다. 지금까지는 학습 교재로서의 교육용 로봇 활용이 일반적인 형태였지만 최근에는 지능형 로봇의 발달로 인해 교육 미디어로서의 로봇 활용도 이루어지고 있다. 선생님을 보조해서 학생들에게 지식을 전달하는 교육용 로봇에 대한 연구가 꾸준히 이루어지고 있으며 속속 상용화되고 있다.

(1) 교사 보조 로봇

① 개념 및 특징

교사 보조 로봇은 로봇의 이동성, 인간 친화적인 상호작용, 인지 기능 등의 특징을 활용하여 교사 혹은 교육활동을 보조하기 위한 로봇의 유형을 말한다. 예로는 학습 보조 로봇, 가정교사용 로봇 등을 들 수 있다. 살로몬(Salomon, 1979)은 매체의 속성에 대해 내용을 구성하는 문자, 음성, 기호 등을 가리키는 상징적 속성(symbolic attribute), 전달하고자 하는 메시지인 내용적 속성(content attribute), 내용을 전달하는 장치 및 시스템인 기술적 속성(technological attribute), 메시지가 전달되는 사회적 환경인 상황적 속성(contextual attribute)의 네 가지로 설명하고 있다. 이러한 관점에서 로봇은 상징적 속성과 내용적 속성에 있어서는 컴퓨터와 유사하나(유구종 외, 2013), 고정된 위치에서 메시지를 전달하는 컴퓨터와는 달리, ① 이동성을 가짐으로써 사용자가 원하는 위치와 장소라는 상황적 맥락을 고려한 학습이 이루어질 수 있도록 지원하고, ② 감성적 교류를 느낄 수 있는 인간 친화적인 인터페이스를 제공하며, ③ 인공지능을 활용한 인지 기능을 보유하고 있어 궁극적으로 학습자와 보다 조화롭고 풍부한 맞춤형 상호작용을 할 수 있는 상황적, 기술적 속성에서의 교육적인 장점을 가진 매체이다.

② 활용 사례

한국에서 개발된 아띠는 유아 대상의 교육활동 보조 로봇이다. 로봇놀이 앱을 실행한 후 교재로 제공된 조작판의 화살표를 요술봉으로 찍으면 그 방향대로 아띠가 움직인다. 동요를 실행하면 아띠가 노래를 부르며 춤을 춘다. 혼자 둘 경우 실제 사람처럼 '나는 네가 너무 좋아, 너도 네가 좋니'라며 대화를 시도한다. 마치 또래 친구처럼 놀아 주는 것이다. 다른 예로 마법천자문 앱을 실행시키고 마법천자문 교재에

[그림 12-3] **교사 보조 로봇 아띠와 아띠에 포함된 학습교재**

서 숨겨진 한자를 찾아 요술봉으로 클릭하면, 맞는 한자를 찾았을 경우 칭찬과 함께 관련 애니메이션이 스마트폰 화면에서 나온다. 한자를 못 찾고 있으면 힌트를 사용하라고 조언해 주기도 한다.

또 다른 예로 미국의 PEBBLES(http://www.pebblesproject.org/)는 장기간 병원에서 지내야 하는 아이들에게 로봇을 이용하여 수업에 참여할 수 있도록 하여 퇴원 후에도 학업에서의 어려움이 없도록 해 주는 로봇 프로그램이다. PEBBLES 로봇은 두 대로 구성되는데, 한 대는 교실에, 다른 한 대는 병원에 있는 학생의 병실에 서로 연결되어 있어 교실 수업 장면을 병원에 있는 학생에게 생생하게 전달하고 상호작용하는 역할을 한다. 예를 들어, 병실에 있는 학생이 병실에 있는 로봇의 모니터를 통해 선생님의 수업을 듣고, 궁금한 점이 있으면 교실에 있는 로봇을 조종해 손을 들게 함으로써 질문을 할 수도 있는 것이다. 이 프로그램은 캐나다 토론토의 라이어슨 대학교와 토론토 대학교가 텔보틱스라는 회사와 함께 개발하였으며, 미국에 있는 병원들과도 연계 운영되고 있다.

현재 유아교육기관에 보급되고 있는 대부분의 로봇은 로봇의 인터페이스를 활용

[그림 12-4] PEBBLES 로봇

해 학습 콘텐츠를 제공하는 수준의 약간의 이동성을 가진 교사 보조 로봇이지만, 특히 유아의 경우 로봇을 정서적인 교감을 나눌 수 있는 사회적 존재로 인식한다는 연구 결과들이 속속 발표됨에 따라 로봇이 아동의 사회성과 정서발달에 끼치는 긍정적 영향에 대한 관심이 점차 높아지고 있다.

(2) 교구 로봇

① 교구 로봇의 개념 및 특징

교구 로봇은 학습자가 로봇을 직접 설계하고 만들고 조작하는 과정을 경험하는 과정에서 수학, 과학, 로보틱스의 원리나 창의적 문제해결력 등을 키울 수 있도

〈표 12-3〉 **교구 로봇의 종류와 역할**

종류		개념	형태	기능	역할	교사, 아동의 역할
교구 로봇	완성형 로봇		• 영국의 'ROMO', 'Beebot'과 유사한 형태의 교구 로봇	• 단순한 공간인식, 자율이동, 간단한 표정 및 의사소통 기능, 천장에 입력된 정보를 쏘아 올릴 수 있음	• 교육활동 중 배운 내용을 적용하여 미로게임을 하거나 룰을 적용하여 움직여 보는 개인 또는 모둠활동에 사용	• 교사: 안내자, 교수자 역할 • 아동: 실행자, 평가자 역할
	조립형 로봇	• 선, 모형, 모터, 센서, 바퀴 및 기타 교육과정에서 활용할 수 있는 다양한 블록 형태와 센서, 모터로 이루어져 목적에 따라 창작이 가능한 형태의 로봇	• 레고사의 로봇이나 로보티즈의 로봇 형태에 5, 6학년 수과학 교과에 적용할 다각형과 다른 재료와의 병합이 가능한 로봇	• 다양한 목적의 움직이는 로봇이나 생활용품 아이디어, 창작품을 표현할 수 있음	• 5, 6학년 심화 보충학습에 적용하여 교육내용을 실생활에 응용하여 적용해 볼 수 있는 역할 • 창작의 결과물에 대한 평가를 통해 분석적인 사고와 교과 내용에 대한 이해를 도울 수 있음	• 교사: 안내자, 제안자 역할 • 아동: 실행자, 안내자, 평가자 역할

출처: 김미량 외, 2008.

록 돕는 로봇을 말한다. 교구 로봇은 학습자 스스로가 오감을 활용한 직접적 체험(Hands-on experience)을 통해 새로운 것을 만들어 내고, 스스로 만든 로봇을 작동하도록 제어하는 과정을 통해 보다 논리적이고 역동적인 상호작용 경험을 제공해 줄 수 있다. 교구 로봇은 대부분 레고와 같은 형식의 블록 기반 인터페이스를 제공하므로 재사용 및 재구성이 가능하고, 인지적 측면에서뿐만 아니라 정의적인 측면에서도 성취감, 자신감, 자기주도성, 학습에 대한 흥미 등을 제공해 줄 수 있다는 측면에서 활용성이 높은 교육매체로 주목받고 있다. 교구 로봇은 이동성, 활동성, 재사용성, 반응성, 제어성, 조작성, 실제성, 매개성, 상호작용성, 현존성, 신기성, 다양성, 작동성, 입체성, 실행성, 공간제약성, 역동성, 유용성, 복합성, 체험성, 매력성, 확장성의 복합적인 특성을 가지고 있으며(김미량 외, 2008), 〈표 12-3〉에서 볼 수 있는 것과 같이 완성형 로봇과 조립형 로봇으로도 나눌 수 있다.

② 활용 사례

한글 ㄱ, ㄴ, ㄷ, ……이나 A, B, C……에서부터 간단한 단어나 문장까지 교구 로

[그림 12-5] **교구 로봇의 활용**

봇을 활용하여 만들어 본다. 모둠별 혹은 짝을 지어 탑을 높이 쌓아 보거나 교구 로봇의 여러 부품들을 이용하여 동물, 식물 등 간단한 그림을 표현하는 활동을 통해 조작 원리를 익힌다.

이러한 간단한 활동 외에도 센싱 기능을 활용해, 농구 게임하는 로봇, 라인트레이서 로봇, 소리에 반응하는 로봇 등 학습자와의 상호작용을 적극적으로 이끌어 낼 수 있는 로봇을 학습자 스스로 제작하거나 활용하는 활동 등을 시도해 볼 수 있다.

〈표 12-4〉 **다양한 교구 로봇의 활용 예**

농구 게임하는 로봇 (접촉 센서)	• 접촉 센서에 신호가 감지되면 지레 원리에 의해 공 놓기 • 제한된 시간에 많이 골 넣기 등의 게임을 하며 센서 이해하기	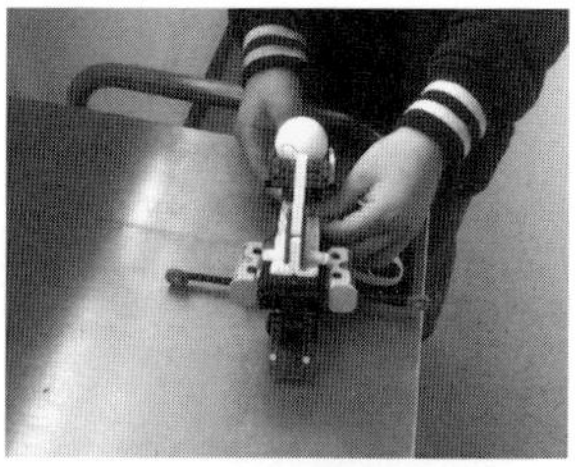
라인트레이서 로봇 (적외선 센서)	• 라인트레이서 로봇 만들며 적외선 센서의 특징 이해하기 • 검은색 절연 테이프로 길 만들어 게임하기	
소리에 반응하는 로봇 (소리 센서)	• 소리가 나면 박수를 치는 물개 만들기 • 물개가 아닌 다른 동물이나 사람 등으로 변형하며 익히기	

출처: 이승훈 외, 2012.

4. 증강 현실

1) 증강 현실의 개념

증강 현실은 실세계 환경에 문자와 그래픽과 같은 부가 정보를 실시간으로 합성하여 보여 줌으로써 사용자에게 보다 향상된 현실감을 제공하는 기술(Azuma, 1997)이다. 우리가 실제 생활하는 현실과 비교해 증강 현실, 증강 가상, 가상 현실의 교육적 특성을 살펴보면 〈표 12-5〉와 같다.

〈표 12-5〉 현실과 비교한 증강 현실, 증강가상, 가상 현실의 교육적 특성

구분	배경	객체	가상성	교육적 특성	사례
현실	실제	실제	매우 낮음	직접 체험 환경 지원	직접 수술 참관
증강 현실 (AR)	실제	가상	약간 낮음	현실의 맥락성을 유지한 상태에서 가상 객체를 활용한 체험 활동을 제공함으로써 학습의 현존감 강화	가상 심장 관찰
증강 가상 (AV)	가상	실제	약간 높음	현실에서 경험하기 힘든 가상 환경을 배경으로 실제 현실 속의 객체를 조작해 볼 수 있는 활동을 지원함으로써 학습의 실제성 향상	실제 내 모습을 아바타로 활용한 몸속 탐험
가상 현실 (VR)	가상	가상	매우 높음	완벽한 가상 환경 지원을 통해 학습 상황에 대한 몰입 극대화	1인칭 시점의 몸속 탐험

2) 증강 현실의 특성

증강 현실은 3차원 방식의 다감각적 정보를 제공하고 현실 세계와 가상 세계를 자연스럽게 이어 주며, 실물형 인터페이스를 통해 자연스러운 조작을 가능하게 하는 매체적 특성을 지니고 있다. 이를 각 요소별로 살펴보면 다음과 같다(Billinghurst,

2003; 계보경, 김영수, 2008).

(1) 3차원 방식의 다감각적 정보 제공

증강 현실은 가상 현실과 같이 다양한 감각을 지원하는 3차원의 입체적 객체를 통해 현실감 있는 정보를 제공한다. 이렇게 현실감 있는 경험은 시각, 청각, 촉각, 후각 등을 활용한 다감각적(multisensory) 표현 방식을 통해 인간의 지각력을 높임으로써 학습내용에 대한 몰입을 유도할 수 있다. 또한 증강 현실의 3차원 표현 방식은 물리적 공간에서 발생하는 현상들에 대한 이해를 높여 준다. 특히, 직접적인 체험을 강화해 주는 1인칭 관점과, 전지적 시점에서 현상을 이해하도록 돕는 3인칭 관점 등 다양한 관점을 제공해 줌으로써 현상에 대한 이해의 폭과 깊이를 넓혀 줄 수 있다. 또한 증강 현실은 가상적 객체를 활용하는 특성으로 인해 현실 세계에 대한 모의실험뿐만 아니라 현실 세계에서 불가능한 체험을 가능하게 해 주는 장점을 지니고 있다.

(2) 이음새 없이 연결된 인터페이스를 통한 현실 세계와 가상 세계의 자유로운 탐색

증강 현실 기술은 현실과 가상 세계 간의 자연스러운 전환을 가져올 수 있다. 전통적인 인터페이스 환경에서는 사용자가 현실 세계와 가상 세계의 연속선상을 마음대로 쉽게 이동할 수 없다. 그러나 사용자들은 특정 과제를 수행하는 데 있어 현실 세계와 가상 세계가 이음새 없이 자연스럽게 연계되기를 기대한다. 이러한 기대는 가상의 모형을 새롭게 만들거나 보려고 할 때나 3차원의 그래픽 콘텐츠와 상호작용하고자 할 때 더욱 그러한데, 예를 들어 3차원 모형화를 통해 빌딩을 설계하는 소프트웨어를 활용할 때 사람들은 종종 작업을 멈추고 컴퓨터 스크린으로부터 벗어나 실제 종이에 아이디어를 스케치하려고 한다. 이때 발생하게 되는 가상 환경과 실제 환경과의 의도하지 않은 단절은 작업의 흐름을 방해한다. 그러나 증강 현실 인터페이스는 설계자의 의도에 따라 순수한 현실 세계에서 순수한 가상 세계로 사용자가 자연스럽게 이동할 수 있도록 하는 전환적 인터페이스(transitional interface)를 제공한다(Billinghurst, 2002). 이러한 현실 세계와 가상 세계를 이음새 없이 연계해 주는

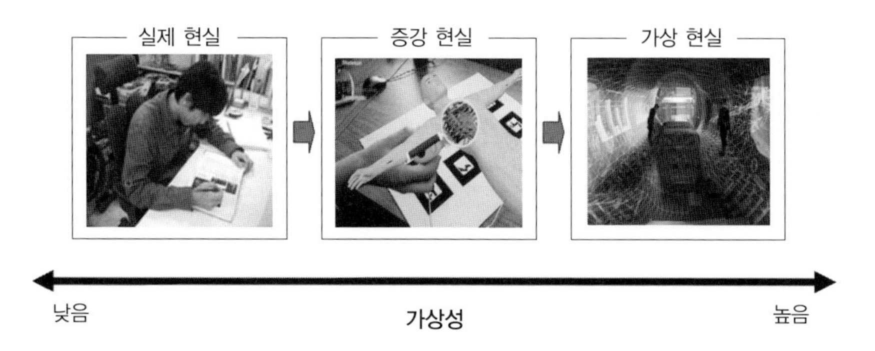

[그림 12-6] **교구 로봇의 활용**

출처: Billinghurst, 2003의 그림을 재구성함.

증강 현실 매체의 특성은 실제 현실과 가상의 학습 정보를 자연스럽게 결합해 준다는 점에서 보다 자연스러운 학습환경을 제공한다. 특히, 현실 세계의 환경을 유지한 상태에서 부가적인 학습 정보를 제공함으로써 학습에 대한 맥락성을 강화해 준다.

(3) 실물형 인터페이스를 통한 조작성의 강화

실물형 인터페이스(tangible user interface: TUI)란 책, 연필, 미니자동차와 같은 현실 세계의 물체, 도구, 2차원적인 표면, 3차원 공간 등을 이용하여 컴퓨터의 입력장치, 즉 디지털 정보를 다루기 위한 인터페이스로 사용하는 것을 말한다(Ishii & Ullmer, 1997). 실물형 인터페이스는 기존의 어떤 인터페이스와도 상당히 차별화된 특성을 지니고 있다. 예를 들어, 레고는 여러 단위의 블록들을 쌓아 3차원 모형을 만드는 장난감으로, 레고로 3차원 모형을 만드는 것은 생각에 따라 바로 할 수 있는 단순한 작업이다. 그러나 이러한 레고를 컴퓨터 작업 환경으로 옮겨 컴퓨터의 3차원 모형화 도구를 이용해 가상 모형을 만드는 것은 결코 쉬운 작업이 아니며 사용법에 대한 습득과 훈련을 받아야만 한다. 그러나 이런 컴퓨터 작업에 마우스나 키보드가 아닌 레고 블록을 인터페이스로 활용하면 누구나 쉽게 가상 모형을 만들 수 있다(Anderson et al., 2000). 이와 같이 현실 세계의 물체를 가지고 컴퓨터의 가상 모형을 컨트롤하는 인터페이스 방식이 바로 실물형 인터페이스이다. 이때 현실 세계의 물체는 하나의 입력장치가 되며, 가상 세계에 있는 모형과 직결된 관계를 갖게 된다(Ishii & Ullmer, 1997). 이와 같이 실물형 인터페이스는 이제까지 사람의 손으로 만지지 못했던 디지털 객체를 손쉽게 사람이 만지고 선택하고 이동할 수 있게 해 줌으로써 인터페이스 자체를 더욱 직관적이고 쉽게 조작할 수 있도록 해 준다.

셸턴(Shelton, 2003)은 이러한 증강 현실 매체의 특성을 바탕으로 증강 현실의 교육적 활용이, 능동적 학습(active learning), 구성주의적 학습, 의도적 학습(intentional learning), 실제적 학습(authentic learning) 및 협동학습(cooperative learning)을 촉진할 수 있음을 주장하기도 하였다. 증강 현실이 학습 과정을 촉진시킬 수 있는 이유는 주로 맥락화된 환경에서 학습 객체에 대한 실제적인 조작 활동이 수반되기 때문이다. 조작 활동은 학습자의 학습 경험을 증진시키며 학습 장면에 몰입을 유발하게 된다. 또한 학습 장면을 그대로 활용하여 그 위에 학습 객체를 부가적으로 보여 주는 증강 현실의 기술적 특성은 학습 맥락에 대한 이해를 촉진시킬 수 있다는 장점을 갖고 있다.

3) 활용 사례

Logical Choice에서는 유치원 아이들을 위한 가상의 동물 레터 카드를 증강 현실 기술을 활용해 개발하였다. 'Letters Alive'는 알파벳과 연계된 동물들을 카드의 형태로 제공하고, 이를 증강 현실 카메라 장비에 비추면 모두가 볼 수 있는 3차원 동물로 스크린에 나타나는 프로그램으로, 유치원 학생들에게 기존의 다른 교구들을 이용할 때보다 훨씬 호응도나 몰입의 측면에서 큰 효과를 보이고 있다. 증강 현실의 전달 방식이 효과가 높은 것은 현실적인 감각과 감성 수준, 쌍방향 상호작용이 가능하기 때문이다. 학생들은 가상의 캐릭터나 물체를 마치 실제로 존재하는 것처럼 들고서 교감을 할 수 있다.

또 다른 일례로 인체 내부의 기관들을 직접 조작을 통해 실제로 관찰해 보는 증강 현실 프로그램도 있다. 학습자는 해당 장기가 위치해 있는 자신의 몸에 마커를 가져다 댐으로써 마치 자신의 신체 내부를 직접 관찰하는 듯한 모의실험을 할 수 있다

[그림 12-7] **증강 현실 단어 카드를 활용한 학습 장면(Logical Choice Tech)**

(ETRI & KERIS, 2008). 심장, 소장, 대장 등 신체 부위에 해당하는 마커를 카메라에 비추면 가면 3D로 개발된 장기들이 마치 자신의 몸에서 방금 튀어나온 것처럼 생생한 모습과 기능을 살펴볼 수 있는 기회를 제공해 준다.

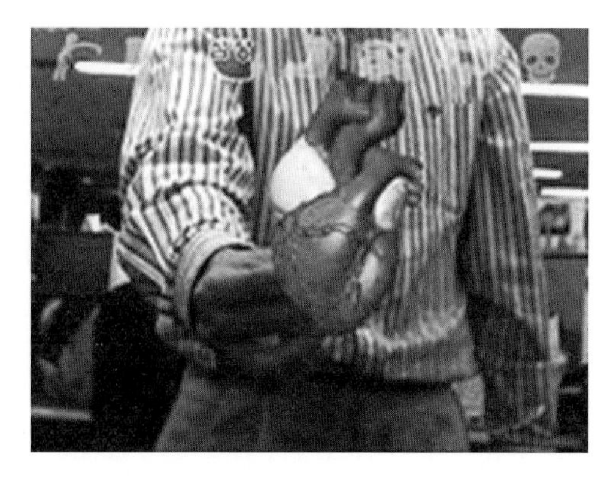

[그림 12-8] **증강 현실을 활용한 심장의 기능 학습 장면(ETRI & KERIS)**

이 밖에도 책에서 가상의 객체가 실제 움직이는 듯한 인터페이스를 제공하는 매직북(MagicBook), 3차원 증강 현실 렌즈 등도 증강 현실을 교육에 접목한 대표적 사례로 꼽을 수 있다.

[그림 12-9] **증강 현실 단어 카드를 활용한 학습 장면(Logical Choice Tech)**

5. 3D 프린팅

1) 3D 프린팅의 개념

래피드 프로토타이핑(Rapid Prototyping)으로 산업계에 널리 알려진 3D 프린팅은 1984년 시장에 최초의 3D 프린터가 출시된 이래 점점 고도화되어 발전되고 있다. 3차원 프린터는 절삭 방식이 아닌, 연속적인 계층의 물질을 뿌리면서 3차원 물체를 만들어 내는 적층 방식의 기술로 입체물을 제작하는 장치를 말하며, 컴퓨터로 제어되기 때문에 만들 수 있는 형태가 다양하고 다른 제조 기술에 비해 사용하기 쉽다는 장점을 가지고 있다. 반면 현재 기술로는 제작 속도가 느리다는 점, 적층 구조로 인해 표면이 매끄럽지 못하다는 단점을 여전히 가지고 있다. 3D 프린팅이 전체적인 프로토타이핑을 만드는 과정이나 방법론이라면, 3D 프린터는 3차원 도면을 바탕으로 3D 프린팅 과정을 통해 입체적인 실물을 만들어 주는 기기를 지칭한다. 3D 프린

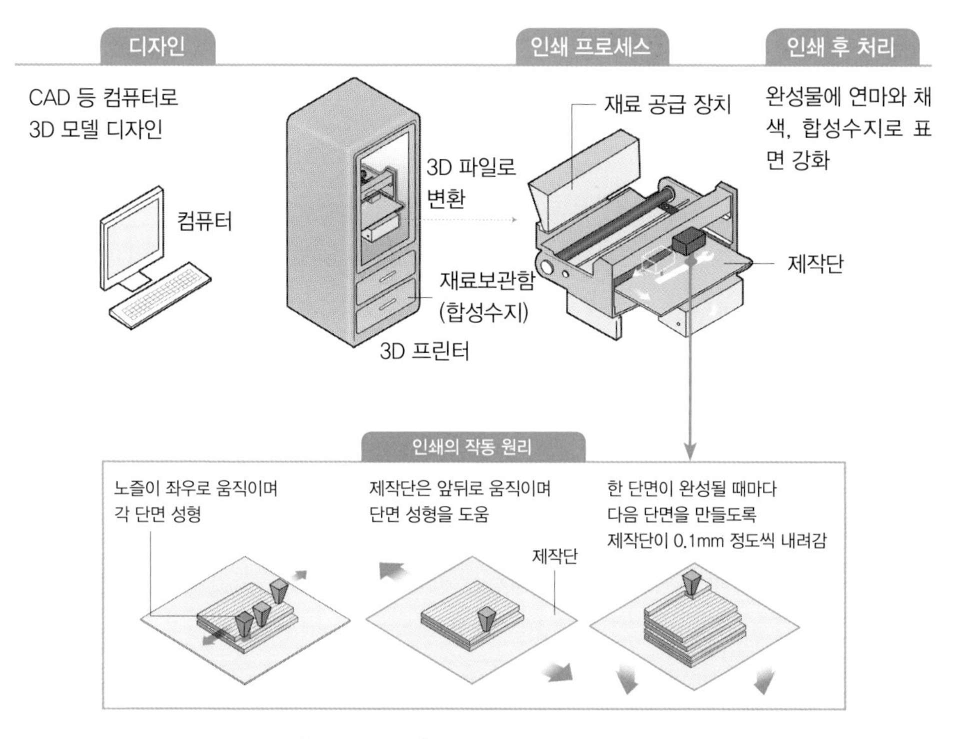

[그림 12-10] **3D 프린터의 작동 원리**

출처: HP, 3D시스템즈, REUTERS, 연합뉴스의 그림을 재구성.

터의 작동 원리는 [그림 12-10]과 같다.

2) 3D 프린팅의 특성

3D 프린팅은 주로 3D 모델링 소프트웨어를 통해 모델을 시각화하여 설계한 후 이 데이터를 3D 프린터로 전송하여 출력하여 결과물을 만들어 내는 절차로 이루어지는데 3D 프린팅을 활용한 수업은 학습자가 필수적으로 구체물을 설계하고 만들어 나가는 대부분의 과정에 참여하여 주도적 학습을 하고 시각화된 결과물을 공유함으로써 참여적이고 체험적인 학습을 가능하게 한다는 특징이 있다.

교육적 관점에서 3D 프린팅을 좀 더 살펴보면, 학생들이 자신이 무엇을 하기 원하는지 상상하고 그 아이디어에 기반해 구체물을 설계하고 생성해 내는 창의적 디자인 모델 과정이 무엇보다 중요하다. 또한 자신의 아이디어를 동료들과 공유하고 다양한 대안들을 시험해 보며 협동적이고 성찰적인 경험을 할 수 있다. 3D 프린팅을 통한 창의적 학습을 반복적으로 수행하면서 학생들은 자신의 아이디어를 발전시키는 법을 배울 수 있다. 고안된 아이디어를 테스트하고 문제를 해결하며 동료의 의견을 수렴하여 새로운 아이디어를 만들어 내게 되는 것이 창의적 설계 모델의 근본적 의도로 볼 수 있다(최형신, 유미리, 2015). 브라운(Brown, 2015)은 3D 프린팅을 교육적으로 활용하기 위해서는 기초적인 단계부터 고급 단계까지 활동의 위계가 있어야 함을 제시했다.

기초 단계에서의 3D 프린팅은 '시험적 출력'부터 시작하며, 중간 단계에서는 '설계적 실험'이 이루어져야 한다고 주장한다. 두 단계의 차이는 사용자가 설계 프로그램을 이용하여 설계안을 직접 제작하는지의 여부에 달려 있다. 따라서 타인이 설계한 파일을 사용할 경우는 기초 단계로, 사용자가 직접 설계 프로그램으로 디자인을 할 경우는 중간 단계인 설계적 실험으로 나뉜다. 가장 고차적인 활동은 '공학적 테스트'로서 이는 시험적 출력과 설계적 실험 단계를 모두 포함해, 실질적 문제를 해결하기 위한 사물에 공학적 기능을 추가하여 3D 프린터로 제작, 생산까지 이르는 단계를 의미한다. 설계적 실험과 공학적 테스트의 차이는 실질적 문제해결을 요구하는가로, 공학적 테스트 단계에서는 스케일의 조절이나 디자인의 독창성, 실제 환경에서의 사용 가능성 등을 점검하기 위한 테스트가 반복적으로 일어나게 된다. 기초적인 단계에서 고급 단계로 진행될수록 문제의 복잡성이 높아지므로 3D 프린팅은 단순한 시각화에서 나아가 문제기반 학습(PBL)에도 활용될 수 있다(계보경, 소효정, 이지향, 2016).

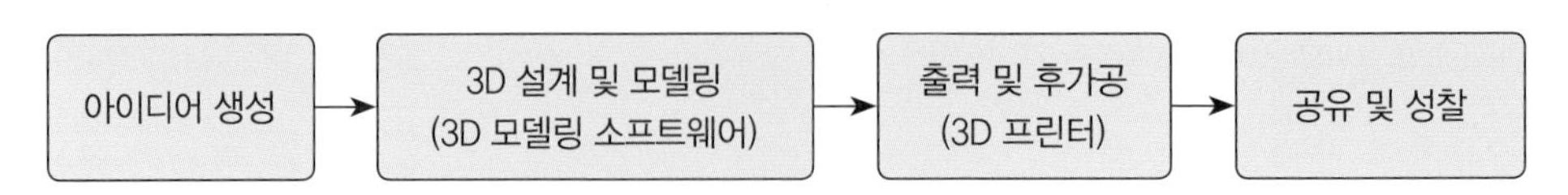

[그림 12-11] **3D 프린팅 절차**

3) 활용 사례

3D 프린터를 활용한 수업은 주제나 상황에 관계없이 출력을 위한 아이디어를 생성하고 모델을 설계하여 출력하는 기본적인 과정이 반드시 포함된다. 첫째, 3D 프린터로 사물을 출력하는 수준은 세상에 존재하는 또는 존재하였던 기존 사물을 변형 없이 그대로 출력하는 방법, 기존 사물을 변형하여 출력하는 방법, 세상에 없는 새로운 사물을 생성하여 출력하는 방법으로 구분될 수 있다. 둘째, 3D 프린터로 사물을 출력하는 것은 사람의 아이디어를 실물로 구체화하는 과정이고, 3D 프린팅에 필요한 기술적 요구사항을 만족해야 하는 과정이 되어야 한다. 셋째, 3D 프린팅은 출력의 목적성이 분명해야 하고, 출력 결과 활용에 대한 성찰적 과정이 동반되어야 3D 프린팅의 진정한 의의를 찾을 수 있다. 이를 바탕으로 3D 프린팅을 활용한 수업의 기본 모델은 〈표 12-6〉과 같다(김영애 외, 2017).

〈표 12-6〉 3D 프린팅을 활용한 수업의 기본 모델

<table>
<tr><th rowspan="2">단계</th><th rowspan="2">하위 단계</th><th rowspan="2">의미</th><th colspan="3">활동 내용</th></tr>
<tr><th>기존 사물 이용</th><th>기존 사물 변형</th><th>새로운 사물 생성</th></tr>
<tr><td rowspan="3">1. 아이디어 생성</td><td>① 활용 목적 설정하기</td><td>출력물을 어디에 어떻게 적용할지 계획</td><td>기존 사물의 활용 목적을 설정</td><td>기존 사물의 변형물 활용 목적을 설정</td><td>새로운 사물의 활용 목적 설정</td></tr>
<tr><td>② 출력할 제품 정하기</td><td>3D 프린터로 출력할 제품을 선정</td><td>기존 사물 중에서 출력물 선정</td><td>기존 사물을 변형하는 출력물 선정</td><td>새로운 사물을 출력물로 선정</td></tr>
<tr><td>③아이디어 스케치하기(free drawing)</td><td>물체의 모양을 종이와 연필 등을 이용하여 스케치하여 대략적으로 확인</td><td>선정한 사물 그대로의 모습을 2D 또는 3D 형태로 스케치</td><td>선정한 사물을 변형한 모습을 2D 또는 3D 형태로 스케치</td><td>새로운 사물의 아이디어를 생성하여 2D 또는 3D 형태로 스케치</td></tr>
<tr><td rowspan="2">2. 3D 모델링</td><td>① 3D 모델링 데이터 생성하기</td><td>아이디어를 실체화하는 작업이며, 디지털화의 첫 단계</td><td colspan="3">다음 두 가지 방법 중 하나를 선택
1) 출력할 제품에 가장 근접한 무료 공개 3D 모델링 데이터를 관련 인터넷 사이트를 통해 구한 후 3D 소프트웨어로 필요한 부분 변형 및 가공하기
2) 3D 모델링 소프트웨어*를 이용하여 3D 모델링 데이터를 직접 제작하기
*주요 무료 3D 모델링 소프트웨어: 3D Builder, 123D Design, Tinkercad, Sketch UP 등</td></tr>
<tr><td>② 3D 모델링 데이터를 STL 파일로 변환하기</td><td>3D 모델링 데이터를 3D 프린터용 STL 형식의 파일로 변환</td><td colspan="3">3D 모델링 소프트웨어 또는 3D 프린터 장비 회사의 소프트웨어를 이용하여 완성된 3D 데이터를 적층 방식의 3D 프린팅 데이터인 STL 파일 형식으로 변환</td></tr>
<tr><td rowspan="2">3. 3D 프린팅</td><td>① 3D 프린팅 하기</td><td>3D 프린터로 제품 출력</td><td colspan="3">3D 프린터 장비 회사별로 제공하는 3D 프린팅 소프트웨어와 3D 프린터를 이용하여 모델링 데이터를 출력</td></tr>
<tr><td>② 후가공하기</td><td>출력물의 외관을 보기 좋게 다듬기</td><td colspan="3">3D 프린팅으로 출력물에 붙어 있는 재료의 찌꺼기를 주걱, 붓, 핀셋 등을 이용하여 제거</td></tr>
<tr><td rowspan="2">4. 적용 및 평가</td><td>① 적용하기</td><td>활용 목적에 따라 출력물을 적용</td><td colspan="3">교보재 활용(교사), 가상적 사물의 실체화, 시뮬레이션, 새로운 물체의 디자인, 경매</td></tr>
<tr><td>② 평가 및 성찰하기</td><td>적용 결과를 평가하고 성찰적 반성함</td><td colspan="3">출력물을 활용 목적에 따라 적용한 결과를 토의 · 토론 등의 방법으로 상호 평가하고, 발전 방향을 논의</td></tr>
</table>

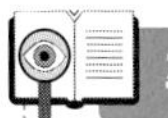

주요 용어

컴퓨터, 교육용 로봇, 교사 보조 로봇, 교구 로봇, 증강 현실, 3D 프린팅

생각해 볼 문제

1. 주변에서 활용되고 있는 전자책, 교육용 로봇, 증강 현실 애플리케이션, 3D 프린팅 등 새로운 디지털 매체의 활용 사례를 각각 찾아보고, 이러한 새로운 매체의 활용이 교수 · 학습 과정에 어떻게 기여할 수 있는지 서술해 보자.

이러닝과 미래교육

학습목표

- 이러닝과 포스트 이러닝으로서 m-러닝, u-러닝, 스마트러닝의 개념과 특성에 대해 설명할 수 있다.
- 미래교육과 학교의 변화 방향을 예측하여 교수 · 학습에 적용할 수 있다.

1. 이러닝

1) 이러닝의 개념

이러닝(e-Learning)은 학습 경험을 발생시키기 위해 정보공학 및 컴퓨터 테크놀로지를 활용하는 것을 의미한다(Horton, 2006). 일반적으로 이러닝(e-learning)에서 'e'는 'electronic'을 줄인 말로 컴퓨터가 제공하는 가상공간에서 발달된 정보통신 기술을 활용함으로써 시간과 공간을 초월해 누구에게나 수준별 맞춤형 학습을 가능하게 하는 온라인 교육 체제를 뜻한다. 좁은 의미에서 이러닝은 매체 활용에 초점을 두어 "텔레비전, 비디오, 인터넷 등 전자매체를 활용하는 모든 학습", 또는 "컴퓨터 및 인터넷과 같은 통신망을 활용해 디지털 방식의 의사소통 및 교육내용을 활용한 학습"으로 정의할 수 있으며, 넓은 의미에서는 정보망을 기반으로 교육이 제공되고 상호작용이 일어나며 촉진되는 모든 형태의 교육을 포괄하는 용어라 할 수 있다(박성익 외, 2007; 이화여자대학교 교육공학과, 2004).

2) 이러닝의 특성

이러닝은 가상공간에서 쉽게 교육자료 및 정보에 접근이 가능하며 시공간을 초월해 양방향 학습이 가능한 체제로 다음과 같은 일반적인 특성을 지닌다(Kearsley, 2000).

- 협력(collaboration): 학습과제를 수행하는 과정에서 교수자와 학습자의 정보 공유를 포함하는 다양한 협력 기회를 제공한다.
- 연결성(connectivity): 동료 학습자나 교수자와 전자우편, 화상 회의 등을 통해 손쉽게 상호작용을 할 수 있으며, 원격지의 전문가 도움을 얻는 것이 용이하다.
- 학습자 중심(student-centered): 교수자는 학습목표를 찾고 과정을 촉진, 관리하는 역할을 수행하고, 실제 학습에서는 학습자가 스스로 자신의 학습내용을 찾아내고 참여하는 속에서 과제를 수행한다. 전통적 수업에 비해 이러닝은 비교적 덜 구조화되어 있으며, 학습에 대한 학습자의 책무성을 중요시한다.
- 무제한성(unboundedness): 세계 도처의 정보와 사람에게 접근이 가능하기 때문에 교실의 벽을 넘어서 원하는 모든 사람에게 학습의 기회를 제공할 수 있다. 학습자는 자신의 형편에 따라 시간과 비용의 제약을 덜 받고 원하는 장소, 원하는 시간에, 원하는 내용을 선택해 학습할 수 있다.
- 학습 공동체(community): 이러닝은 접근성과 연결성이 높기 때문에 공통의 관심사를 가진 사람들과 가상공간에서의 학습 공동체 형성이 쉽고 공동의 주제에 대한 학습을 가능하게 한다.

- 탐구(exploration): 대부분의 이러닝은 모험과 발견학습의 형태를 포함하고 있으며, 가상공간은 필요한 자원과 전문가를 연계하여 탐구 활동을 지원하는 데 용이하다.
- 공유된 지식(shared knowledge): 이러닝에서는 인터넷이 지식 공유를 위한 도서관의 역할을 담당하고 모든 사람들이 디지털 형태의 전자출판에 참여하는 것이 일상적이다.
- 다감각 경험(multisensory experience): 이러닝은 다양한 멀티미디어 기술을 제공함으로써 강의와 분필에 의존하는 전통적인 수업 방식보다 다양한 경험을 학습자에게 제공해 줄 수 있다.
- 실제성(authenticity): 연결성, 학습 공동체, 공유된 지식 등의 상호 관계가 전통적 수업에서보다 실제에 훨씬 가깝게 이루어짐으로써, 학습자는 이러닝을 통해 보다 다양한 실제적 정보를 습득하고 현실과 유사한 상황에서 재생해 볼 수 있다.

2. 포스트 이러닝

모바일(mobile)과 유비쿼터스(ubiquitous), 스마트(smart) 기술과 같은 뉴테크놀로지의 발전은 교육에 있어 새로운 포스트 이러닝(post e-Learning)의 형태들을 만들어 내고 있다. 모바일 러닝, 유비쿼터스 러닝, 스마트 러닝은 이러한 기술의 변화와 함께 등장한 포스트 이러닝의 대표적인 예들로 이를 자세히 살펴보면 다음과 같다.

1) 모바일 러닝

모바일 러닝(mobile learning, m-learning)은 이러닝의 정의에 '모바일'의 개념을 추가해 "모바일이라는 특성을 지닌 정보통신 기술 매체를 활용한 학습을 뜻하는 것으로 모바일 무선 컴퓨팅 기술을 활용해 학습자의 이동성과 유목성을 원활하게 하거나 촉진하는 방식으로 이루어지는 학습"으로 정의할 수 있다(이인숙, 2004). 모바일 러닝은 손쉬운 이동성(mobility)이 보장되는 휴대용 단말기를 통한 학습을 가능하게 함에 따라 첫째, 언제 어디서나 실시간으로 학습이 가능한 편재성(ubiquity), 둘째, 학습에 대한 시간적, 지리적 자기주도성, 셋째, 학습에 대한 사전 준비 없이 실시간으로 접속해 짧은 시간에도 학습을 가능하게 해 주는 즉시적 접속성(instant connectivity)을 주요한 특성으로 들 수 있다.

2) 유비쿼터스 러닝

유비쿼터스는 '언제 어디서나 존재한다'는 의미의 라틴어에서 유래한 개념으로 유비쿼터스 컴퓨팅 기술과 통신망을 활용해 물리적 공간을 지능화하고 물리적 공간에 펼쳐져 있는 각종 사물들을 통신망으로 연결하는 것을 의미한다. 쉬운 예로 냉장고에 지능화된 컴퓨팅 기능과 네트워킹 기능이 삽입되어 지능화된 냉장고가 스스로 부족한 식료품을 마트의 전산망과 연결해 주문하는 등의 활동을 가능하게 하는 것이 유비쿼터스 기술 활용의 일례이다.

유비쿼터스 러닝(ubiquitous learning, u-learning)은 이러한 유비쿼터스 기술을 학습매체로 활용하는 것을 뜻하는 것으로, 교육과 관련된 물리적 공간의 관련 기관과 사물들을 지능화하고 이들을 연결시켜, 학습자들이 언제, 어디서나, 교육내용에 상관없이, 교육용 디지털 단말기를 사용하여 학습 정보에 접근함으로써 필요한 학습을 할 수 있는 이상적인 학습 체제이다(교육인적자원부, 2004).

궁극적인 유비쿼터스 환경이 갖추어지면 적시학습(just-in-time learning), 위치 기반 학습(location based learning) 등이 가능해지며, 유비쿼터스 러닝에서 교육환경은 언제, 어디서, 누구나 접근할 수 있는 전자적이고 지구적인(global) 지식 저장소(repository)로서 학습자 중심의 총체적 학습을 종합적으로 지원하는 역할을 하게 될 것이다. 유비쿼터스 러닝 환경에서는 사람들의 생활환경이 곧 학습자원이자 학습환경으로 전환되며 맥락(context)이 살아 있는 실제적인 학습이 언제 어디서나 가능하게 되는 이상적인 교육환경이다.

3) 스마트 러닝

스마트 러닝(smart learning)은 스마트 기기의 보급과 확산이 기하급수적으로 증가함에 따라 스마트 기기를 학습매체로 활용하여 보다 지능화된 맞춤형 학습을 제공하고자 하는 학습의 한 형태이다. 한편, 보다 광의의 개념이라 할 수 있는 스마트 교육은 활용되는 매체에 초점을 두기보다 21세기 지식 정보화 사회에서 요구되는 새로운 교육방법, 교육과정, 평가, 교사 등 교육 체제 전반의 변화를 이끌기 위한 지능형 맞춤 교수 · 학습 지원 체제이다. 따라서 스마트 기기를 활용한 교육이라는 의미보다는 전통적 교실 수업의 한계를 넘어서 21세기 학습자 역량을 키우기 위한 교육 체제로의 전환을 위한 ICT와 제도와의 융합 및 기반 조성에 강조점을 두고 있다.

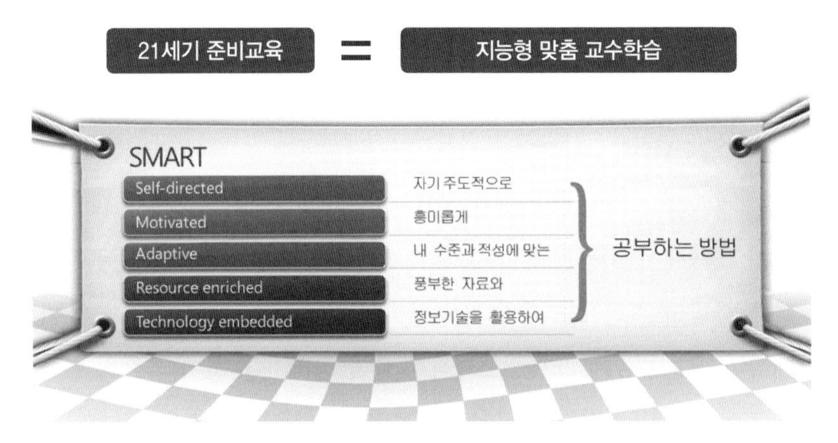

[그림 13-1] **스마트 러닝**

출처: 교육과학기술부, 2011.

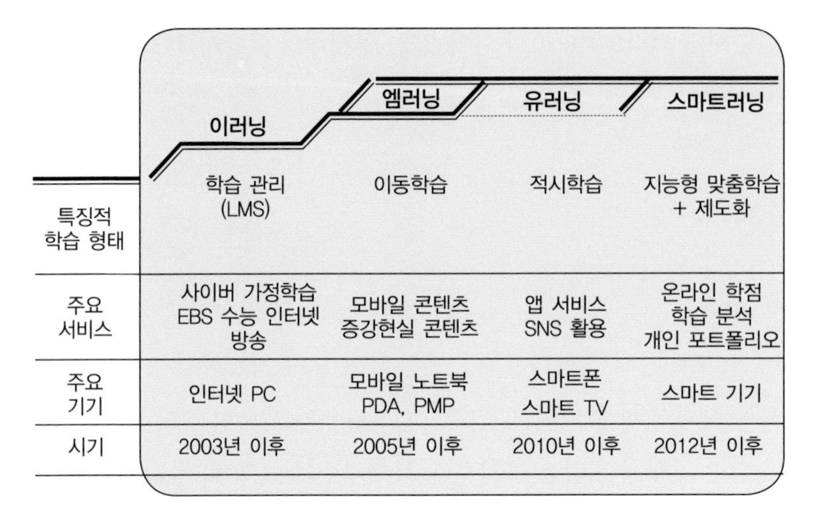

	이러닝	엠러닝	유러닝	스마트러닝
특징적 학습 형태	학습 관리 (LMS)	이동학습	적시학습	지능형 맞춤학습 + 제도화
주요 서비스	사이버 가정학습 EBS 수능 인터넷 방송	모바일 콘텐츠 증강현실 콘텐츠	앱 서비스 SNS 활용	온라인 학점 학습 분석 개인 포트폴리오
주요 기기	인터넷 PC	모바일 노트북 PDA, PMP	스마트폰 스마트 TV	스마트 기기
시기	2003년 이후	2005년 이후	2010년 이후	2012년 이후

[그림 13-2] **이러닝에서 포스트 이러닝으로의 변화 과정**

출처: 장상현, 2011의 내용을 재구성.

지금까지 살펴본 이러닝에서 포스트 이러닝으로의 변화 과정을 종합적으로 살펴보면 [그림 13-2]와 같다.

3. 미래교육과 미래학교[1)]

'19세기의 교실에서 20세기의 교사가 21세기 학생들을 가르친다'는 말이 있듯이 학교는 빠른 사회의 변화에도 가장 보수적이며 변화하지 않는 지식 전수 기관으로 우리 곁에 머물러 왔다. 학교라는 조직적 교육의 형태가 가정이나 사회의 일상생활 속에서 이루어지는 비조직적인 교육으로부터 독립하게 된 데에는 사회와 밀접한 관련이 있었다. 산업사회의 표준화된 교육과정의 기반하에 제조업에 투입될 교육된 많은 인력을 육성하는 데 효과적이었던 현 학교 체제는 21세기 지식 정보 사회의

1) 이 절은 Kye, 2011의 내용을 토대로 작성되었다.

도래와 함께 다각도로 도전을 받고 있다. 하루가 다르게 발전하는 기술, 태생적으로 디지털 매체에 익숙한 디지털 네이티브(Digital Native)들의 사회 진출, 인구구조의 고령화와 학령인구 감소, 세계화와 개방화, 다문화, 에너지 등 다양한 미래사회의 이슈들은 미래사회를 살아가는 데 필요한 창의적이고 혁신적인 사고, 자기주도성과 커뮤니케이션 능력을 갖춘 새로운 시대의 인재상을 요구하고 있으며, 지속 가능한 미래를 위한 새로운 모형의 학교로의 변화를 요청하고 있다.

〈표 13-1〉 미래교육의 변화 방향

획일화	→	다양화/맞춤화
폐쇄적	→	개방적
공급자 중심	→	참여자 중심
중앙집권적	→	분권화/자율화
정부 규제	→	시장 기제
학교 중심	→	학습 사회
학교 조직	→	다원적 네트워크
오프라인+온라인	→	현실+가상공간

1) 미래학교의 기능과 역할

거센 변화의 압력 속에서 미래사회의 학교는 어떻게 변화될지에 관하여 OECD의 Schooling for Tomorrow 시나리오를 바탕으로 현 미래학, 사회학, 교육학, 테크놀로지 전문가 등 다양한 전문 분야에서 10년 이상의 경험을 가진 전문가 40명을 대상으로 한국의 미래학교 체제에 대해 예측한 델파이 연구 결과에 따르면 향후 5~15년 미래학교는 학교 체제의 재구조화(re-schooling)를 통해 중심학습센터(core learning center)로서의 역할을 수행할 것으로 예측되고 있다.

학교 체제의 재구조화에 따라 향후 10~20년 내의 미래학교는 교육이 학교에서만 이루어진다는 관점이 약화되고 학교 기능이 사회 공동체와 밀접히 연계될 것이

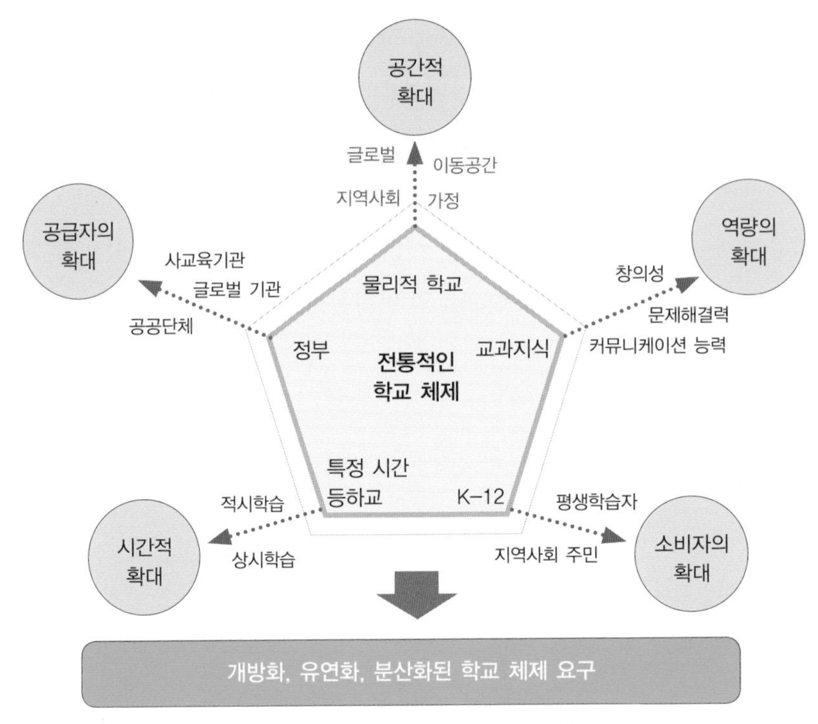

[그림 13-3] **학교 체제의 변화 방향**

출처: 계보경, 2011.

다. 학교 졸업장이 지닌 독점적 권한은 여전히 가치를 유지하나 약화될 것이다. 학교 체제 역시 시장 모형에 따라 학습자의 다양한 요구에 부응하고자 하면서도, 학교교육이 실현해야 할 공공선에 대한 합의를 중시하는 방향으로 점차 변화될 것이다. 더불어 이러한 기조를 바탕으로 기존 오프라인 기반의 물리적 학교 외에 기존 제도권 외의 학습기관, 가상, 네트워크 기반 학교 등에서의 다양한 학습 활동이 모두 물리적 학교에서의 활동과 동등하게 인정받게 될 것이다. 미래학교의 역할은 다음과 같다.

첫째, 미래학교는 개인의 생애를 설계하는 곳이 될 것이다. 미래학교는 사회와의 소통, 협력과 체험에 기반한 미래사회에 필요한 미래 역량을 키워 주는 가장 중추적인 곳이자, 개인의 생애 설계(life-design) 모형에 따라 자신이 필요로 하는 교육과정을 자유롭게 설계하고, 자신의 삶을 설계하고 발전시켜 가는 가장 핵심적인 기능을 담당하게 될 것이다. 이러한 과정 속에서 교사는 자연스럽게 기존 교과 내용을 잘 전달해 주는 역할에서 벗어나, 학생 개개인의 학습 경험을 설계해 주고 각 학생에게 맞는 역량을 발전시킬 수 있도록 컨설팅해 주는 생애 멘터의 역할을 담당하게 될 것이다.

둘째, 미래학교는 학생들뿐만 아니라 지역민 모두의 학습을 지원하는 중심적인 학습 공간이 될 것이다. 학부모도 생애 학습자의 일원으로 학교의 다양한 학습자원과 시설, 환경을 마음껏 활용하고, 노령 인구를 포함한 지역사회의 다양한 인사들이 학교 운영의 일원으로 참여해 지역의 학습문화를 함께 만들어 가는 장소가 될 것이다.

셋째, 미래학교는 사회와 학습의 벽을 허물어 주는 곳이 될 것이다. 삶이 곧 학습이 되는 미래학교는 더 이상 고립된 학습 공간이 아닌 일상생활에서의 사소한 경험들을 체계적이고 의미 있는 학습으로 연계해 주는 구심체의 역할을 하게 될 것이다. 테크놀로지는 이러한 사회와 학교와의 벽을 허물어 주는 핵심적인 도구로 학교 밖의 공간에서의 활동을 학교 안에서의 학습 활동과 이어 주고, 박물관, 미술관, 경찰서 등과 같은 학교 밖의 공간과 전문 자원을 학교 안으로 끌어들이는 다양한 활동을 통해 발전적인 미래를 생산해 가게 될 것이다.

2) 미래학교의 방향

이러한 학교의 체제 및 내용의 변화에 따라 개방화, 유연화, 다양화에 기반해 창의적 인재 양성의 핵심 기관으로서 글로컬(glocal) 사회의 중심이 되는 미래 지향적 학교(schooling) 체제로서 미래학교는 소통과 협력, 체험에 기반한 스마트 학교, 글로벌 · 지역사회와 연계된 학교, 생태 친화적인 학교, 안전한 학교, 즐거운 학교로서의 지향점을 갖고 변하게 될 것이다(계보경 외, 2010).

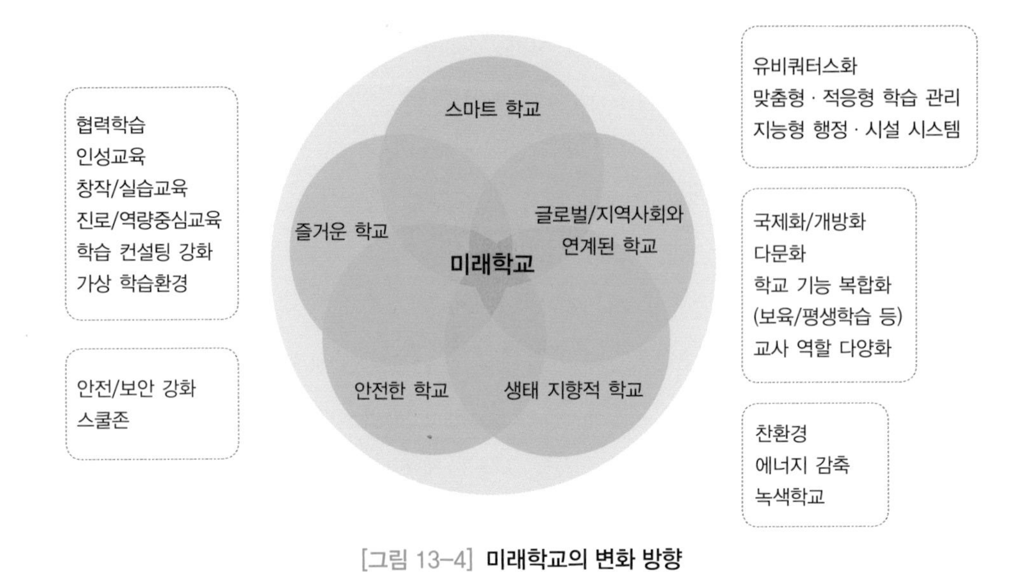

[그림 13-4] **미래학교의 변화 방향**

(1) 스마트 학교

스마트 학교(smart school)는 학습자의 경험의 폭을 넓혀 주는 다양한 기술에 기반하여 맞춤형 · 적응형 학습 관리와 지능형 행정 · 시설 시스템을 포함하는 학습환경을 갖춘 학교이다. 스마트 학교 구축을 통해 미래학교는 교육 수요자들의 다양한 교육적 수요에 대처하고, 보다 적응적인 학교 체제를 갖추게 된다.

① 유연한 학습환경

스마트 학교는 언제, 어디에서나 체험, 협동, 맞춤, 개별 학습이 가능한 첨단 기술 기반의 학교로서 무선 인터넷을 기반으로 정보의 자유로운 교류가 이루어지고 연계되는 학습환경을 바탕으로 한다. 교실뿐만 아니라 가정, 지역을 연계한 자연스러운 학습 교류를 통해 적시학습을 지원하며 온라인 수업, 재택 수업 등의 공간 제약을 벗어나 융통성 있는 학습환경을 제공한다.

② 맞춤형 · 적응형 학습 관리

스마트 학교의 맞춤형 · 적응형 학습 관리 특성은 학생 특성과 수준에 맞는 학습

[그림 13-5] **스마트 학교의 다양한 모습**

출처: 미래학교 http://future.keris.or.kr

콘텐츠와 학습 컨설팅을 포함한 학습 관리 체제를 의미한다. 학생 역량 기반 교육과정, 진로 기반 학습 컨설팅, 개인 선호와 성취를 독려하는 학습 과정 및 평가를 구현하기 위한 지능형 학습환경이 갖추어진다.

③ 지능형 행정 · 시설 시스템

학교에서의 교육활동 및 학습 정보 관리, 학사 및 행정업무 자동화, 건물 관리 자동화 등을 통해 학교 업무의 효율성을 극대화해 준다.

(2) 글로벌/지역사회와 연계된 학교

글로벌/지역사회와 연계된 학교(connected school)는 지역 공동체 및 글로벌 인적/물적 학습자원과 연계하여 개인 학습자의 학습 경험 및 학습 이력을 개발하도록 지원하는 학습 체제를 말한다.

지역 연계 정책을 가진 학교의 형태는 학교 기능의 복합화로 설명할 수 있다. 학

[그림 13-6] **글로벌/지역사회와 연계된 학교**

출처: 미래학교 http://future.keris.or.kr

교와 지역사회가 시설을 상호 교환하여 학교가 지역 주민의 평생학습 공간으로 이용될 수 있도록 개방함으로써 학교의 학습환경 수준을 높이고 그 효율성을 극대화하는 것이다. 미국 휴스턴의 SPark 학교 공원사업의 경우 지역의 녹지 부족 문제를 해결하기 위한 방안의 하나로 학교 내부에 지역 주민들이 사용할 수 있는 공원을 조성하고 학교 및 지역 주민들의 자발적인 참여를 유도하여 지역 공동체 문제를 개선해 나가는 프로그램으로 발전시킨 프로젝트가 그 일례이다. 아울러 지역사회의 물적 자원뿐만 아니라 재능 기부 등을 통한 지역사회 주민들의 적극적인 학교 참여 활성화도 미래학교의 중요한 특성이 될 것이다.

(3) 생태 지향적 학교

생태 지향적 학교(eco-friendly school)란 환경 친화적인 학교를 의미하는 것으로 그린 에너지를 이용한 친환경적 학교 건축 및 공간 설계를 도입한 학교를 말한다. 친환경 요소를 학교에 적용하면 쾌적한 실내 환경을 조성하고, 에너지 및 자원을 절약하며, 지역 환경 교육의 장으로서 공간을 활용할 수 있다(박준승, 2007). 생태 지향적 학교의 첫 번째 특징은 친환경적 측면으로 공기, 빛, 열에너지의 친환경성을 유지하며, 자연 에너지를 활용해 에너지를 절감하거나 생산해 낼 수 있는 체제의 도입이 필요하다. 환경적 측면 외에도 학교 공간 자체를 환경 교육의 장으로 활용함으로써 에너지의 사용량을 지표화하여 게시하는 활동, 태양광 에너지 활용시설, 재활용

시스템, 텃밭 공간들을 일상 속에서 자연스럽게 접하게 함으로써 살아 숨 쉬는 지속 가능성에 대한 논의의 장이 될 수 있다.

(4) 안전한 학교

안전한 학교는 개방화된 학교 체제에 외부와의 소통을 강조하는 동시에 학교 안전성 제고를 위해 다양한 안전장치를 갖추고 있는 학교이다.

미래학교는 기존의 전통적인 학교 형태를 재구조화하여 보육 기능, 평생학습, 지역사회의 학습센터 기능 등이 포함된 다양한 역할을 수행하게 된다. 특히, 맞벌이 부모들의 증가로 인해 아동들을 대상으로 한 방과 후 교실 운영이 활성화되고 학생들이 학교에 남아 있는 시간이 길어짐에 따라 학교의 안전 및 보안 강화가 중요한 이슈가 될 수 있다. 이에 따라 학교는 기본적으로 자연적 감시가 이루어질 수 있도

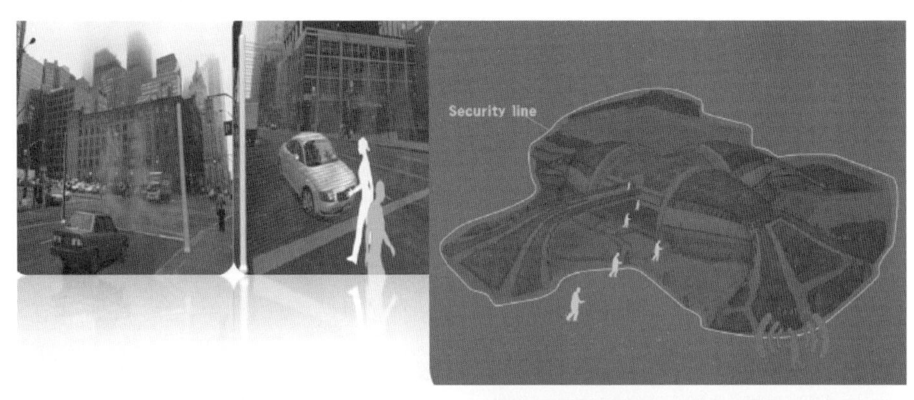

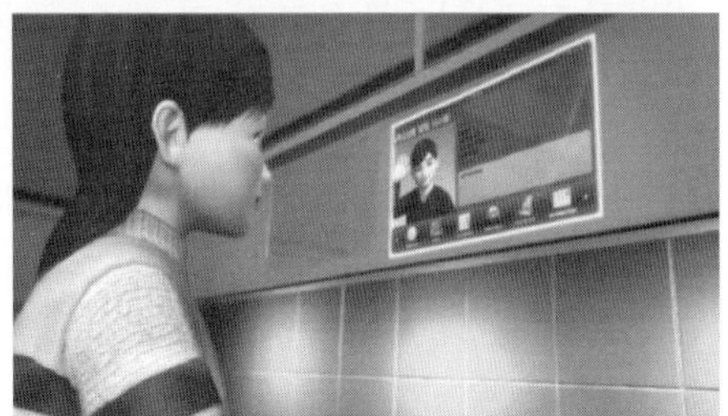

[그림 13-7] **안전한 학교**

출처: 미래학교 http://future.keris.or.kr

록 하는 환경 설계와 함께 테크놀로지를 활용해 학습자 개개인의 출결 확인이 가능하고, 학교 구성원 외에 외부인의 출입을 통제하는 경비 체제가 강화된 보안 네트워크 시스템을 갖출 필요가 있다.

(5) 즐거운 학교

즐거운 학교(fun school)란 창의적이고 협력적인 학습문화에서 독창적이고 통합적으로 사고하고 학생 주도적으로 새로운 창작물을 창조해 내는 체험형 에듀테인먼트 공간을 의미한다.

즐거운 학교의 특성은, 첫째, 협력, 인성, 창작/실습을 중시하는 학습문화, 둘째, 학생들의 진로와 역량에 기반한 교육과정과 학생 개별 컨설팅 체제, 셋째, 증강 현실, 가상 현실, 홀로그램 등 테크놀로지를 통해 경험의 실제성을 강화해 주는 체험형 학습환경 제공을 포함한다. 이러한 학습 경험을 통해 학생들은 학습 성취감과 만족감을 지속적으로 강화하면서 성인 학습자로 성장하게 된다.

미래사회는 전수, 전달받는 지식보다는 창조적이고 혁신적인 행동을 통해 습득한 유연한 지식을 필요로 하고 있다. 학교환경도 지식 전수 기관에서 벗어나 학생들을 미래형 인재로 양성하는 기능을 수행하기 위해서 창조성과 자발성을 발휘할 수 있는 학습환경을 조성할 필요가 있다(한홍진, 2010). 이를 위해 창의적 프로젝트를 수행할 수 있는 창작실이나 미디어 제작실이 제공되고, 야외에서도 손쉽게 제작이나 창작이 가능하도록 유비쿼터스 컴퓨팅 기술과 첨단 콘텐츠의 지원이 필요하다.

미래학교에서는 학습조직 및 학습 공동체가 새로운 학습방법이 되며, 자발적인 놀이형 협력학습이나 프로젝트형 협력학습이 주요한 학습방법이 될 것이다. 이에 따라 학생들의 새로운 지적, 문화예술적 산출물의 창출을 도울 수 있는 협력적 활동을 지원하는 공간이 필수적으로 제공되어야 한다.

주요 용어

이러닝, 모바일 러닝, 유비쿼터스 러닝, 스마트 러닝, 스마트 교육, 미래교육, 미래학교

생각해 볼 문제

1. 이러닝과 포스트 이러닝의 특성을 표로 그려 비교해 보고 유아교육의 미래를 예측해 보자.
2. 유아교육 분야에서의 이러닝과 포스트 이러닝 활용 사례를 찾아보고 이를 학습에 적용할 수 있는 방안에 대해 토론해 보자.

제14장 유아 멀티미디어 교육

학습목표

1. 스마트 기기가 보편화되는 현대 사회에서 유아 대상의 멀티미디어 활용 교육의 득과 실에 대해서 논의할 수 있다.
2. 유아의 특성을 고려한 적절한 디지털 매체와 멀티미디어 콘텐츠를 선택할 수 있다.
3. 유아 대상 멀티미디어 교육의 유형과 상황에 따라 적절한 학습 촉진 혹은 문제점 예방 전략을 적용할 수 있다.

오늘날 스마트 기기는 현대인들의 생활에 없어서는 안 되는 필수품이 되어 가고 있다. 가정에서 학교에서 일터에서 스마트 기기의 활용은 매우 보편화되어 있으며, 유아들은 태어나면서부터 스마트 기기에 둘러싸인 채로 성장한다. 스마트 기기는 유아의 놀이 도구가 되기도 하고 교구가 되기도 한다. 최근 스마트 기기를 통해 접할 수 있는 콘텐츠는 대부분 멀티미디어 형태를 띠고 있으며, 멀티미디어가 가지는 몰입적 성격으로 인해서 유아들에게 지나친 멀티미디어 콘텐츠 노출이 최근 여러 가지 우려의 목소리를 내고 있는 것이 현실이다. 여기서는 멀티미디어의 개념, 멀티미디어 교육의 종류와 의미, 유아 대상 멀티미디어 교육이 가지는 이점(득)과 문제점(실)에 대해서 살펴보도록 하겠다. 성인 대상의 멀티미디어 콘텐츠와 달리 유아 대상 멀티미디어를 교육적으로 활용하는 측면에서, 유아교육 현장의 교사들이 수업

자료로 멀티미디어 콘텐츠를 선정할 때 고려해야 하는 사항들을 알아보도록 한다.

1. 멀티미디어의 개념과 멀티미디어 교육의 의미

멀티미디어는 멀티(multi)와 미디어(media)의 합성어로, 한자어로 표현하면 그야말로 다중매체(多衆媒體)이다. 컴퓨터에서 문자, 음향, 동영상, 정지 화상 등을 동시에 사용하는 것과 같이 일반적으로 여러 가지 다양한 매체를 동시에 사용하는 것을 의미한다. 멀티미디어에 대해서 일부 학자들은 몇 가지 조건을 제시하고 있다. 황해익, 강민정, 강신영, 조준오(2015)는 멀티미디어의 조건을 다음 네 가지로 정리하고 있다. 첫째, 멀티미디어는 음악과 동영상처럼 '시간'에 따라 변화하는 연속 매체를 포함한 두 가지 이상의 매체를 동시에 사용한다. 둘째, 멀티미디어는 상호작용성이 있다. 하이퍼링크를 통해 사용자가 추가 정보를 얻거나 원하는 순서대로 정보를 탐색하는 것이 가능해야 한다. 셋째, 멀티미디어의 데이터는 디지털로 처리된다. 넷째, 멀티미디어는 여러 가지 매체를 동시에 이용하지만 이것이 재생되는 장치는 하나이다. 즉, 여러 매체를 여러 장치로 동시에 재생하는 것은 멀티미디어가 아니다.

이러한 네 가지 특징(연속매체, 상호작용성, 디지털 형태, 하나의 제어장치)을 가지는 멀티미디어를 교육에 어떻게 활용하느냐에 따라 몇 가지 유형을 생각해 볼 수 있다. 예를 들면, 유아교사가 멀티미디어를 활용해서 수업을 하는 '멀티미디어 활용 교육' 방식이 있을 수 있다. 그리고 만약 유아가 집이나 기관에서 혼자 멀티미디어 콘텐츠나 교육자료를 접하게 되는 방식도 있다. 이 경우는 멀티미디어 그 자체가 교사가 되기도 하고 정보 제공자가 되는 방식으로 '멀티미디어 수업(multimedia instruction) 혹은 멀티미디어 기반 교육이라고 할 수 있다. 마지막으로, 유아가 올바르게 멀티미디어 콘텐츠를 접하도록 가이드하는 멀티미디어 소양 교육도 중요한 영역이다. 이 세 가지 유형의 교육을 간단히 살펴보자.

1) 멀티미디어 활용 교육

이 유형은 유아교육기관, 즉 유치원이나 어린이집에서 유아교사가 수업 설계에 멀티미디어를 활용하는 것이다. 현재 국내의 대부분 유아교육기관에서는 교실마다 대형 TV나 모니터를 설치해 놓고 있는 추세이기 때문에, 수업시간에 얼마든지 교사들이 멀티미디어 콘텐츠를 수업 활동을 촉진하는 도구로 사용할 수 있다.

예를 들면, 이야기 나누기 시간에 동시나 동화를 소개하는 활동에서 멀티미디어 콘텐츠를 활용할 수 있다. 또한 재난 대비, 성폭력 예방, 소방 대피, 약물오남용 방지, 교통안전, 실종 유괴 등 '안전 교육'에 멀티미디어를 활용하는 경우가 많다. 그 외에도 새로운 노래와 율동을 배울 때, 유아들의 주의 집중을 요할 때 수업의 도입이나 전개에 멀티미디어 콘텐츠를 적절하게 활용할 수 있다.

또한 최근 사회적으로 뜨거운 관심을 받고 있는 증강 현실이나 인공지능을 갖춘 로봇 등도 유아교육기관에서 활용되는 사례가 많이 등장하고 있다. 이러한 첨단 기술과 결합한 멀티미디어 환경이 유아교육기관에 도입되어 유아의 창의성 발달에 기대를 모으고 있는 추세이다.

2) 멀티미디어 기반 교육

멀티미디어 활용 교육은 유아교육기관에서 유아교사의 절절한 통제와 조절하에서 멀티미디어가 활용되지만, 멀티미디어 콘텐츠가 언제나 유아교사의 통제하에 제공되는 것은 아니다. 기관에서 자율선택활동 시간이나 방과 후 시간에 개별 유아가 멀티미디어로 이루어진 교재를 개별적으로 접하는 경우도 있다. 무엇보다 최근은 스마트폰이나 스마트 패드의 사용이 확대됨에 따라 가정에서 유아들이 부모의 도움을 받아 멀티미디어 콘텐츠를 자연스럽게 접한다.

멀티미디어 기반 교육, 혹은 멀티미디어 학습 프로그램(multimedia instruction)은 학습을 촉진하기 위하여 그림과 글자를 사용하여 학습내용을 제시하는 것을 말한다(Mayer, 2012). 그렇다면 오디오가 결합되어 있는 책(오디오 북)과 CD-ROM 타이틀 형태의 멀티미디어 백과사전뿐 아니라, 인터넷을 통해 접하는 대부분의 콘텐츠가 개별 학습자의 학습 자료가 되고, 교육을 목적으로 설계된 멀티미디어 콘텐츠는 그 자체가 교수자(선생님)가 되기도 한다.

특히, 최근 소프트웨어, 네트워크, 그리고 모바일 기술의 발달로, 인터넷과 스마트 기기의 애플리케이션을 통해 제공되는 대부분의 콘텐츠는 '글자와 그림'이 결합된 형태, 그리고 '동영상 및 애니메이션', '게임 및 상호작용적 기능'을 포함하고 있어서 이 유형에 해당하는 사례는 무궁무진하다고 할 수 있다.

유아교육기관에서 이루어지는 방과 후 특별활동 프로그램과 연계되어 유아가 가정으로 돌아와 특정 사이트에 접속하여 학부모의 지도하에 유아가 학습 활동을 할 수도 있다. 또한 많은 아이들이 유튜브(Youtube)를 통해 다양한 동영상 및 애니메이션 콘텐츠를 접하게 되는데, 이 역시도 보는 관점에 따라서는 멀티미디어 기반 교육이라고 할 수 있을 것이다.

3) 멀티미디어 소양 교육

앞서 설명한 멀티미디어 교수 유형의 문제는 유아교사나 부모의 통제와 관심이 배제된 상태에서 조절능력이 부족한 유아들이 무분별하게 멀티미디어 콘텐츠를 접하게 되는 데 있다. 이에 따라 그 어느 때보다 멀티미디어에 대한 소양 교육이 유아에게 필요하다.

멀티미디어 소양 교육은 유아들에게 올바른 컴퓨터 사용을 가이드하고, 스마트폰 중독을 예방하는 데 초점을 두고 있다. 유아 멀티미디어 교육에 관련 학자 및 교육자들은 컴퓨터 자체를 가르치는 것보다 멀티미디어 환경을 이용하여 학습을 촉진하거나 학습을 풍부하게 하는 방향으로 가야 한다는 점에서 큰 이견이 없다. 즉, 멀티미디어와 모바일 매체에 대한 바른 태도 형성이 이 멀티미디어 소양 교육의 주요 목표라고 할 수 있다.

2. 유아 대상 멀티미디어 교육의 득과 실

현재 우리 사회는 4차 산업혁명에 대한 논의가 뜨겁다. 4차 산업혁명이 가지는 여러 가지 큰 특징 중 가장 지배적인 것은 '창의 융합'일 것이다. 유아교육 분야에서도 유아들의 창의력과 융합력을 강조하는 각종 프로그램들이 등장하고 있는 가운데, 멀티미디어와 교육의 결합은 거스를 수 없어 보인다. 그러나 멀티미디어가 가지는 몰입력은 유아들의 발달 단계를 고려할 때 조심해야 할 여지가 많은 것도 사실이다. 여기서는 앞서 살펴본 세 가지 유형 중, 멀티미디어를 활용한 교육과 멀티미디어 기반 교육(멀티미디어 교수)이 가지는 잠재성을 살펴보겠다. 또한 멀티미디어 교육의 부작용 측면에서 유아들의 과몰입 및 중독 현상에 대해 논함으로써 세 번째 유형에 해당하는 멀티미디어 소양 교육의 중요성을 강조하고자 한다.

1) 멀티미디어 교육의 잠재성과 효과성

멀티미디어 인지 이론으로 유명한 메이어(Mayer, 2012)에 따르면, 멀티미디어를 활용하는 수업 혹은 멀티미디어 학습 프로그램은 기본적으로 [그림 14-1]과 같이

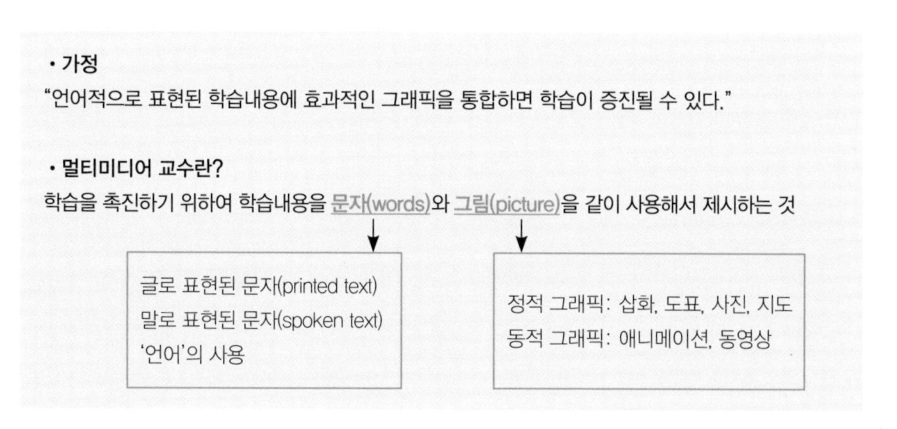

[그림 14-1] 멀티미디어 교수의 가정과 의미

문자와 그림을 둘 다 활용하여 학습내용을 제시하는 것으로 정의할 수 있다. 여기서 문자는 글로 표현된 문자와 말로 표현된 문자를 비롯하여 '언어'를 사용한다는 것이며, 그림은 삽화, 도표, 사진, 지도와 같은 정적 그래픽, 애니메이션이나 동영상과 같은 동적 그래픽을 다 포괄하는 개념이다.

기본적으로 멀티미디어의 활용이 가지는 '잠재성'은 [그림 14-1] 상단에 제시된 가정에서 비롯된다. 즉, 언어적으로 표현된 내용에 효과적인 그래픽이 더해지면서 학습이 증진되기 때문이다. 파이비오(Paivio)의 '이중부호화 이론'이 이를 잘 뒷받침하는데 인간은 언어와 비언어 두 가지 채널로 정보를 처리한다는 것이다. 문자와 그림 이렇게 두 가지 방식으로 학습내용을 제시하는 것은 한 가지 형태의 정보를 따로따로 제시하는 것보다 효과적이다. 이는 [그림 14-2]와 같이 도로가 1차선일 때보다 2차선일 때 더 많은 차량이 빨리 지나갈 수 있는 것과 같은 이치이다(Mayer, 2012).

[그림 14-2] **1차선보다 2차선에서 더 많은 차들이 빠르게 이동할 수 있다.**

메이어(2012)가 설명하는 멀티미디어 인지 이론을 조금 더 자세히 설명하면 다음과 같다.

① 인간은 시각 및 청각 정보를 처리하기 위하여 분리된 채널을 가지고 있다.
② 인간이 한 채널에서 한번에 처리할 수 있는 정보의 양은 제한되어 있다.
③ 인간은 외부에서 들어오는 여러 정보 중 감각기억에서 관련된 정보에 주의집중하고, 이에 작업기억에서 선택된 정보를 종합적인 정신 표상으로 조직화하

며, 이 정신적 표상을 장기기억고에 있는 지식과 통합함으로써 능동적인 학습을 한다.

이중 채널에 대한 기본 가정은 파이비오의 이중부호화 이론(정보 처리가 언어적 vs. 비언어적 채널로 나누어짐)와 버들리(Baddley)의 작동기억 모형(정보 처리가 청각 vs. 시각의 감각 양식으로 나누어짐) 이론으로 학자 간 이견이 있다. 메이어(2012)는 하나의 절충안으로 [그림 14-3]과 같이 멀티미디어 정보 처리과정을 제시하고 있다. 즉, 말로 표현된 문자의 처리는 귀를 통해 소리가 언어적 모형으로, 그림은 눈을 통해 이미지가 회화적 모형으로 작업기억 이미지가 장치에 들어와서 장기기억장치에 있던 사전지식과 통합되는 과정을 거친다.

멀티미디어 교육의 효과는 이러한 멀티미디어 인지 이론에 대한 이해를 바탕으로 '효과적인 교수-설계'가 되었을 때 일어난다. 따라서 멀티미디어를 통한 교수 메시지 설계의 연구들은 '어떻게 하면 효과적으로 멀티미디어 콘텐츠 혹은 멀티미디

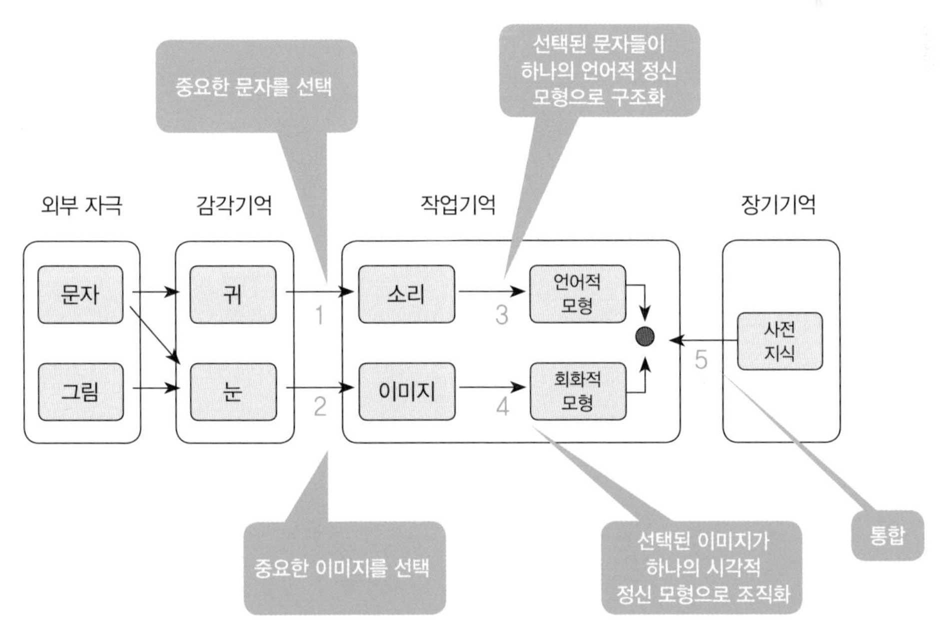

[그림 14-3] **멀티미디어 교육에서 학습내용이 처리되는 5단계**

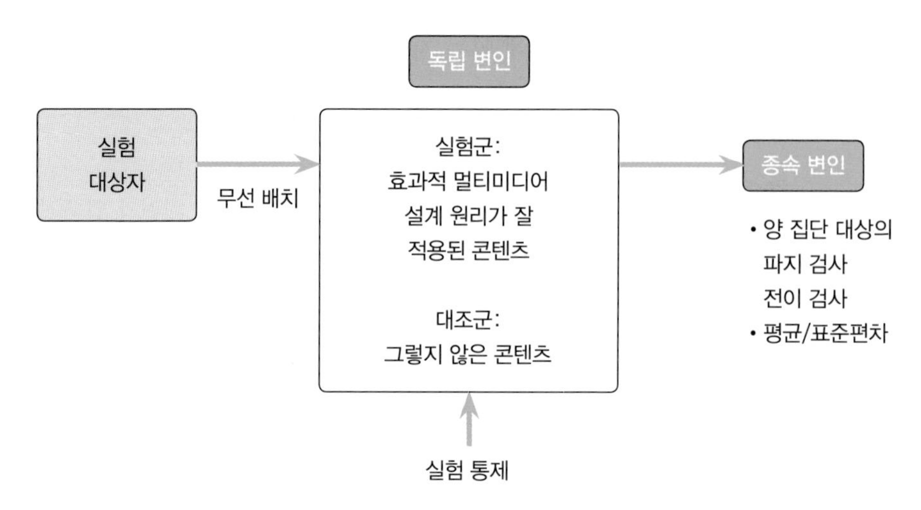

[그림 14-4] **멀티미디어 교육 프로그램의 효과성을 측정하기 위한 설계**

어 기반의 학습 프로그램을 개발할 것인가'에 초점을 맞추고 있다. 즉, 우리가 멀티미디어를 통해서 교육했을 때, 단일 미디어(예: 문자로 구성된 책)의 비교보다, [그림 14-4]와 같은 실험설계 속에서 동일한 학습내용과 동일한 매체 활용에서 설계 방식의 차이를 바탕으로 어떠한 설계 원리를 적용한 프로그램이 효과적인가에 대한 연구가 지속적으로 이루어져 왔다. 이를 정리하면 [그림 14-5]와 같이 12가지(응집, 신호 주기, 중복, 공간적 근접, 시간적 근접, 분절화, 사전 훈련, 양식, 멀티미디어, 인격화, 음성, 이미지)의 전략을 잘 적용한 멀티미디어 콘텐츠는 그렇지 않은 콘텐츠에 비하여 학습을 촉진한다.

멀티미디어 학습 프로그램들은 기술적 측면에서 날로 진화하고 있다. 최근에 등장하고 있는 증강 현실에서 인공지능을 갖춘 로봇에 이르기까지 새로운 기술들은 인간의 정보처리능력의 한계를 보완해 줌으로써 보다 창의적인 일에 집중할 수 있는 여지를 주고 있다. 즉, 멀티미디어 콘텐츠와 이를 매개하는 도구로서의 매체들은 잘 설계된 교수·학습에 녹아 들어가야 한다. 그렇게 되었을 때 기대한 효과, 예를 들면 유아의 과학적 소양이나 창의성, 언어능력, 신체능력, 탐구력 등의 '효과성'을 기대할 수 있을 것이다.

1. 응집	무관한 내용을 포함했을 때보다 이를 배제했을 때
2. 신호 주기	핵심적 학습내용을 밋밋하게 주기보다 강조했을 때
3. 중복	애니메이션, 내레이션, 컴퓨터 화면상의 텍스트를 함께 주었을 때
4. 공간적 근접	그래픽과 그에 해당하는 인쇄 문자가 서로 떨어져 있을 때보다 가까이 있을 때
5. 시간적 근접	그래픽과 그에 해당하는 말로 표현된 문자를 연속적으로 제시했을 때보다 동시에 제시했을 때
6. 분절화	멀티미디어 레슨을 연속적으로 제시했을 때보다 학습자가 원하는 부분을 보도록 했을 때
7. 사전 훈련	핵심적인 내용이 포함된 명칭이나 특성에 대해 사전 훈련을 받지 않았을 때보다 훈련을 받았을 때
8. 양식	그래픽과 이에 해당하는 인쇄된 문자만으로 배웠을 때보다 그래픽과 이에 해당하는 내레이션으로부터 배웠을 때
9. 멀티미디어	문자만으로 학습하였을 때보다 문자와 그에 해당하는 그림으로 학습하였을 때
10. 인격화	문자가 공식적인 말투보다 대화체로 되었을 때
11. 음성	음성으로 전달되는 문자가 기계음보다 인간의 목소리로 전달되었을 때
12. 이미지	말하는 사람의 얼굴이 화면에 나타나지 않을 때보다 화면에 나타날 때
	더 잘 학습이 이루어진다.

[그림 14-5] **멀티미디어 교수설계 원리**

출처: Mayer, 2012.

2) 멀티미디 교육의 부작용: 과몰입과 중독

멀티미디어 교육의 잠재성과 잘 설계된 멀티미디어 교육 콘텐츠의 효과성에도 불구하고, 유아교육 현장의 이해관계자 및 학부모들은 멀티미디어의 활용에 대해 부정적 인식이 크다. 특히, 유아들이 부모들을 통해 일상적으로 접하게 되는 스마트폰이나 스마트 패드를 통한 멀티미디어 콘텐츠들은 단발성 홍미를 자극하여 집중력이 짧은 유아에게 '과몰입'을 야기시킨다(남경희, 2018). 더욱이 우리나라 영유아들의 스마트폰의 최초 이용시간이 2.27세로, 연령이 증가함에 따라 그 이용시간이 증가하고 더욱 몰입하는 것으로 조사되고 있다(김서희, 황성온, 2017).

과몰입이 가져오는 부작용은 크게 두 가지로 나누어 볼 수 있다. 첫째, 유아들이 멀티미디어를 통해 전달되는 생생한 화면과 음향의 자극적 콘텐츠에 익숙해짐에 따라 상대적으로 비자극적인 종이 그림책이나 인형 및 교구를 활용한 놀이학습 활동에는 낮은 집중력을 보이는 부작용이 있다. 둘째, 자극적인 멀티미디어 콘텐츠에 많이 노출될수록 그 자극에 집착을 하게 되는 경향이 나타나고 일상생활에 장애가 생기는 부작용이 있다(설샛별, 이혜원, 이경숙, 김명식, 2017). 유아가 지속적으로 자극적인 영상물에 빠져 있을 때 이를 갑작스레 제거하거나 보여 달라고 했을 때 보여주지 않을 경우 분노를 동반한 공격적 성향이 나타나는 것을 쉽게 관찰할 수 있다. 평범한 일상에 지루함을 느끼고 무기력해지며, 심할 경우 자폐적 특성까지 보일 수 있다는 것이 전문가들의 의견이다.

과몰입은 몰입(engagement)과 중독(addition)의 중간 개념이라고 할 수 있다. 적절한 몰입이 학습에 필수적이며 바람직한 반면 중독은 일생 생활에 지장을 초래하며, 제거되었을 때 불안 증상을 보이는 상태로 심각할 경우는 전문적인 치료가 필요하다(남경희, 2018). 특히, 어린 시절부터 스마트 기기를 자주 접하며 주의력을 날치기 당할 경우 향후 안정적이며 성공적인 사회생활에 필요한 인지조절력 획득에 어려움을 겪을 확률이 높다.

관련하여 팰러디노(Palladino, 2015)는 이를 비자발주의(involuntary attention)라는 용어를 빌려서 설명하고 있다. '비자발주의'는 노력이 필요하지 않는 주의를 의미하는데, 이 주의는 주변의 자극이 발생하면 그 자극을 거부하지 못한 채 끌려들어가게 되는 주의로 자동 반사적이며, 의도되지 않게 주의가 낚이게 되며, 충동적이고 속도가 빠른 특징이 있다. 〈표 14-1〉에서 알 수 있듯이, 반면 '자발주의'는 노력이 필요한 주의이며, 의도적으로 주의를 기울이지 않으면 잘 생겨나지 않고, 자신이 정한 목적에 따라 결정되며, 신중하고 따라서 속도가 느리다. 마시멜로 실험[1]으로 유명

1) 1960년대 스탠퍼드 대학교 교수 월터 미셸과 학생들이 취학 전 아동들을 대상으로 한 실험이다. 마시멜로 한 개를 즉시 먹지 않고 15분 기다려 먹을 경우 두 개를 주겠다는 약속을 한 후 이들의 행동을 유리벽을 통해 관찰하였고, 이 실험에서 오래 기다린 아동들이 이후의 삶에서 더 훌륭한 성과를 냈다. 실험 속 아동들 중 많은 아이가 평균 3분을 견디지 못하였는데, 이를 견딘 아이들의 경우 양손을 두 눈으로 가리기, 노래 부르기, 혼자 숨바꼭질하기 등의 방법을 썼는데, 그는 이러한 능력을 '전략적 주의 배분 능력(strategic allocation of attention)'이라고 설명하고 있다(Mischel, 2014).

〈표 14-1〉 자발주의와 비자발주의의 차이점

	비자발주의	자발주의
주의	수동적이다.	능동적이다.
	주변 자극을 좇아간다.	자기주도적이다.
	자동반사적이다.	의지적이다.
	주의를 낚아챈 대상의 특성을 반영한다.	자신이 정한 목적에 따라 결정된다.
	충동적이다.	신중하다.
	주의가 낚인다.	주의를 배분한다.
	하루 24시간 내내 켜져 있다.	노력을 기울여야만 작동한다.
뇌의 연결 통로	상향 통로	하향 통로
	뉴런의 신경 신호가 뇌 아래쪽의 감각 피질과 뇌간에서 시작해 위쪽 전전두엽으로 이동	뉴런의 신경신호가 뇌 위쪽의 전전두엽에서 출발해 아래쪽의 감각 피질과 뇌간으로 이동
	속도가 빠름	속도가 느림
	주변의 자극을 인지하고 그곳으로 주의를 향함	다양한 집행 기능(추론, 추상적 사고)을 수행함

출처: Palladino, 2015.

한 월터 미셸(Walter Mischel, 2014)은 '자발주의'를 '전략적 주의 배분 능력'이라고도 하였다.

그러나 비자발주의가 언제나 나쁘고 자발주의가 언제나 바람직한 것은 아니다. 때때로 의도치 않은 자극을 통해 흥미를 느끼게 되거나 영감을 받기도 하기 때문이다. 잘 설계된 멀티미디어 콘텐츠를 통해 유아들이 어렵게 느끼는 읽기나 수학을 배울 수 있다. 이를 뇌과학적으로 살펴보았을 때, 아이가 자발주의를 기울일 때 뇌의 하향 통로가 활성화되고, 비자발주의를 기울일 때 상향 통로가 활성화된다고 하는데, 인간이 하는 대부분의 활동들은 비자발주의와 자발주의를 '함께' 사용하고, 우리가 주의를 기울일 때 뇌의 상향 통로 하향 통로가 동시에 작동하게 된다. 장시간의 집중 훈련이나 노력이 필요한 뇌의 하향 통로는, 오랜 훈련을 통해서 습관화 및 자동화(automated)되면 즉각적이고 노력이 필요치 않은 상향 통로와 적절하게 합쳐지게 된다.

자발주의의 집행을 담당하는 전전두엽이 완전히 발달되지 않은 아동들, 다시 말하면 스스로 어떤 부분에 주의를 집중하고 노력을 기울이고자 하는지 자기 조절력(self-control)이 부족한 유아의 경우 적절한 부모 및 교사의 도움을 통해 쉽게 활성화되는 비자발적 주의를 어느 정도 통제하고, 또 노력을 기울여야 하는 자발적 주의를 연습하게 하는 접근이 필요하다. 이는 유아교사가 보다 신중하게 멀티미디어 콘텐츠를 선별하고, 이를 현명하게 멀티미디어 활용 교육에 적용할 수 있는 능력을 요한다.

3. 멀티미디어 자료의 선정 및 활용

지금까지 멀티미디어 교육의 잠재성과 부작용을 살펴보았다. 유아 및 학부모 대상의 멀티미디어로 인한 중독 및 부작용 예방 교육도 중요하겠지만, 멀티미디어 교육이 가지는 긍정적 측면과 부정적 측면을 모두 고려하여 효과적인 멀티미디어 콘텐츠 및 응용 프로그램의 활용을 위한 교사와 부모의 안목과 관심이 중요하다.

최근 시중에 쏟아지고 있는 유아 대상의 멀티미디어 콘텐츠들과 애플리케이션(앱)들을 유아의 발달과 교육적 측면, 앞서 언급한 유아의 자기조절 능력의 부족을 고려해서, 면밀하게 평가하고 적절한 콘텐츠와 매체를 선정할 수 있는 역량을 키울 필요가 있다. 여기서는 이러한 멀티미디어 프로그램들을 평가할 수 있는 도구를 소개하도록 하겠다.

1) 멀티미디어 프로그램의 설계 · 개발 전략

과거 멀티미디어 콘텐츠의 개발은 전문가들의 영역이었다. 동영상이나 애니메이

선을 만들기 위한 특수한 장비와 편집 프로그램과 이를 사용할 수 있는 스킬이 필요하였고, 멀티미디어 콘텐츠와 학습자, 특별히 유아의 발달적 특성을 고려하여 그에 적합한 상호작용을 설계하기 위한 프로그래밍도 필요하였다. 예를 들면, 한정선, 이경우와 임은미(1999)는 유아를 위한 '바람직한' 멀티미디어 콘텐츠의 개발을 강조하면서 다음과 같이 다섯 가지의 설계 전략을 제시한 바 있다.

첫째, 유아의 흥미를 유도하고 학습 활동 외에 동기 부여를 시키기 위해 비유적인 인터페이스를 사용한다. 공간적인 그림을 제시해 주고, 그림은 이미지 맵을 이용하여 개별 객체 마다 링크가 되도록 하는 것이 좋다.

둘째, 다양한 학습자 특성을 고려하여 사용자 친숙성을 구현, 어린이의 능력 수준에 따라 컴퓨터에 대한 일반적인 흥미와 동기에 차이가 있다. 왼손잡이와 오른손잡이에 따라 다른 프레임을 설계하도록 한다.

셋째, 유아가 이미 만들어져 있는 정보를 받아들이는 데 그치지 않고 스스로 적극적으로 참여함으로써 창조할 수 있는 활동을 제공한다. 그림 그리기와 이야기 만들기뿐 아니라 색칠하기 등 다양한 활동으로 발전하도록 하게 한다.

넷째, 그림 동화의 다양한 제시 방식을 활용한다. 상호작용성을 가미한 상호작용 동화와 같이, 이야기에서 사운드가 함께 제공되는 오디오 동화, 이야기의 움직임이 가능한 동영상 동화 등 상호작용성은 유아에게 의사결정을 하게 하고 그에 대한 결과가 유의미하게 반응되도록 하는 것을 의미한다.

다섯째, 개별화 요소로서 유아를 참여시킨다. 유아의 이름이나 유아가 좋아하는 음식, 동물 등을 사용하여 피드백을 준다면 유아의 동기유발이 촉진된다. 그러나 활동 중간중간에 삽입되는 지시문("이름을 써 넣으십시오.")은 유아가 몰입하던 활동의 맥락을 깨뜨리거나 활동에의 주의집중을 방해하는 역효과를 낼 수 있다.

2) 교육용 멀티미디어 콘텐츠(애플리케이션) 평가 도구

최근 유튜브(Youtube)를 통해 유아가 접하게 되는 동영상이나 각종 앱 스토어에서 다운 받을 수 있는 애플리케이션들이 앞서 한정선 등(1999)이 강조하고 있는 "사회적 · 발달적 맥락을 고려한 콘텐츠인가?" 하는 점을 심각하게 생각해 보아야 한다. 무엇보다 현재 소프트웨어의 발달로 멀티미디어 콘텐츠 개발이 용이해졌고, 특별히 프로그래밍 언어나 웹 프로그래밍을 익히지 않아도 콘텐츠를 생산 배포할 수 있는 1인 미디어가 고속성장 중이기도 하다. 이중 유아를 대상으로 한 콘텐츠가 차지하는 비율도 적지 않으며, 실제 애플과 구글의 앱스토어 중 유아 대상 교육용 앱은 구매율 상위권에 해당한다. 이는 우리나라의 문제만은 아닌 것으로 보인다.

그리스의 연구자인 파파다키스 등(Papadakis, Kalogiannakis, & Zaranis, 2017)은 최근 인터넷과 앱 스토어에 쏟아지고 있는 유아 대상의 교육용 애플리케이션들이 실상 '교육적(educational)'이지 않음을 강조하면서 유아교사를 위한 평가 도구를 제시한 바 있다. 이 평가 루브릭 REVEAC(Rubric for the EValuation of Educational Apps for preschool Children)은 다음 세 가지에 기반하여 개발되었다.

첫째, 기존의 교육 연구에 기반하고 있는데, 유아들은 '잘 설계된(well-designed) 애플리케이션'을 통해 학습이 이루어진다는 것을 강조하고 있다. 즉, 유아의 감각을 자극하는 것이 아닌 유아가 인지적으로 활성화되고 몰입되어 학습 경험이 의미 있고, 사회적으로 상호작용하며, 학습이 구체화된 목적으로 가이드 되는 것을 의미한다.

둘째, 기존의 평가 도구와 달리 그동안 유아용 교육 프로그램을 평가하는 다양한 기준과 준거들을 고려하여 최근의 모바일 및 스마트 기기를 통해 운영되는 교육용 애플리케이션에 대한 평가 도구의 하위 영역들을 도출하였다. 크게 교육내용에 대한 평가, 설계에 대한 평가, 기능에 대한 평가로 구성된다. 원본 루브릭은 각 항목별로 네 개의 척도(Exemplary, Good quality, Needs Improvement, Unsatisfactory)에 해당하는 프로그램의 특징이 묘사되어 있으나, 여기서는 좀 더 이해하기 쉽게 각 항목이 측정하려는 내용을 요약적으로 정리하면 다음과 같다.

(1) 교육내용

- 지식 패키지로서의 적절성(Knowledge package appropriateness): 유아의 발달 특성을 고려한 학습 객체(Learning object)들로 구성되어 있는가?
- 학습 제공(Learning provision): 발견 학습, 창의적 사고와 문제해결, 유아에게 친숙한 맥락, 상황 연계를 통해 학습이 일어나도록 하였는가?
- 수준별 맞춤화(Leveling): 다양한 난이도로 레벨이 분류되어 유아의 단계별로 맞춤화된 선택을 할 수 있는가?
- 동기유발(Motivation-Engagement): 학습을 촉진하기 위한 장치가 있어 유아가 유의미한 학습에 몰입할 수 있는가?
- 에러 수정 및 피드백 제공(Error correction and feedback provision): 유아의 학습 과정에서 발생하는 실수를 수정하도록 적절한 피드백을 제공하는가?
- 학습 과정 모니터링 공유(Progress Monitoring/Sharing): 유아의 활동 진척을 기록, 분석, 확인할 수 있는가?
- 고정관념이나 편견 지양(Bias free): 성별, 인종, 문화적 고정관념으로부터 자유로운가?

(2) 학습 설계

- 그래픽(Graphics): 프로그램에 포함된 이미지 상태가 좋고 매력적인 그래픽인가?
- 사운드(Sound): 사운드의 질이 훌륭하고 학습의 경향을 향상시키는가?
- 레이아웃(Layout): 구성 요소가 시각적이고 사용하기 편한가?
- 메뉴 디자인(App/Menu design): 적절한 메뉴 설계로 앱이 잘 작동하는가?

(3) 기능

- 유아 친숙성(Child friendly): 기능이 유아에게 쉽게 이해되고 사용하기 쉬운가?
- 자율성(Child autonomy): 유아가 앱을 성인의 도움 없이 사용할 수 있는가?
- 학습안내 제공(Instructions): 학습의 안내가 간단하고 쉬운가?

- 구성 요소의 배열(Configuration ability/personalization): 모든 앱의 구성 요소가 잘 배치되어 있는가?
- 성능 및 신뢰성(Performance and Reliability): 로딩과 작동이 빠르며 기술적 이슈 없이 안정적으로 운영되는가?
- 광고 배제 및 전자결재(Electronic Transactions/Advertisements): 광고가 없고 콘텐츠 구매를 위한 결재가 부모 관리 섹션에 있어서 유아가 전자결재 화면에 노출되지 않은가?
- 사회적 상호작용(Social Interaction): 유아가 원하는 경우 화상으로 면대면 사회적 상호작용이 가능한가?

셋째, 이 도구에 기반하여 연구자들이 실제 존재하는 교육용 멀티미디어 애플리케이션들을 평가해 보았다. 평가를 위한 사례 선정을 위해 구글 스토어(Play Google)를 통한 유아 대상의 애플리케이션을 검토하였는데, 대부분의 콘텐츠가 카드 매칭이나 직소 퍼즐 형식의 에듀테인먼트(edutainment) 포멧으로 드릴과 연습(drill-practice)에 해당하는 저차 수준의 사고력(low level-thinking skills)을 요하거나, 간단한 알파벳 학습에 초점을 이루고 있었다. 상호작용 콘텐츠들이 대부분 반복적인 게임 형식의 닫힌 콘텐츠(closed contents)[2]라는 점도 문제점으로 지적된다(Papadakis, Kalogiannakis, & Zaranis, 2018).

2) 닫힌(closed) 놀이 및 학습에 반하여 유아교육 연구자들은 개방형(open) 놀이 및 학습을 강조하였다. 즉, 블록, 점토, 미술재료, 집짓기 재료, 모래, 물 같은 재료들은 아이의 창의적 놀이감각을 발달시키고, 개방형 놀잇감을 갖고 놀 때 아이들 뇌의 각 부분이 연결, 활성화되며, 튼튼해진다는 점이 뇌과학으로 증명된 바 있다(Strauss, 2012).

3) 유아 대상 멀티미디어 선정 및 활용 시 유의사항

파파다키스 등(Papadakis et al., 2017)의 REVEAC 루브릭을 바탕으로 국내에 보급된 다양한 유아 대상의 교육용 멀티미디어 콘텐츠 및 애플리케이션이 평가된 바는 없지만, 국내의 경우 손영민과 임정훈(2014)도 유아교육용 모바일 애플리케이션에 대한 사용자 경험 평가 도구를 제시한 바 있다. 이들은 멀티미디어의 활용이 부모나 교사, 또래와 함께 이루어졌을 때, 앞서 논의한 과몰입이나 중독과 같은 부작용을 피할 수 있다고 주장한다. 즉, 교사 및 부모가 유아들과 어떻게 디지털 매체 및 멀티미디어 콘텐츠를 활용하는가가 중요하다는 것이다. 만약 문제가 있다면 그것은 매체 자체가 아니라 '방법'이 문제인 것이다.

교육 프로그램 개발자들이 교육용 멀티미디어 콘텐츠 및 애플리케이션 평가 도구를 통해 '잘 설계된 콘텐츠'가 유아들에게 제공될 수 있도록 노력해야 하는 한편, 유아교사는 체제적인 교수설계 모형에 기반하여 멀티미디어 활용 교육을 준비해야 할 것이다. 국가 수준의 교육과정인 누리과정이 제시하는 교육목표를 확인하고 목표달성에 필요한 여러 가지 교수설계 전략을 우선 고려해야 한다. 유아교육기관에서 대집단 활동 시 산만한 유아들의 주의력을 한 곳에 머무르게 하기 위한 목적으로 멀티미디어 콘텐츠를 장시간 제공하는 것은 바람직하지 않은 활동일 것이다. 한편 유아교육기관은 유아가 가정에서도 무분별하게 검증되지 않은 유아용 멀티미디어 콘텐츠에 방치 되지 않도록 가이드해야 할 필요가 있을 것이다. 나아가 앞서 논의한 유아 '멀티미디어'의 순기능을 효과적으로 누리기 위해서는 역기능에 해당하는 과몰입이나 중독을 방지하기 위한 전략이 필요하다. 관련하여 팰러디노(2015)는 다음과 같이 3R 전략을 제시하고 있는 데 유아의 '자발주의' 향상에 적용해 볼 수 있을 것이다.

첫째, 신체를 움직이게 하자(Running). 유아가 신체활동에 대한 즐거움을 느끼게 함으로써 디지털 매체에 과몰입되는 것을 방지하자는 것이다. 유아교육기관에서는 유아의 신체활동과 인지활동의 균형을 잡고, 유아가 좋아하는 신체활동은 유아가 디지털 기기에 빠지는 유혹을 물리치는 데 효과적이다.

둘째, 성찰(Reflection)하게 하자. [그림 14-3]의 멀티미디어 교육에서 학습내용이 처리되는 과정을 다시 보면, 외부 자극이 작업기억을 거쳐 장기기억장치로 들어오는 데에는 시간이 걸린다. 그런데 멀티미디어의 기억은 지속적으로 새로운 자극이 들어오기 때문에 짧은 시간 안에 매우 많은 양의 정보를 매우 빠른 속도로 접하게 되어서, 여기에서 벗어날 경우 세상이 매우 느리게 돌아가고 지루하다고 느낀다. 이때 지루함을 당장 해소하게 할 것이 아니라 지루함을 평소에 견디도록 해 보고 그 안에 숨겨진 보석을 발견하게 하도록 하는 것이다. 유아가 스스로 이를 대처하는 방법을 찾도록 하고, 유아가 접한 멀티미디어 학습의 내용에 대해 이야기를 나누어 보거나 이와 연계하여 연령에 맞는 연계활동을 해 보는 것이다.

셋째, 스크린 타임을 다시 생각하자(Rethinking Screen time). 스크린 타임은 유아가 디지털 전자/스마트 기기 화면을 보는 시간을 말한다. 이는 보다 세분화시키면 스마트 기기의 이용 시간을 제한하는 방법, 이용 시간대를 제안하는 방법, 이용 프로그램을 제한하는 방법, 이용 장소를 제안하는 방법 등으로 나눌 수 있다. 유아가 스마트 기기를 계속 보도록 방치하는 것만큼이나 스마트 기기를 갑작스럽게 뺏는 등 일방적으로 규칙을 강요하는 것도 좋지 않다. 유아와 함께 디지털 생활 규칙을 정하고 이를 지켰을 때 허용하는 방식이 바람직하다.

이와 같은 멀티미디어 '중재 역할'은 멀티미디어 교육을 통해 여러 가지 긍정적 효과, 예컨대, 손과 눈의 협응력, 조작 능력, 공간이해력, 상상력, 창의적 사고, 언어발달, 수학적 능력, 사회적 기술, 자존감 증진, 또래와의 상호작용(한국정보화진흥원, 2010)을 기대할 수 있을 것이다.

주요 용어

멀티미디어, 과몰입, 중독, 멀티미디어 콘텐츠, 교육용 애플리케이션, 평가, 자발주의, 비자발주의

생각해 볼 문제

1. 유아교육기관에서 '교사는 멀티미디어 콘텐츠를 적극적으로 활용해야 한다'라는 입장과 '가급적 멀티미디어 콘텐츠에 대한 노출을 줄여야 한다'는 입장으로 나누어 토론해 보자.
2. 유아가 스마트 기기를 통해 접하는 자극적 멀티미디어 콘텐츠로 인한 과몰입과 중독을 예방하기 위해 교사로서 어떠한 지도를 하는 것이 좋은지 논의해 보자.

참고문헌

강명희, 정재삼, 조일현, 이정민, 임규연, 소효정(2017). **교육방법 및 교육공학(3판)**. 경기: 교육과학사.

강은진, 김소연, 박성연, 변윤희, 심향분(2013). **영유아 프로그램 개발과 평가**. 경기: 공동체.

강이철, 김회수, 엄우용, 최현종, 김성욱, 박혜진(2007). **유비쿼터스 기반의 학교모델 개발 연구**. 서울: 한국교육학술정보원.

강진아, 오덕성(2000). 학교시설의 복합화 성향에 관한 연구. **교육시설, 7**(4), 5-16.

계보경(2011). **학습과 사회의 소통공간으로서의 미래학교. ESD 콜로키엄 자료집**. 서울: 유네스코한국위원회.

계보경, 김영수(2008). 증강현실 기반 학습에서 매체특성, 현존감, 학습몰입, 학습효과의 관계 규명. **교육공학연구, 24**(4), 193-224.

계보경, 김정현, 류지현(2006). **증강현실의 교육적 이해**. 서울: 한국교육학술정보원.

계보경, 김현진, 서희전, 이은환, 정종원(2010). **미래학교 체제 도입을 위한 Future School 2030 연구**. 서울: 한국교육학술정보원.

계보경, 소효정, 이지향(2016). **IT 융합 신기술의 교육적 활용 방안 연구(II): 가상현실과 3D 프린팅 활용이 사용자 경험에 미치는 영향을 중심으로**. 서울: 한국교육학술정보원.

곽노의(1985). **유아교육개론**. 서울: 교문사.

곽향림(2002). 구성주의 관점에서 본 유아의 개념변화를 위한 과학교수방법. **유아교육학논집, 6**(1), 87-109.

교육과학기술부(2009). **유치원 교육과정 해설서**. 서울: 교육과학기술부.

교육과학기술부(2011). **인재대국으로 가는 길: 스마트교육 추진전략 실행계획(안)**.

교육과학기술부(2012a). **5세 누리과정 교사용 지도서 6권 생활도구**.

교육과학기술부(2012b). **5세 누리과정 해설서**.

교육과학기술부, 보건복지부(2012). **3~5세 누리과정 해설서**.

교육부(2019). 2019 개정 누리과정(안) 공청회 발표자료집(2019-05-17). 서울: 교육부.

교육인적자원부(2004). 인적자원개발 혁신을 위한 유비쿼터스 학습체제 구축방안.

권건일(1996). **교과교육과 실기교육방법의 이해**. 서울: 문음사.

권성호(2011). **교육공학의 탐구(3판)**. 경기: 양서원.

권옥자, 유혜숙, 배인자, 윤애희, 정은주, 박정민(2012). **유아를 위한 교수공학과 매체(개정판)**. 서울: 형설출판사.

길상효(2013). **하나 둘 셋 넷**. 서울: 그레이트키즈.

김경현, 손충기, 정미경, 백제은, 김진숙, 장시준, 류은영, 김영애(2009). **교구로봇활용수업의 효과분석 연구**. 서울: 한국교육학술정보원.

김미량, 조혜경, 이석원, 한정혜, 한광현, 신승용, 최미애, 지상훈, 김소미(2008). **창의성 증진을 위한 로봇 활용 교육방안 연구**. 서울: 한국교육학술정보원.

김서희, 황성온(2017). 유아의 스마트미디어 몰입경향성과 친사회적 행동의 관계에서 자기조절력 매개효과. *Family and Environment Research, 55*(1), 1-12.

김신자(2000). **효과적 교수 설계 및 교수 방법**. 서울: 문음사.

김신자, 이인숙, 양영선(2000). **교육공학의 이론과 실제**. 서울: 문음사.

김애자(2007). CIPP 평가모형에 의한 전래동요 프로그램 평가준거 개발과 유아교육기관에 적용방안. 계명대학교 대학원 박사학위논문.

김영수(1987). **교육공학입문**. 서울: 형설출판사.

김영수(1998). 교수설계. 서울대학교 교육연구소(편). **교육학대백과사전**. 서울: 하우동설.

김영수, 강명희, 정재삼(1997). **21세기를 향한 교육공학의 이론과 실제**. 서울: 교육과학사.

김영수, 양영선(1994). **교육공학연구: 이론과 동향**. 서울: 교육과학사.

김영애, 권영진, 강성현, 김성훈, 박종현, 손영준, 안성훈, 이원희, 이철형, 임걸, 임상헌, 최경철, 최효재(2017). **3D프린터 학교 현장 활용 수업 모델 개발**. 서울: 한국교육학술정보원.

김은심, 문용은, 유향선, 전선영(2010). **유아교사를 위한 교수매체의 이론과 실제(개정판)**. 서울: 창지사.

나일주(1995). 교수매체연구의 현대적 과제: 교수매체의 효과성 논쟁을 중심으로. **교육공학연구**, 11(1), 47-71.

나일주(2010). **교육공학 관련 이론**. 경기: 교육과학사.

남경희(2018). 어머니의 양육행동과 미디어 중재역할이 유아의 스마트폰 과몰입에 미치는 영향. **육아지원연구**, 13(1), 117-137.

노혜란, 박선희, 최미나(2010). **교육방법 및 교육공학**. 경기: 교육과학사.

류지헌, 김민정, 김소영, 김혜원, 손찬희, 이영민, 임걸(2013). **교육방법 및 교육공학**. 서울: 학지사.

문선모(2007). **학습이론**. 경기: 양서원.

박길순, 김덕건(2002). 유아교육기관에서의 LT 협동학습 모형 적용(I)-대인문제해결사고를 중심으로. **열린유아교육연구**, 7(2), 185-206.

박미옥(2012). 유아평가의 실태와 교사의 인식과의 관계 연구. 가천대학교 대학원 미간행 석사학위논문.

박성익, 임철일, 이재경, 최정임(2007). **교육방법의 교육공학적 이해(제3판)**. 서울: 교육과학사.

박성익, 임철일, 이재경, 최정임, 임정훈, 정현미, 송해덕, 장수정, 장경원, 이지연, 이지은(2012). **교육공학의 원리와 적용**. 경기: 교육과학사.

박숙희, 염명숙(2013). **교수-학습과 교육공학(3판)**. 서울: 학지사.

박은혜, 김수연, 김희진, 김희태, 박정선, 이대균, 이희경, 조부경, 조형숙, 황해익, 김미석, 김은영(2010). **유아교육선진화 기반조성사업 5. 유치원 교원 양성 및 임용체제 개선 방안**. 서울: 육아정책연구소(미간행).

박준승(2007). 학교건축의 친환경 계획 적용방안. **교육시설**, 14(1), 114-121.

변영계(2005). **교수 · 학습 이론의 이해(개정판)**. 서울: 학지사.

변영계, 김영환, 손미(2007). **교육방법 및 교육공학**. 서울: 교육과학사.

서미옥(2015). **잘 가르치기 위한 교육방법 및 교육공학**. 경기: 공동체.

서울특별시교육청 유아교육과(2017). **유치원 교육과정 및 유아 평가**. 홈페이지 탑재 자료 참조.

설샛별, 이혜원, 이경숙, 김명식(2017). 영유아 영상물 과다노출이 영유아의 일반 발달과 정서 사회행동에 미치는 영향. **영유아아동정신건강연구**, 10(1), 45-58.

손영민, 임정훈(2014). 유아교육용 모바일 애플리케이션 UX 평가표 개발에 관한 연구. *Journal of Integrated Design Research, 13*(3), 63-72.

신명희, 강서원, 김은경, 김정민, 노원경, 서은희, 송수지, 원영실, 임호용(2010). **교육심리학**. 서울: 학지사.

심성경, 김경의, 변길희, 김나림, 최대훈, 박주희(2007). **영유아를 위한 교수매체의 이론과 실제**. 서울: 학지사.

안미리(2000). 컴퓨터교육방법론. 이옥화 외(편). **컴퓨터교육의 이해**(pp. 72-99). 서울: 영진.com.

오미영, 정인숙(2005). **커뮤니케이션 핵심이론**. 서울: 커뮤니케이션북스.

오택섭, 강현두, 최정호(2005). **미디어와 정보사회**. 경기: 나남.

우수경, 김현자, 신선희, 유영의, 김호, 김현정(2019). **유아교육개론(2판)**. 서울: 학지사.

유구종, 강병재, 박선희(2013). **영 · 유아교육에서의 교육방법 및 교육공학**. 서울: 창지사.

유안진(1993). **아동양육**. 서울: 문음사.

유혜령, 강은희, 박지영(2009). **유아 교수공학과 교수학습 방법(개정)**. 서울: 창지사.

이경우(1995). **유아를 위한 컴퓨터 활동의 접근방향**. 서울: 창지사.

이기숙(2000). **유아교육과정(개정판)**. 서울: 교문사.

이상훈, 김요한(2013). **커뮤니케이션의 이해와 활용**. 서울: 삼인.

이성호(1999). **교수방법론**. 서울: 학지사.

이성흠, 이준(2009). **교육방법 및 교육공학(제2판)**. 서울: 교육과학사.

이성흠, 이준(2010). **교육방법 및 교육공학-의사소통, 교수설계 그리고 매체활용**. 경기: 교육과학사.

이숙재(2004). **유아를 위한 놀이의 이론과 실제**. 서울: 창지사.

이승훈, 최형신, 정우영, 김재옥, 계보경(2012). **21세기 학습자 역량 강화를 위한 교구로봇 활용 교수 · 학습 프로그램 개발 연구**. 서울: 한국교육학술정보원.

이연섭(1984). 유아교육론. 서울: 정민사.

이영자, 신동주(2012). 유아교육기관 운영관리. 서울: 창지사.

이영준, 김경, 유헌창, 임웅, 계보경, 고범석(2007). 로봇의 교육적 활용 방안 및 적정 기능 연구. 서울: 한국교육학술정보원.

이인숙(2004). 유비쿼터스 학습으로의 패러다임 이동. 서울: 커뮤니케이션북스.

이인숙, 송기상, 이영민(2006). 모바일 학습의 탐구. 서울: 문음사.

이인숙, 한승연, 임병로(2010). 교육공학 · 교육방법. 서울: 문음사.

이종향(2014). 탐구학습을 적용한 경제교육활동이 유아의 경제개념과 공동체의식에 미치는 영향. 열린유아교육연구, 19(4), 383-400.

이혜영, 강영혜, 박재윤, 나병현, 김민조(2008). 미래 학교 모형 탐색 연구. 서울: 한국교육개발원.

이화여자대학교 교육공학과(1996). 교육공학과 교육방법. 서울: 교육과학사.

이화여자대학교 교육공학과(2001). 21세기 교육공학과 교육방법. 서울: 교육과학사.

이화여자대학교 교육공학과(2004). 교육공학. 서울: 교육과학사.

임규연, 허희옥, 김영수(2009). 온라인 팀 프로젝트에서 팀 리더의 상호작용 패턴 분석. 교육정보미디어연구, 15(4), 295-317.

장보경, 이연규(2009). 유아의 연령과 성별에 따른 언어발달과 사회정서 발달의 차이. Montessori 교육연구, 14(2), 61-77.

장상현(2011). 교육 3.0과 스마트러닝. 교육정보화 수요포럼 자료집. 서울: 한국교육학술정보원.

정선아, 조대연(2013). 유아교사의 직무역량 요구 분석. 유아교육연구, 33(1), 299-321.

정순례, 이병임, 조현주, 오대연(2013). 학습이론의 이해와 적용. 서울: 학지사.

정연희(2011). 유아 교과교재 및 연구법. 서울: 창지사.

정옥분, 권민균, 김경은, 김미진, 노성향, 박연정, 엄세진, 윤정진, 임정하, 정순화, 황현주(2016). 보육과정(3판). 서울: 학지사.

정인성(1999). 원격교육의 이해. 서울: 교육과학사.

조미헌, 허희옥, 강의성, 류숙희, 김용대, 서정희(2013). 형식 교육과 비형식 학습 경험을 통합한 스마트프로젝트학습 활동 개발 및 적용. 한국정보교육학회 논문지, 17(3), 1-14.

조연순(2006). 문제중심학습의 이론과 실제: 문제로 시작하는 수업. 서울: 학지사.

조형숙, 박은주, 강현경, 김태인, 배정호(2013). 유아발달. 서울: 학지사.

주영주, 최성희(2005). 교수매체의 제작과 활용. 서울: 남두도서.

진위교, 장이철(1998). 학교 · 기업교육을 위한 멀티미디어 설계의 원리와 기법. 서울: 문음사.

최연철, 신설아(2013). 사진면접을 통해 유아의 일상에 다가가기. 열린유아교육연구, 18(2), 129-152.

최정임, 장경원(2015). PBL로 수업하기(2판). 서울: 학지사.

최형신, 유미리(2015). 3D 프린팅의 교육적 활용 방안연구: 창의적 디자인 모델 기반 수업. 정보교육학회논문지, 19(2), 167-174.

하수연, 박원혁(2017). 유아교사를 위한 교육방법 및 교육공학. 서울: 동문사.

한국교육공학회(2005). 교육공학용어사전. 서울: 교육과학사.

한국교육평가학회(2004). 교육평가용어사전. 서울: 학지사.

한국정보통신기술협회(2003). 컴퓨터 인터넷 정보통신 용어사전(제4판). 서울: 두산동아.

한국정보화진흥원(2010). 취학 전 아동 인터넷 중독 상담치료 프로그램 개발 연구. 서울: 한국정보문화진흥원.

한임순(1995). 새유아교육개론. 서울: 동문사.

한정선, 김영수, 주영주, 강명희, 정재삼, 박성희(2008). 미래사회를 위한 교육방법 및 교육공학. 서울: 교육과학사.

한정선, 김영수, 주영주, 강명희, 조일현, 이정민(2011). 21세기 교사를 위한 교육방법 및 교육공학(2판). 경기: 교육과학사.

한정선, 이경우, 임은미(1999). 유아를 위한 온라인 멀티미디어 컨텐트의 설계 전략. 유아교육연구, 19(1), 79-94.

한홍진(2010). 미래학교의 5가지 기반. 서울: 두남.

허희옥, 김미량, 조미헌, 이옥화, 김민경(2008). 정보교육방법 탐구(제3판). 경기: 교육과학사.

허희옥, 안미리, 김미량, 김민경, 조미헌, 이옥화(2003). 컴퓨터교육방법탐구. 서울: 교육과학사.

홍기칠(2012). 교육방법 및 교육공학. 경기: 공동체.

홍혜경(2008). 유아 컴퓨터교육. 서울: 학지사.

황해익(2009). 유아교육평가의 이해. 서울: 정민사.

황해익, 강민정, 강신영, 조준오(2015). 유아교육과 멀티미디어. 경기: 양서원.

미즈코시 도시유키, 구보타 겐이치(2009). ICT 교육의 디자인(김영수 역). 서울: 교육과학사.

사사키 도시나오(2010). 전자책의 충격: 책은 어떻게 붕괴하고 어떻게 부활할 것인가(한석주 역). 서울: 커뮤니케이션북스.

Agbenyega, J. S. (2009). The Australian Early Development Index, who does it measure: Piaget or Vygotsky's child? *Australasian Journal of Early Childhood, 34*(2), 31-38.

Anderson, D., Frankel, J., Marks, J., Agarwala, A., Beardsley, P., Hodgins, J., Leigh, D., Ryall, K., Sullivan, E., & Yedidia, J. (2000). *Tangible interaction + graphical interpretation: a new approach to 3D modelling*. SIGGRAPH 2000, 27th International Conference on Computer Graphics and Interactive Techniques, New Orleans, LA, 393-402.

Ausubel, D. P. (1963). *The psychology of meaningful verb learning*. New York: Grune.

Azuma, R. T. (1997). *A survey of augmented reality. In Presence: Teleoperators and Virtual Environment, 6*(4), 355-385.

Bandura, A. (1982). Self-efficacy mechanism in human agency. *American Psychologist, 33*, 344-358.

Bandura, A. (1989). Self-regulation of motivation and action through internal standards and goal systems. In A. Pervin (Ed.), *Goal Concepts in Personality and Social Psychology* (pp. 19-85). Hillsdale, NJ: Lawrence Erlbaum Associates.

Bandura, A., & Cervone, D. (1986). Differential engagement of self-reactive influences in cognitive motivation. *Organizational Behavior and Human Decision Processes, 38*, 92-113.

Barron, B. J. S., Schwartz, D. L., Vye, N. J., Moore, A., Petrosino, A., & Zech, L. (1998). Doing with understanding: Lessons from research on problem-and project-based learning. *The Journal of the Learning Sciences, 7*, 271-311.

Barrows, H. S. (1985). *How to design a problem-based curriculum for the preclinical years*. New York: Springer.

Berlo, D. K. (1960). *The process of communication: An introduction to theory and practice*. New York : Holt, Rinehart and Winston.

Bers, M. U. (2010). The Tangible Robotics Program: Applied Computational Thinking for Young Children. *Early Childhood Research & Practice, 12*(2), 1-19.

Billinghurst, M. (2002). *Shared space: explorations in collaborative augmented reality.* Unpublished doctorial dissertation, University of Washington, Washington.

Billinghurst, M. (2003). Augmented reality in education. *New Horizons for Learning Online Journal.* http://www.newhorizons.org/strategies/technology/billinghurst.htm. (2014. 4. 6.)

Bloom, E. (1956). *Taxonomy of Educational Objectives, Handbook I: Cognitive Domain.* NY: Mckay.

Blumenfeld, P. C., Soloway, E., Marx, R. W., Krajcik, J. S., Guzdial, M., & Palincsar, A. (1991). Motivating project-based learning: Sustaining the doing, supporting the learning. *Educational Psychologist, 26*(3-4), 369-398.

Bolter, J. D., & Grusin, R. (2006). **재매개: 뉴미디어의 계보학**(이재현 역). 서울: 커뮤니케이션북스.

Borgh, K., & Dickson, W. P. (1986). Two preschoolers sharing one computer. In Campbell, P., & Fein, G. (Eds.), *Young children and Microcomputers.* Englewood Cliffs, NJ: Prentice-Hall, Inc.

Borich, G. D. (2011). *Effective teaching methods: research-based practice* (7th ed.). Pearson Education, INC, Allyn & Bacon; 박승배 외 역(2011). **효과적인 교수법**. 서울: 아카데미프레스.

Bowman, B. (1988). *Computers & Young Children.* Washington, D.C.: NAECY.

Briggs, L. J. (1977). *Instructional design: Principles and applications*. Englewoord Cliffs, NJ: Educational Technology Publications.

Briggs, L. J., Gustafson, K. L., & Tillman, M. H. (1991). *Instructional Design: Principles and application* (2nd ed.). Englewood Cliffs, New Jersey: Educational Technology Publication.

Brown, A. (2015). 3D Printing in instructional settings: Identifying a curricular hierarchy of activities. *TechTrends, 59*(5), 16-24.

Bruner, J. S. (1960). *The Process of Education*. Cambridge, Mass: Harvard University Press.

Bruner, J. S. (1996). *Toward a Theory of Instruction*. New York: W. W. Norton.

Buckley, F. J. (2000). *Team Teaching: What, why, and how?* Thousand Oaks, CA: Sage Publications, Inc.

Chute, A. G. (1987). Instructional Design for teletraining. Paper present at the International Teleconferencing Association Annual Meeting, June, Washington, D.C.

Clark, R. E. (1994a). Media never influence learning. *Educational Technology Research & Development, 42*(2), 21-30.

Clark, R. E. (1994b). Media and method. *Educational Technology Research & Development, 42*(3), 7-10.

Clements, D. H. (1987). Computers and young children: A review of research. *Young Children, 43*(1), 33-34.

Clements, D., Nastasi, B., & Swaminathan, S. (1993). Young children and computers: Crossroads and directions from research. *Young Children, 48,* 56-64.

Commission on Instructional Technology (1970). *To improve learning: A report to the President and the Congress of the United States*. Washington, DC: U. S. Government Printing Office.

Cruickshank, D. R., Bainer, D., & Metcalf, K. (1995). *The act of teaching.* NY: McGraw-Hill, Inc.

Cuban, L. (1997). **교사와 기계: 1920년대 이래교실에서의 기계이용**(박승배 역). 서울: 양서원.

Dale, E. (1946). *Audiovisual methods in teaching.* NY: Holt, Reinhart and Winston.

Dale, E. (1969). *Audiovisual methods in teaching* (3rd ed.). NY: Holt, Reinhart and Winston.

Dale, E. (1996). The cone of experience. In D. P. Ely, & T. Plomp (Eds.), *Classic writings on instructional technology* (pp. 169-180). Englewood, CO: Libraries Unlimited, Inc.

Davidson, J. I. (1989). *Children and Computers Together in Early Childhood Classroom.* NY: Delmar.

Decker, C. A., & Decker, J. R. (2005). *Planning and administering early childhood programs* (8th ed.). Columbus, OH: Charles. E. Merrill Publishing Co.

Dewey, J. (1900). Psychology and school practice. *Psychological Review, 7*, 105-124.

Dick, W., & Carey, L. (1996). *The systematic design of instruction* (4th ed.). New York: Harper Collins.

Dick, W., Carey, L., & Carey, J. O. (2011). *The systematic design of instruction* (7th ed.). New York: Pearson.

Duffy, T. M., & Bedner, A. K. (1991). Attempting to come to grips with alternative perspectives. In T. M. Duffy & D. H. Jonassen (Eds.), *Constructivism and the technology of instruction: A conversation*. Hillsdale, NL: Lawrence Erlbaum.

Donovan, M. S., & Bransford, J. D. (2005). Introduction. In M. S. Donovan & J. D. Bransford (Eds.), *How students learn: Mathematics in the classroom*. Washington, DC: National Academies Press.

Duffy, T. M., & Jonassen, D. H. (1991). Constructivism: New implications for instructional technology. *Educational Technology, 31*(5), 7-12.

Dwyer, F. M. (1978). *Strategies for improving visual learning*. State College. PA: Learning Services.

Eggen, P. D., & Kauchak, D. P. (2001). *Strategies for teachers: Teaching contents and thinking skills* (4th ed.). Boston: Allyn and Bacon.

Ellington, H. (1987). A Guide to the Use of the Overhead Projector. *Teaching and Learning in Higher Education, 14*, https://eric.ed.gov/?q=overhead+projector+guide+%26+henry&id=ED289497 인출.

Emerson, M. J., & Miyake, A. (2003). The role of inner speech in task switching: A dual-task investigation. *Journal of Memory and Language, 48*, 148-168.

Ender, S. C., & Newton, F. B. (2000). *Students helping students*. San Francisco, CA: Jossey-Bass, Inc.

ETRI & KERIS (2008). **증강현실 기반 체험형 학습 콘텐츠 개발**. 서울: 한국교육학술정보원.

Fogarty, R. (1997). *Problem-based learning and other curriculum models for the multiple intelligences classroom*. Arlington Heights, Illinois: Training and Publishing, Inc.

Gagné, R. M., & Briggs, L. J. (1979). *Principles of instructional design* (2nd ed.). New York: Holt, Rinehart & Winston.

Gagné, R. M., Briggs, L. J., & Wgaer, W. (1994). *Principles of instructional design* (4th ed.). NY: Holt, Rinehart, and Winston.

Gardner, H. (2006). *Multiple intelligences: New horizons*. NY: Basic Books.

Gronlund, N. E. (1985). *Measurement and evaluation in teaching* (5th ed.). NY: MacMillan.

Hannafin, M. J. & Hill, J. R. (2007). Epistemology and the design of learning environments. In R. A. Resisier & J. V. Dempsey (Eds.), *Trends and Issues in Instructional Design and Technology*. Upper Saddle River, NJ: Pearson Education.

Harrow, A. (1972). *A Taxonomy of Psychomotor Domain: A Guide for Developing Behavioral Objectives*. NY: David McKay.

Heinich, R., Molenda, M., Russell, J., & Smaldino, S. (2002). *Instructional Media and the new technologies for learning*. Upper Saddle River, NJ: Pearson.

Heo, H. (2000). Theoretical underpinnings for structuring the classroom as self-regulated learning environment. *Educational Technology International, 2*(1), 31-52.

Hoban, C. F., Hoban, F. H., & Zisman, S. B. (1937). *Visualizing the curriculum*. NY: The Cordon.

Horton, W. (2006). *E-Learning by design*. San Francisco, CA: Pfeiffer. http://www.ncpublicschools.org/acre/standards/new-standards/#it

International Society for Technology in Education (2000). *National Educational Technology Standards for Students*. Eugene, OR: iste.

Ishii, H., & Ullmer, B. (1997). Tangible bits: Towards seamless interfaces between people, bits and atoms, Conference on Human Factors in Computing Systems CHI 1997, ACM Press, 234-241.

Januszavsky, A. & Molena, M. (2008). *Educational technology: A definition with commentary*. New York: Lawrence Erlbaum Associates.

Januszewski, A., & Molenda, M. (2009). **교육공학: 정의와 논평**(한정선, 김영수, 강명희, 정재삼 공역). 서울: 교육과학사.

Johnson, J. (2001). **놀이와 유아교육**(신은수 외 공역). 서울: 학지사.

Joint Information Systems Committee (2006). *Designing Spaces for Effective Learning: A guide to 21st century learning spaces design*. Retrieved from http://www.jisc.ac.uk/media/documents/publications/learningspaces.pdf

Jonassen, D. H. (1998). Designing Construcvist Learning Environments. In C. M. Reigeluth (Ed.), *Instructional theories and models* (2nd ed.). Mahwah, NJ: Lawrence Erlbaum.

Jonassen, D. H. (1999). Designing constructivist learning environment. In C. Reigeluth (Ed.), *Instructional design theories and models: A new paradigm of instructional theory*. Mahwah, NJ: Lawrence Erlbaum Associates, Publishers. Vol. II.

Jonassen, D. H., & Grabowski, B. I. (1993). *Handbook of Individual Differences: Earning and Instruction*. Hillsdale, NJ: Lawrence Erlbaum Associates, Inc.

Joyce, B., & Weil, M. (1992). *Models of teaching* (4th ed.). Needham Heights, MS: Simon & Schuster, Inc.

Joyce, B., Weil, M., & Calhoun, E. (2015). *Models of teaching* (9th ed.). Boston, MA: Pearson Education.

Kaden, M. (1990). Issues on computers and early childhood education. In C. Seefeldt (Ed.), *Counting Issues in Early Childhood Education*. Columbus: Merrill, 261-275.

Kang, M., Heo, H., Jo, I., Shin, J., & Seo, J. (2010). Developing an Educational Performance Indicator for New Millennium Learners. *Journal of Research on Technology in Education, 43*(2), 157-170.

Kearsely, G. (2000). *Online education: Learning and teaching in cyberspace*. Bermont, CA: Wadsworth.

Keller, J. M. (1979). Motivational and instructional design: A theoretical perspective. *Journal of Instructional Development, 2*(4), 26-34.

Keller, J. M. (1983). Motivational and instructional design. In C. M. Reigeluth (Ed.), *Instructional design theories and models: An overview of theory current status*.

Hilsdale, NJ: Lawrence Erlbaum Associates, Publishers.

Keller, J., & Suzuki, K. (1988). Use of the ARCS motivation model in courseware design. In D. Jonassen (Ed.), *Instructional Design for microcomputer course*. Hillsdale, NJ: Erlbaum.

Kilbane, C. R., & Milman, N. B. (2014). *Teaching Models: Designing Instruction for 21st Century Learners*. New Jersey: Pearson.

Kirkpatrick, D. (1994). *Program evaluation: 4 levels*. San Francisco: Berret-Koehler.

Kozma, R. B. (1994a). Will media influence learning? Reframing the debat. *Educational Technology Research & Development, 42*(2), 7-20.

Kozma, R. B. (1994b). A reply: Media and methods. *Educational Technology Research & Development, 42*(3), 11-14.

Krajcik, J. S., Blumenfeld, P. C., Marx, R. W., Bass, K. M., Fredricks, J., & Soloway, E. (1998). Inquiry in project-based science classrooms: Initial attempts by middle school students. *The Journal of Learning Sciences, 7*(3-4), 313350.

Krajcik, J. S., Czerniak, C., & Berger, C. (1999). *Teaching science: A project-based approach*. NY: McGraw-Hill College.

Krathwohl, D. R., Bloom, B. S., & Masia, B. B. (1973). *Taxonomy of Educational Objectives, the Classification of Educational Goals*. Handbook II: Affective Domain. NY: David McKay Co., Inc.

Kye, B. K. (2011). Future School as a Communication between Learning and Society. *New Approaches to new futures: Selected Paper from the 2011 ESD Colloquium Series*. Seoul: Korean National Commission for UNESCO.

Lipinski, J., Nida, R., Shade, D., & Watson, A. (1986). The effects of microcomputers on young children: An examination of free-play choice, sex differences, social interactions. *Journal of educational computing research, 2*, 147-168.

Lohr, L. L. (2008). *Creating graphics for learning and performance: Lessons in visual literacy* (2nd ed.). Upper Saddle River, NJ: Pearson Education; 권성호, 엄우용, 심현애, 박선희, 장상필 역(2010). **학습과 수행 지원을 위한 그래픽 디자인 원리(2판)**. 서울: 아카

데미프레스.

Maguau, T. (Ed.) (1993). Early childhood and school success. *Electronic Learning, 12*(5).

Mayer, R. E. (2012). **멀티미디어학습이론기반의 콘텐츠 설계원리**(김동식, 권숙진, 방선희, 정효정 공역). 서울: 아카데미프레스.

McAfee, O., & Leong, D. J. (2007). *Assessing and guiding young children's development and learning* (4th ed.). Boston, MA: Pearson Education.

McLuhan, M., & Lapham, L. H. (2012). **미디어의 이해: 인간의 확장**(김성기, 이한우 공역). 서울: 민음사.

Merrill, M. D. (1991). Constructivism and Instructional Design. *Educational Technology, 31*(5), 45-53.

Mischel, W. (2014). *The Marshmallow Test: Understanding Self-control and How to Master it*. Random House.

Morrison, G. R., Ross, S. M., Kalman, H. K., & Kamp, J. E. (2011). *Designing effective instruction*. John Wiley & Sons. INC.

OECD (2008). Trend shaping education: 2008 EDITION. Center for Educational Research and Innovation.

OECD (2009). 21st Century Skills and Competences for New Millennium Learners in OECD Countries (EDU Working paper no. 41). Retrieved from http://www.oecd.org/LongAbstract/0,3425,en_2649_33723_4430 3186_1_1_1_1,00.html

Palladino, L. J. (2015). **스마트폰을 이기는 아이: 스마트폰 없이도 잘사는 아이로 키우는 7단계 주의력 훈련**(이재석 역). 경기: 마음친구.

Papadakis, S., Kalogiannakis, M., & Zaranis, N. (2017). Designing and creating an educational app rubric for preschool teachers. *Education and Information Technologies, 22*(6), 3147-3165.

Papadakis, S., Kalogiannakis, M., & Zaranis, N. (2018). Educational apps from the Android Google Play for Greek preschoolers: A systematic review. *Computers & Education, 116*, 139-160.

Piaget, J. (1977). *The development of thought: Equilibrium of cognitive structures*. NY:

Viking Press.

Piaget, J., & Inhelder, B. (1969). *The psychology of the child.* NY: Basic Books. (original work published 1966).

Reigeluth, C. M. (Ed.) (1983). *Instructional design theories and models: An overview of theory current status*. Hilsdale, NJ: Lawrence Erlbaum Associates, Publishers.

Reigeluth, C. M. (Ed.) (1999). *Instructional design theories and models: A new paradigm of instructional design* (Vol. II). Mahwah, NJ: Erlbaum.

Richey, R. C., Klein, J. D., & Tracey, M. W. (2012). **교수설계 지식기반**(정재삼, 임규연, 김영수, 이현우 공역). 서울: 학지사.

Rogers, E. M., & Kincaid, D. H. (1981). *Communication Networks*. NY: Free Press.

Saettler, P. (2004). *The evolution of American educational technology* (2nd ed.). Charlotte, NC: Information Age Publishing.

Salomon, G. (1979). *Interaction of media, cognition and learning.* San Francisco: Jossey-Bass Publishers.

Savery, J. R., & Duffy, T. M. (1996). Problem based learning: An instructional model and its constructivist framework. In B. G. Wilson (Ed.), *Constructivist learning environments: Case studies in instructional design* (pp. 35-48). Englewood Cliffs, NJ: Educational Technology, Pub.

Schramm, W. (1954). Procedures and effects of mass media. In Mass media and education, ed. N. B. Henry, 53rd yearbook of the national Society for the Study of Education. Part 2. Chicago: University of Chicago Press.

Shannon, C. E., & Schramm, W. (1964). *The mathematical theory of communication*. Urbana: The University of Illinois Press.

Shannon, C., & Weaver, W. (1949). *The mathematical theory of communication*. Champaign, IL: University of Illinois Press.

Seels, B. B., & Richey, R. (1994). *Instructional technology: The definition and domains of the field.* Bloomington, IN: Association for Educational Communications and Technology.

Seels, B. B., & Richey, R. C. (1995). **교수공학: 정의와 영역**(김영수, 한정선, 강명희, 정재삼 공역). 서울: 교육과학사.

Shelton, B. E. (2003). *How augmented reality helps students learn dynamic spatial relationships.* Unpublished doctorial dissertation, University of Washington, Washington.

Shelton, B. E., & Hedley, N. (2002). Using augmented reality for teaching earth-sun relationships to undergraduate geography students, Proceeding of First IEEE International Augmented Reality Toolkit Workshop, Darmstadt, Germany.

Simons, P. R. (1993). Constructive learning: The role of learner. In T. Duffy, J. Lowyck, & D. Jonassen (Eds.), *Designing environments for contructive learning* (pp. 291-313). Heidelberg: Springer-Verlag.

Skinner, B, F. (1954). The science of learning and art of teaching. *Harvard Educational Review, 24*(2), 86-97.

Smaldino, S. E., Lowther, D. L., & Russell, J. D. (2007). *Instructional media and technologies for learning* (9th ed.). Upper Saddle River, NJ: Prentice-Hall, Inc.

Smaldino, S. E., Lowther, D. L., & Russell, J. D. (2011). *Instructional media and technologies for learning* (10th ed.). Boston, MA: Pearson Education.

Smaldino, S. E., Russell, J. D., Heinich, R., & Molenda, M. (2005). *Instructional media and technologies for learning* (8th ed.). Upper Saddle River, NJ: Merrill; 설양환, 권혁일, 박인우, 손미, 송상호, 이미자, 최욱, 홍기칠 공역(2005). **교육공학과 교수매체(8판)**. 서울: 아카데미프레스.

Snyder, I. (Ed.). (1998). *Page to Screen: Taking Literacy into the Electronic Era.* London: Routledge.

Solomon, G. (1979). *Interaction of media, cognition and learning.* San Francisco: Jossey-Bass Publishers.

Spodek, B. (1985). *Teaching in the early years* (3rd ed.). New Jersey: Prentice Hall, Inc.

Spodek, B., Sardcho, O. N., & Davis, M. D. (1991). **유아교육학개론**(서울대 아동학 연구실 공역). 서울: 양서원.

Strauss, V. (2012). *Is technology sapping children's creativity?* The Washington Post.

Stufflebeam, D. L. (1971). The relevance of the CIPP evaluation for educational accountability. *Journal of Research and Development in Education, 5*, 19-25.

Taylor, R. P. (Ed.). (1980). *The Computer in School: Tutor, tool, tutee.* NY: Teachers College of Columbia University.

Wagner, T. (2008). *The global achievement gap: Why even our best schools don't teach the new survival skills our children need-and what we can do about it.* NY: Basic Books.

Willis, J. W. (2009). *Constructivist Instructional Design (C-ID): Foundations, Models, and Examples.* NC: Information Age Publishing.

Wood, D. J., Bruner, J. S., & Ross, G. (1976). The role of tutoring in problem solving. *Journal of Child Psychiatry and Psychology, 17*(2), 89-100.

Woolfolk, A. E. (2007). **교육심리학**(김아영, 백화정, 정명숙 공역). 서울: 박학사.

미래학교 http://future.keris.or.kr

찾아보기

인명

내 용

저자 소개

김영희(Kim, Younghee)

이화여자대학교 대학원 석사(교육공학 전공)

이화여자대학교 대학원 박사(교육공학 전공)

노스캐롤라이나 주립대학교 Post-Bac 과정 수료

노스캐롤라이나 체스터부룩 초등학교 Pre-K 교사

현 여주대학교 항공정비과 교수

허희옥(Heo, Heeok)

이화여자대학교 대학원 석사(교육공학 전공)

플로리다 주립대학교 대학원 박사(교육공학 전공)

한국교육개발원 컴퓨터교육연구센터 연구원

현 순천대학교 컴퓨터교육과 교수

계보경(Kye, Bokyung)

이화여자대학교 대학원 석사(교육공학 전공)

이화여자대학교 대학원 박사(교육공학 전공)

한국교육방송원 부설 멀티미디어교육지원센터 연구원

미시간 대학교 HICE 연구소 객원연구원

현 한국교육학술정보원 미래교육기획부 부장

김혜정(Kim, Hyejeong)

이화여자대학교 대학원 석사(교육공학 전공)

이화여자대학교 대학원 박사(교육공학 전공)

성균관대학교 대학교육개발센터 선임연구원

현 가천대학교 유아교육학과 조교수

김민정(Kim, Minjeong)

이화여자대학교 대학원 석사(교육공학 전공)

이화여자대학교 대학원 박사(교육공학 전공)

안산대학교 멀티미디어과 전임강사

현 장안대학교 유아교육과 조교수

이현영(Lee, Hyunyoung)

이화여자대학교 대학원 석사(교육공학 전공)

이화여자대학교 대학원 박사(교육공학 전공)

서울시인재개발원 인재기획과 교수요원

현 인사혁신처 인재정보담당관실 행정사무관

박연정(Park, Yeonjeong)

이화여자대학교 대학원 석사(교육공학 전공)

버지니아 공과대학교 대학원 박사(교육공학 전공)

삼성SDS 멀티캠퍼스 책임컨설턴트

현 호남대학교 유아교육학과 조교수

유아교육에서의 교육방법 및 교육공학

Instructional Method and Technology in Early Childhood Education

2015년 8월 17일 1판 1쇄 발행
2019년 9월 29일 1판 6쇄 발행
2020년 1월 20일 2판 1쇄 발행

지은이 • 김영희 · 허희옥 · 계보경 · 김혜정 · 김민정 · 이현영 · 박연정

펴낸이 • 김진환
펴낸곳 • (주) 학지사
04031 서울특별시 마포구 양화로 15길 20 마인드월드빌딩
대표전화 • 02-330-5114 팩스 • 02-324-2345
등록번호 • 제313-2006-000265호

홈페이지 • http://www.hakjisa.co.kr
페이스북 • https://www.facebook.com/hakjisa

ISBN 978-89-997-1992-9 93370

정가 19,000원

이 도서의 국립중앙도서관 출판시도서목록(CIP)은 서지정보유통지원시스템 홈페이지(http://seoji.nl.go.kr)와 국가자료공동목록시스템(http://www.nl.go.kr/kolisnet)에서 이용하실 수 있습니다.
(CIP 제어번호: CIP2019050746)